[英]克里斯托弗·德·贝莱格
Christopher de Bellaigue

著

陈维—译

奥斯曼宫廷
与16世纪的地中海
世界

The Rise of
Suleyman
the Magnificent

The
Lion House

苏莱曼
大帝的
崛起

社会科学文献出版社
SOCIAL SCIENCES ACADEMIC PRESS (CHINA)

作者简介
———

克里斯托弗·德·贝莱格 (Christopher de Bellaigue)

拥有多本获奖著作，其作品曾入围 2017 年"贝利·吉福德非虚构写作奖"(Baillie Gifford Prize for Non-Fiction) 和 2018 年"奥威尔奖"(Orwell Prize for Political Writing)。他作为记者曾为《经济学人》《卫报》《纽约书评》等多家出版物撰写报道，同时也参与多家电视和广播节目的制作。

译者简介
———

陈维

上海交通大学英语语言文学博士、弗吉尼亚大学联合培养博士，主要研究方向为莎士比亚戏剧、西方古典文论及西方政治哲学。现任职于华东理工大学。

目 录

登场人物

苏莱曼一世（Suleyman I），奥斯曼帝国第十任苏丹

许蕾姆（Hurrem），苏丹的配偶，鲁塞尼亚人（Ruthenian），常被讹称为"俄罗斯人"（the Russian）

帕尔加的易卜拉欣（Ibrahim of Parga），苏丹的密友，帝国的大维齐尔（Grand Vizier），诨号"法兰克人"（the Frank）

阿尔韦塞·古利提（Alvise Gritti），也被称为"贝伊奥卢"（the Beyoglu），大富豪

赫齐尔（Hizir），又称海雷丁（Hayreddin）、巴巴罗萨（Barbarossa）或"阿尔及尔国王"（King of Algiers），著名海盗

苏莱曼与许蕾姆的四个儿子：
穆罕默德（Mehmet）
塞利姆（Selim）
吉汉吉尔（Cihangir）
巴耶济德（Bayezit）

玛希德弗朗（Mahidevran），苏丹的另一位配偶
穆斯塔法（Mustafa），苏莱曼与玛希德弗朗之子
穆罕默德二世（Mehmet Ⅱ），苏莱曼的太祖父，"伊斯

坦布尔征服者"（Conqueror of Istanbul）

塞利姆一世（Selim I），苏莱曼的父亲，奥斯曼帝国第九任苏丹

哈芙莎（Hafsa），苏莱曼的母亲

伊斯坎德尔·切莱比（Iskender Celebi），奥斯曼帝国财政大臣（Treasurer）兼军需大臣（Quartermaster）

菲加尼（Figani），奥斯曼诗人

查理五世（Charles V），西班牙国王、神圣罗马帝国皇帝

费迪南（Ferdinand），奥地利大公（Archduke of Austria），查理五世之弟，后当选为"罗马人的国王"（King of the Romans）

弗朗索瓦一世（Francis I），法兰西国王，被称为"笃信王"（the Most Christian King）①

亚诺什（Janos），匈牙利国王

塔赫马斯普（Tahmasp），伊朗沙阿（Shah）

伊斯玛仪（Ismail），塔赫马斯普之父、前任伊朗沙阿

安德烈·古利提（Andrea Gritti），威尼斯总督（Doge of Venice）

亚诺什·多奇（Janos Doczy）

奥尔班·巴提亚尼（Orban Batthyany），阿尔韦塞·古利提的支持者，亦称"古利提帮"（Grittiani）

特兰昆鲁斯·安德洛尼克斯（Tranquillus Andronicus）

弗朗切斯科·德拉·瓦莱（Francesco Della Valle）

---

① 也被称为"法国最基督教的国王"。

杰罗姆·拉斯基（Jerome Laski），波兰外交官

彼得罗·赞恩（Pietro Zen），威尼斯外交官

马可·米尼奥（Marco Minio），干地亚公爵（Duke of Candia），威尼斯外交官

科内利乌斯·德舍波尔（Cornelius de Schepper），佛兰德外交官

马里诺·萨努托（Marino Sanuto），日记作家，失意政客

第一幕
宠 臣

第一章

　　一个春日的早晨。威尼斯共和国总督安东尼奥·格里曼尼（Antonio Grimani）在总督府主持召开高里捷奥（Collegio）的每日例会。总督和他的 6 名顾问及其他 16 名贵族将决定哪些事宜需呈报元老院审议。他们还需听取下属汇报最机密的情报。这 23 位身着红色和蓝色长袍的男人齐聚总督府，举头便能欣赏到门楣上如金绳一般闪烁蜿蜒的雕花装饰。高墙之上，寓意画中的审慎女神与和谐女神注视着这一切。透过敞开的窗户，海水的咸湿气息扑鼻而来，一波波海浪拍击着岸堤。欢迎来到 16 世纪的威尼斯。

　　这些轮流占据着高里捷奥中重要席位的人就是贵族。他们的家族在此地掌权已有数个世纪之久，相似的名字周而复始地出现，让人既感到安稳，但又不免心生厌恶。威尼斯的贵族寡头政治以这种温和的方式运转着，既能使其免遭王朝争斗的祸害，又能使威尼斯专注于自己最擅长的事——商业活动——从两地之间的商业贸易中赚取高额差价。

　　地处濒海潟湖区，就好比一家没有仓储的店面，威尼斯共和国只能将目光转向外部。在升天节（Ascension Day）这天，总督的大货船从一支规模较小的船队中间驶离利多港（Lido），船上的乘客都伸长了脖子，想见证总督殿下从船上抛下戒指，以完成他与大海之间象征性的"婚礼"。圣马可（St Mark）本人便是海浪送来的礼物，在大约七个世纪以前，人们将他的遗骨从亚历山大港（Alexandria）偷偷运回，安葬在后来以他的名字命名的大教堂内。在威尼斯，衡量一个人财富的不是葡萄庄园或土地的规模，而是船上各类货物的数量。威尼斯的各大贵族会尽力避免陆战，因为他们懂得，只有海军才能赢得荣耀，而陆军换来的只不过是一点工钱。

莫罗（Molo）位于通往市镇广场的海上入口处，是一座用石头建成的开阔码头，在此起锚远航的船长，即便威尼斯已经从他的视野中消失，也可以找到供其抛锚驻泊的港湾。在亚得里亚海（Adriatic）、摩里亚（Morea）附近甚至更远的地方，散布着有军队驻防的威尼斯殖民地及保护国，这些地方都能为他提供淡水补给、合适的船坞以及避风港。此外，威尼斯海军常备舰队规模庞大、装备精良，对海盗穷追不舍；面对诸如该派遣哪支船队运送何种商品、在哪支舰队的护送下去往何地之类的问题时，作为贸易委员会的元老院能够高效地作出决策，凡此种种，使得"最尊贵的威尼斯共和国"——拉丁语中的"最尊贵之地"（the Serenissima）——的确能给人留下一种印象：让它从事海上贸易，可谓"天作之合"。

不久前，雅各布·德·巴巴里（Jacopo de Barbari）为这座大都市创作了一幅雕刻版画，这一切都尽收眼底。与其说是一幅鸟瞰图，倒不如说是画家拥有上帝般的全知视角：每一座高塔、每一座码头、每一道护城墙，都尽入眼帘；在远处，人们还可以看到慕拉诺（Murano）、托尔切洛（Torcello）等岛屿；而在海港里，天使为货船鼓起风帆，船上满载着棉花、靛蓝、黄金、肉豆蔻、硝石、白银、宝石、丝绸、胡椒和谷物。在版画正中间，圣马可大教堂精致的滨水游廊蜿蜒曲折，而矗立在一旁的，正是威尼斯总督府。我们现在正像画中的海鸟一样俯瞰着它，在这一天，1522年4月8日，这里将举行一场与土耳其苏丹相关的简报会。

*

威尼斯外交使臣返回后，先要探望母亲，洗去海上长途跋涉的风尘，然后前往高里捷奥递呈出访报告。共和国强敌环伺，它们多半是一些幅员辽阔并有着坚实的盟友的城邦或帝国，相较之下，威尼斯并无多少优势可言。因此，外交使臣收集的情报的质量就显得尤为重要。

威尼斯成了当时世界信息交换的中心，仰仗的正是这里信息集散的精度和速度。1498年，法国国王查理（King Charles of France）于棕榈主日（Palm Sunday）前夜在昂布瓦兹（Amboise）驾崩，这一消息在圣马可大教堂的复活节钟声敲响前就传到了威尼斯，送信的人累死了13匹马。[1]

还有威尼斯所奉行的实用主义。即便马丁·路德（Martin Luther）在威登堡（Wittenberg）的酒馆里大肆斥责教宗，威尼斯人也会面无愠色地接受，并怡然自得地让这一消息为其所用。

在高里捷奥所议之事可能会外泄。誊写的会议纪要会被盗印，然后见缝插针般地流向威尼斯的街头巷尾、桥头河畔，外国商人、外交官和中间人都在此搜罗此类信息，并将其传回各自的祖国。马里诺·萨努托（Marino Sanuto）是城中牛虻式的日记作家，他会抢先将这些写进自己的日记中。英国拥有其情报人员在威尼斯所能搜集的全部信息的副本，法国和西班牙亦不甘落后，将其尽数收入囊中。

最近两名派往君士坦丁堡的特使还来不及呈递报告，在莫罗登岸后不久就殒命了。[2] 马可·米尼奥并未重蹈他们的悲剧。他近期出访了奥斯曼帝国的首都，身体状况相当不错，直接航行至干地亚，他以威尼斯总督的名义掌管着这块海外属地。为了让自己的报告不至于烂在墙角，他同自己的秘书一道将其呈递回国。高里捷奥此番召集会议，听取的正是米尼奥——现在的新头衔是干地亚公爵——送回的报告。[3]

报告开头就做出了令人愉快的承诺，称不会用长篇大论来占用总督太长的时间。在康布雷同盟战争（War of Cambrai）中，安德烈·古利提带领威尼斯只收获了一场冷淡的平局，这让元老院遭受了长达四个小时的史诗般的狂轰滥炸，此刻没人想重温当初的那一幕。此外，总督格里曼尼状态不佳，并不适合听取汇报中的多数内容。去年他以 87 岁高龄当选，是威尼斯史上最年迈的总督，白天大部分的工作时间里他都昏昏欲睡。

开场白结束后，米尼奥阐明了自己对土耳其问题的理解。正如你从一位来自帕多瓦大学（University of Padua）——该大学是基于理性的人文主义堡垒——颇具影响力的人物那里所能期待的，这是一份充满理性的报告，以其独有的方式让人钦佩不已，同时也不乏冷静警醒的力量。

"苏丹岁入充足，兵多将广，臣民顺服。"

据此我们就能明白，这位土耳其苏丹（Grand Turk）坐拥一切能帮助他发动全面战争的资源。

"据悉，他每年的财政收入约为 300 万两黄金。基督徒和犹太人的税款为他带来 120 万达克特（ducats）的收入。无论帕夏①（Pasha）在何处接见觐见者，那里都会有无数装满钱的皮袋，这些钱币都会被称重，而且总是数额不凡。他还有一项收入来自羊群，他对每只羊征税，因此仅这一项税收就为他带来超过 80 万达克特的收入。此外，他还能从矿场和盐业各获取 80 万达克特的收入，剩余的收入则来自各类商业贸易。"米尼

---

① "帕夏"是一种敬称，指的是奥斯曼帝国行政系统里的高级官员，通常包括总督、将军及高官。

奥还未将苏丹从帝国之外各大港口和城市获得的贡金计算在内。

米尼奥曾担任过 40 个月的威尼斯驻已故教宗利奥（Pope Leo）教廷特使。他细致的调查显示，利奥生前深陷债务泥潭，他嗜好戏剧和游猎，22 万达克特的收入根本无力负担这方面的开销。为了维持这种挥霍无度的生活，教宗抵押了所剩的一切：枢机主教的头衔、赎罪券，以及家具。教宗一贫如洗，这自然影响了他抗击外敌的能力。他筹划了针对土耳其人的十字军东征，然而这一行动只是由他批准，开销却由他人来承担。

至于威尼斯，共和国需要购买士兵，一如它购买其他任何商品。像安德烈·古利提这样的军事指挥官，只能通过雇佣兵来取得战绩，尽管这些雇佣兵从未见过潟湖，并且极易在初尝败绩时一哄而散。他请求元老院拨款，而后者想要的只是振奋人心的胜利。哪怕他为修建城墙多花一分钱，元老院都会大发牢骚。

反观苏丹，他要获得人力资源，依靠的则是广袤领土上的海量财富。只需从土地上刮下一丁点膏脂，瞧，一个庞大的战争机器便悄然成形。米尼奥解释道：苏丹巨大的版图"被分派给不同的人掌管，他们如同封臣一样，有义务率领一定数目的骑兵参战，而无需苏丹付给他们任何报酬。他所统治的疆域实在广阔，因此有能力打造一支规模庞大的军队"。

苏丹现在正在君士坦丁堡和加利波利（Gallipoli）扩建他的造船厂。很快它们的规模便足以容纳和补给他的整支舰队。它们甚至可以同威尼斯的军械库相媲美。"无论在任何时候，苏丹只要想组建一支舰队，就可以以极低的成本进行动员，因为整个国家都有义务从每十个人中挑出一个来加入他的军队，并按季度发放军饷。绳索及其他军械也会被征用。"

在君士坦丁堡期间，米尼奥得以觐见苏丹。他的双肘被面无表情的内侍牢牢抓住，对着苏丹俯拜三次后，才得以亲吻御手。土耳其苏丹冷漠而疏离，眼窝深陷，让人几乎无法看清他的眼神，他戴着包头巾，细布褶层中镶嵌着的两片鹭羽为他蒙上了一种半醒半寐的神秘感。整个觐见仪式，苏丹都是坐着的，因而米尼奥无法判断他的身高。

苏丹生性忧郁，既有慷慨大度的一面，也有骄傲与冲动的一面。他臂力惊人，拉弓引箭的功力宫中无人能及。又或许，朝野上下早已明白，即使在这方面胜过他对自己也没有多少好处。

我们还能了解哪些信息呢？在统治早期平息了叙利亚总督詹比尔迪·加扎利（Janbirdi al-Ghazali）发动的叛乱后，苏丹欲将叛徒的首级送给威尼斯总督，以证明自己的权势。在更为老成的幕僚的力劝下，他才作罢。不过，那样做尽管残忍而野蛮，但也的确能震撼人心。

在与苏丹无法建立任何有效联系的情况下，米尼奥发展了自己的核心圈子。他与帝国第二维齐尔（Second Vizier）穆斯塔法（Mustafa）帕夏的长谈并非毫无收获，当时鲁米利亚（Rumelia）总督也在场。这些大人物询问米尼奥关于教宗的情况，关于他的收入和军队规模，对于这些米尼奥自然会夸大其词，但也不至于激起听者的轻蔑或愤怒。他们还询问了神圣罗马帝国皇帝查理五世和法国国王弗朗索瓦一世的情况，后者常以"笃信王"自许。在欧洲的诸君主中，只有查理五世和弗朗索瓦一世拥有足够的财力和人力与土耳其人抗衡。至于英格兰的亨利八世（Henry VIII），他不仅财力不济，还沉迷于宫闱床第之事，此外，恰如威尼斯使臣所报道的，他对土耳其事务漠不关心，仿佛苏丹所带来的威胁与远在天边的印度一样微不足道。

神圣罗马帝国根本就不是什么帝国，至少不是古罗马帝国那种意义上的以统一的行政和货币组织起来的帝国。它只不过是一些相互之间有着松散联系的领地的集合，占据了欧洲中部人口最为稠密的部分。它与罗马唯一的联系便是，教宗有时候会为皇帝加冕。

1519 年，查理的父亲、当时在位的马克西米利安（Maximilian）驾崩后，弗朗索瓦和查理竞争帝国的皇位。查理从奥格斯堡（Augsburg）的富格尔家族（the Fuggers）的银行借到一笔巨款，买通了竞选之路，最终赢得了这场竞争。此后，查理和弗朗索瓦还经常相互发起决斗，不过因为种种原因这些决斗都未能实施。

那么，威尼斯与这两位声名显赫的君主之间的关系如何呢？帕夏们一脸茫然地问道。

米尼奥告诉他们，威尼斯总督与弗朗索瓦国王关系甚笃，与查理皇帝亦能和睦共处。

这当然是假话。弗朗索瓦与查理争夺意大利北部的控制权，在此过程中，威尼斯倒向了法国人。帕夏们自然是知道这一点的。米尼奥当然也知道他们知道。不过，努力营造出一个团结一致的基督教世界，总比给人一盘散沙的印象要好。

接着两位大人又询问了从君士坦丁堡到罗马的最便捷的路线以及所需的时间。此外，他们还想知道，如果苏丹进攻匈牙利，教宗是否会伸出援手。

米尼奥告诉他们，当然会。

鉴于利奥的继任者阿德里安（Adrian）缺乏领袖气质以及捉襟见肘的财务状况，教廷出手支援的可能性其实极低。

总而言之，与帕夏们的会谈绝非易事，作为外交官，米尼奥装腔作势，诡计频出，想方设法不让他们接近这一即便没有得到公开承认、但也再明显不过的真相。基督教世界散沙一盘，脆弱不堪。苏丹意欲继续征服欧洲，已是门户洞开。

数百万的基督徒已经沦为苏丹的臣民，鲁米利亚总督总喜欢强调这一令人难堪的事实。"我们已经进驻了你们大片的土地，"他说，"而我们自己的土地却完好无损。想想我们能带来多大的伤害吧。"

米尼奥访问君士坦丁堡期间，苏丹处死了他的一名帕夏，就像随手捻死一只蚂蚁一样。此人家财万贯，奴仆成群。苏丹派了一位国使到他的家中，国使告诉他：苏丹已下令将你绞死。这位帕夏和他的家奴没有进行任何反抗，随即被带走处死。帕夏的家人亦未有任何反抗，只是一路哭着，陪着他赶赴刑场。

对于理解苏莱曼其人，这一逸事有多大帮助呢？也许只能带来些许启发。臣民对苏丹的服从，不容须臾的迟疑，这或许是因为他的地位以及因此而产生的敬畏，而不是因为他本人的性格。而真正能揭示一个人性格的，多半是他在面对逆境和厄运时的反应。如果苏丹的命令被人嗤之以鼻，如果他的权威被宿敌或朋友挑战，那么他又该如何回应呢？

耐心等待，我们才能了解更多。这些信息关系威尼斯的生存和福祉。苏丹的势力目前已经深入基督教世界的内部。他的海军足够强大，能够在任何时候阻断威尼斯在黎凡特（Levant）的贸易。因此，威尼斯必须与苏丹交好，秘密地向他提供情报，并在暗中破坏教宗为组建十字军赢取支持的努力，与此同时，还要向罗马保证威尼斯的目标仅限于此。

同时，威尼斯的水手还要应付土耳其人的反复无常，向他们缴纳贡金，还要时刻提防海盗，保证粮食的供应。

以上为干地亚公爵马可·米尼奥带回的报告。

*

奥斯曼人是拜占庭人的继承者。在覆灭前的最后一个世纪，拜占庭帝国好似一只套着鞋的跛足，空据其位，实则气数已尽。这种状况一直持续到 1453 年的 5 月 29 日。这一天，穆罕默德苏丹猛地一把将鞋子从跛足上拽了下来，穿在自己脚上。自此拜占庭帝国覆灭。而作为拜占庭都城的君士坦丁堡，则重生为这个伊斯兰帝国的新都，伊斯坦布尔成了它的新名。

在欧洲诸强中，威尼斯与伊斯兰国家有着最为悠久且最为广泛的接触，这让它能够平静地面对君士坦丁堡的陷落。总督在陷落的这一天与征服者签订了一份条约，并派出了自己最为卓越的艺术家之一詹蒂利·贝利尼（Gentile Bellini），为苏丹在其卧室的墙壁上创作了若干性感女郎的画像。君士坦丁堡易主，威尼斯贵族对随之而来的贸易机遇也做出了乐观的评估。难道说土耳其人和其他民族不一样，不需要做买卖吗？

君士坦丁堡被征服时，安东尼奥·格里曼尼总督才九岁 4，孤苦伶仃，由在黎凡特行商的叔叔代为照看。在君士坦丁堡被征服后的一段时间里，地中海地区的商贸活动平静如常。刚刚步入青年，安东尼奥就开始辗转于叙利亚、埃及和突尼斯之间，做货物贸易的生意。他尤其擅长做胡椒生意，这种商品在班达海（Banda Sea）周边的岛礁上完成去壳，随后被运往欧洲。对于市场的供需状况，他有着极为敏锐的嗅觉，以至于他卖出买进的各项操作，已被同行视为出货进货的信号，他们以他为模板，有样学样。

在将近 50 岁——这是威尼斯人认为一个人开始真正成熟的年龄——时，格里曼尼的流动资产已经超过了 10 万达克特，他自然渴望担任公职。他以政治联姻的方式为儿子和侄子安排了婚事，自己也得以免去那些次要职位中无足轻重的工作，在政坛平步青云。

与此同时，那只鞋也开始踢人了。卡尔基斯（Chalcis）、皮洛斯（Pylos）、优卑亚（Euboea），以及其他的威尼斯殖民地，逐渐落入那位咄咄逼人的征服者手中，同时陷落的还有摩里亚、阿尔巴尼亚、塞尔维亚、波斯尼亚和瓦拉几亚（Wallachia）等独立国家。到了穆罕默德苏丹去世的1481年，在基督教世界那片松林茂密的土地上，一片广袤的土地已处于奥斯曼帝国的统治之下。

与此同时，格里曼尼的责任感给国家的几位主心骨留下了良好的印象。1499年，当抗击巴耶济德（Bayezit）苏丹——征服者的儿子和继任者——的战争爆发时，他被委以舰队统帅的重任，奉命守卫勒班陀（Lepanto）。谁控制了勒班陀，谁就能掌控科林斯湾（the Gulf of Corinth）以及摩里亚的商贸活动。然而，当两支舰队正准备交战，土耳其人将一败涂地时，海上风向突转，威尼斯舰队最终被击溃。

威尼斯不仅失去了勒班陀，还有其他的一些殖民地，元老院只得下令将格里曼尼监禁在家。当他的船只在莫罗靠岸时，他的儿子枢机主教多梅尼科·格里曼尼（Domenico Grimani）前来迎接他，并在押往监狱的途中帮这位战败受贬的海军统帅抬起脚铐，使其免受镣铐的重负。

在为自己辩解时，格里曼尼的言辞极具说服力，从而免于死罪。他在流放达尔马提亚（Dalmatia）的途中逃往罗马。在奎里纳尔山（the Quirinale）上的一座乡间宅邸里，他鼓动人们支持他复职，并以共和国之名进行游说。在接受一个遭他们唾弃之人的资助长达七年后，威尼斯的贵族最终感到尴尬，恢复了他的头衔，让他重回威尼斯。

"先是助他青云直上，而后又将他打倒在地，命运女神爱开玩笑，实在令人瞠目结舌。"[5]保罗·乔维奥（Paulo Giovio）——他是一名神职人员、历史学家，也是重大事件的研究者——如此总结在安东尼奥·格里曼尼身上轮番上演的戏码。最终，命运女神浓墨重彩的一笔在1521年到来：在被授予圣马可行政长官一职后，格里曼尼接着又当选了总督。

威尼斯向来偏爱年长一些的官员，他的当选将这一传统推向了不可理喻的极端。选举人当然也是这么想的。很快，他们就开始后悔自己的决定，打算用钱打发他下台，但格里曼尼毫不妥协。金钱贿赂办不到的事，他们也别无他法，只能寄希望于他驾鹤西去的那一天。

*

格里曼尼并非唯一一位继承了与君士坦丁堡的联系的贵族。古利提家族与那里的联系之深，持续时间之久，同样引人注目。[6]

1453 年，老巴蒂斯塔·古利提（Battista Gritti）参加了君士坦丁堡抵抗征服者的守城战，后被土耳其人俘获。缴纳赎金获释后，他继续在这座沦陷的城市中担任威尼斯的利益代表。1479 年，正是巴蒂斯塔将艺术家詹蒂利·贝利尼护送到征服者跟前，两年后，也正是他将苏丹驾崩的消息带到了威尼斯元老院，"那只雄鹰陨落了"，他说道，声音雄浑有力。

1474 年夏天，巴蒂斯塔的哥哥特里阿达诺（Triadano）率领 6 艘战舰，在亚得里亚海东岸的一处战略要塞击退了土耳其人的进攻。尽管保住了要塞，特里阿达诺却没能抵挡住疟疾的侵袭，阿尔巴尼亚蚊子做到了土耳其人未曾做到的事情。

特里阿达诺的孙子安德烈此时已经登上了国际事务的舞台。在帕多瓦完成学业后，他陪同祖父出使欧洲诸国，他年轻的妻子贝妮黛塔（Benedetta）不久也在分娩时离他而去。于他而言，是时候换一种生活了。

年轻的安德烈于 15 世纪 70 年代末期来到君士坦丁堡，他很快就爱上了这座位于三片壮丽的海域交会处的城市：博斯普鲁斯海峡（Bosporus）、普洛彭提斯（Propontis）和金角湾（Golden Horn）三面环抱，周围的乡村土地肥沃，景色怡人。[7] 他在该城的基督徒聚集区佩拉（Pera）站稳脚跟后，开始从事粮食贸易，从黑海诸港口购进小麦，然后运往威尼斯。他外表英俊，气度不凡，性情幽默快活。他能流利自如地运用七种语言，若算上卧房私会时使用的热内亚方言，那就是八种。他热爱上帝和圣马可，又有哪一位威尼斯人不爱呢？然而，对这位来自水上之城的年轻人来说，自由意志的重要性自然是毋庸赘言。

相较于四处征战，巴耶济德苏丹更喜欢祷告。他父亲"征服者"②的扩张政策逐渐转变为一种战略收缩。苏丹将大量的精力用于对付他桀骜不驯的胞弟杰姆（Cem），后者在争夺皇位失利后辗转于欧洲的各大宫廷之间，任由他们摆布，像是一个冒名顶替者，又像一名囚徒，同时也像一件被展示的战利品。与此同时，满载着货物的大小商船扬帆起航，威尼斯的投资人赚得盆满钵满。

巴耶济德有着橄榄色的面容，他身材高大，性情温和，滴酒不沾，这些每个人都看在眼里。然而，安德烈·古利提在他身上看到了某种超出表象的东西，某种超出马基雅维利的判断之外的东西。马基雅维利曾在佛罗伦萨的书桌前预测，如果奥斯曼帝国再出现一位巴耶济德，欧洲就不用再害怕土耳其人了。

古利提觉察到此人性格中的吊诡之处。巴耶济德展露了思虑缜密和宽厚人道的某些迹象，但也正是这位君主，仅仅因为自己最为得力的大臣过于骄傲，就下令将其处死。如此专横、随意的生杀予夺，在威尼斯是很难逃脱惩罚的，总督早已被各

---

② 苏丹巴耶济德的父亲是苏丹穆罕默德二世（Mehmed Ⅱ），他也被称为"征服者"穆罕默德（Mehmed the Conqueror）。

种颐指气使的议会和委员会束缚住了手脚。不过话说回来，有机会的话，谁又会拒绝这般绝对且不容置疑的权力呢？

居住在佩拉期间，为了帮助一位意大利商人逃脱死刑，古利提介入了司法部门的工作，巧合的是，这位商人的妻子当时正是他的情人，于是，他在人们的一片赞誉声中发誓与情人断绝往来。古利提总是能从偷情绯闻中顺利脱身，同时还能尽显自己的绅士风度，这在某种程度上其实是他的一贯作风。

他的记忆力惊人。欧洲的港口在他的脑海中依旧鲜活，一如他儿时和爷爷特里阿达诺所看到的那样。他从爷爷那里领悟到了交易的本质以及情报和礼物的重要价值。

当土耳其与威尼斯之间的紧张关系加剧时，苏丹下令禁止谷物出口，恰逢粮食短缺的威尼斯人几乎被逼到了绝境。通过古利提的不断游说，禁令才得以解除。随后他租用船只，将 2 万蒲式耳（bushels）③ 的粮食运往威尼斯。多亏了他的船队，威尼斯面粉的批发价格下降了 8 索尔迪（soldi）④，谷物更是下降了 20 索尔迪。9 至此，安德烈·古利提的名字传遍了里亚尔托桥（Rialto Bridge）——这处横跨大运河最窄处的木制"交易所"已经成了威尼斯的地标。对于早餐还能吃到新鲜出炉的蜗牛面包的威尼斯市民而言，他的名字举足轻重。

到 15 世纪 90 年代，双方的关系进一步恶化。土耳其海盗洗劫了达尔马提亚沿岸，北至威尼斯伊斯特里亚（Istria）半岛，挑拨离间的米兰人让巴耶济德相信，威尼斯新近与法国结盟，矛头对准的正是苏丹本人。威尼斯在君士坦丁堡没有巴伊

16

---

③ "蒲式耳"又称"英斗"，是英制的容量及重量单位，主要用于量度农产品的重量。通常 1 蒲式耳等于 8 加仑（约合 36.37 升）。

④ "索尔多"（Soldo，"Soldi"是其复数形式）是 12 世纪至 18 世纪的一种意大利银币，于 12 世纪末由皇帝亨利六世在米兰首次发行。

洛（*bailo*）⑤或常驻大使来解决这些问题；他们的上一任大使因涉嫌间谍活动遭到了驱逐。更重要的是，且不论这一制裁的无稽荒谬——难道巴伊洛在那里只能亲吻苏丹的手？——威尼斯无法获得土耳其人备战的情报。

在君士坦丁堡，没有人比古利提更适合做情报收集工作，不过，他只是一名普通公民，无法享受外交豁免权。尽管如此，他并未退却，依然以暗码将情报传回国内。对于可能拦截他信件的土耳其官员来说，这些不过是一名商人与其生意伙伴之间的往来信函。然而，当他写信说债务监狱⑥将在 6 月释放一名囚犯时，他其实是在告诉威尼斯人土耳其的舰队将会在那时起航。[10] 如果信中提及他将要通过船只和马车转运自己的货物，那就是暗中警告威尼斯人土耳其将会从海上和陆地上同时发动攻击。

1499 年春，他被置于严密的监视之下，但依然将土耳其舰队的船只数量和指挥官的名字成功地告诉了总督。5 月底，他报告说土耳其人将会在 15 天后起航。

然而，最终什么也没有发生。

原来，在马其顿的一处渡口，土耳其的一名小队长抓获了一名近期为他送信的信使。信件的内容并未加密，小队长读懂了它。整个过程中，安德烈又一次展现了他那过人的胆识和远见。这位小队长已经把古利提的底细摸得一清二楚，因为他的妻子和古利提当时正打得火热。小队长将这起案件禀报给艾哈迈德（Ahmet）帕夏——此人诨号"海尔塞克利"（Hersekli），在土耳其语中意为"黑塞哥维那人"

---

⑤ "bailo"是意大利语，指的是威尼斯共和国在外地的公使或代表，负责处理外交事务并管理威尼斯在当地的利益。

⑥ 专门用于关押因未能偿还债务而被判刑的人。

（Herzegovinan），这一称呼是为了将他与其余所有名为"艾哈迈德"的帕夏区分开来。

海尔塞克利·艾哈迈德不仅仅是一位卸任的大维齐尔，他还是巴耶济德的女婿，一位战功显赫的军事统帅。他出身巴尔干地区的贵族家庭，一直对家族的宗教信仰怀有好感。古利提已经通过一份价值5000埃及金币的礼物赢得了他的友谊。

帕夏不能亲手处死这个在友情和荣誉上都与自己紧密相关的人。他只好故意拖延，苏丹问其原因，帕夏回答道：如今帝国与威尼斯激战正酣，而古利提出身威尼斯贵族，在那里拥有重要的人脉和朋友，帝国若不幸落入敌人之手——愿上天保佑不会如此，此人总归是有用的。

古利提因此活了下来，但是他的货物遭到没收，他本人也戴上了镣铐，被监禁在"七塔"（Seven Towers）⑦之中。拜占庭的海防岸墙一直延伸到普洛彭提斯，这座征服者的堡垒就矗立在它的尽头。佩拉的意大利人看到深受他们爱戴的人遭此厄运，一个个心急如焚，[11]甚至有女人在他紧锁的牢房外彻夜哭泣。[12]

与此同时，在经历一连串海上和陆上的军事打击后，威尼斯人对陆地和海洋的统治最终被土耳其人摧毁，他们不仅丢掉了大量的领土和船只，还丧失了那份凛然不可侵犯的气势。古利提在深塔中枯坐了32个月，战争一结束，海尔塞克利·艾哈迈德便来探望他，双方协商停止彼此之间的敌对行动。圣乔治银行（Bank of St George）是富格尔家族银行在热那亚的翻版，古利提从中贷了一笔钱赎身，然后乘快船经亚得里亚海回到威尼斯。这一次，他被任命为总督的"枢密院"（Privy

17

---

⑦ "七塔"也被称为耶迪库勒要塞（Yedikule Fortress），位于伊斯坦布尔。这座要塞建于15世纪，是奥斯曼帝国时期重要的军事设施。

Council）——最高执政团（Signoria）——中的一员，然后以钦定外交官的身份重回君士坦丁堡，尝试同土耳其人达成一份永久和平的协议。1503 年 12 月 2 日，他回到元老院，宣布自己圆满地完成了外交使命，多亏了朋友海尔塞克利·艾哈迈德的干预，威尼斯保住了爱奥尼亚海上的塞法罗尼亚岛（Cephalonia）。

18 　　"这位安德烈·古利提先生必将成为一位大人物，"马里诺·萨努托在他的日记中写道，"因为他拥有一切卓越的品质：相貌英俊、慷慨大方、能说会道……人们会说：'卓越的品性更易出现在仪表堂堂的人身上。'他的当选是对他功绩的认可：为了母邦的安危，他从君士坦丁堡写信回来，提醒执政团警惕土耳其人的行动，尤其是筹备舰队一事。而一旦信件被发现，他就有可能掉脑袋。"13

*

　　威尼斯并不像巴巴里在雕刻版画中所描绘的那样无忧无虑，对海运的依赖使它在面对海上劲敌或食物封锁时异常脆弱。因此，威尼斯曾在一段时间内拼命向意大利北部的平原地区扩张，以应对上述威胁。自安德烈·古利提从君士坦丁堡返回以来，威尼斯人一直忙于意大利半岛上的各类战事，他们与教宗争夺里米尼（Rimini）、切尔维亚（Cervia）和法恩扎（Faenza），与奥地利人争夺维罗纳（Verona）和维琴察（Vicenza），与法国人争夺贝加莫（Bergamo）、布雷西亚（Brescia）、克雷马（Crema）和克雷莫纳（Cremona）。

　　威尼斯的问题主要出在那些拙劣的雇佣兵统帅身上。14 1509 年 5 月 15 日见证了他们的至暗时刻：因雇佣兵领袖奥尔西尼（Orsini）的几位表兄弟发生内讧，威尼斯人在阿尼亚德洛（Agnadello）惨败在法国人手下。当天夜里消息传到威尼斯，元老们惊愕得说不出话来。市民们匆忙赶往总督府，渴望听到有人出面辟谣，然而传闻得到了证实：威尼斯在过去一个世纪里所获得的一切在一天之内付诸东流。

阿尼亚德洛惨败给了威尼斯人一个教训：妄图将他们的海洋帝国转变为陆上帝国，这一想法愚蠢至极。威尼斯不可能成为奥地利或法兰西。它的地理位置，它的气质秉性，以及它常备军的缺乏，都不允许它那样。因此，与其抱有四处扩张的幻想，威尼斯最好以谋略和外交来守住它已经缩水的腹地。

这也符合安德烈·古利提的性格。在君士坦丁堡取得成功后，他获得了威尼斯本土几个最高的民事和军事职位。相较于激烈的阵地战，他偏爱战术性的遭遇战，因此人们将他与罗马名将费边·马克西姆斯（Fabius Maximus）进行类比，后者诨号"拖延者"（Cunctator），因靠事先规划好的防御工事挫败迦太基名将汉尼拔而闻名。古利提没有让圣马可飞狮旗（the Lion of St Mark）在攻克的堡垒上空飘扬，而是下令进行战术性的撤退并加筑双重防御工事。

阿尼亚德洛战役激战正酣时，他提醒元老院，敌人光是在维罗纳部署的大炮就比威尼斯整个国家拥有的大炮都多。他敦促元老院投资建造火枪，并不是因为要尽可能地用到它们。"最好的战斗是剑不出鞘，保持体面"，他说道。

1512 年，他被法国人俘虏。因禁在布卢瓦（Blois）期间，笃信王和他那极具权势的母亲——萨伏依的路易丝（Louise of Savoy）——为他的个人魅力所折服，这也为新一轮的法兰西 - 威尼斯联盟铺平了道路。最终他获释回国，沿途经过的宫殿、楼阶、庭院以及广场上挤满了渴望与他握手的人。[15]

这位古利提"拖延者"，因在敌人的箭雨中摔下马而躲过

19

一劫，而后又躲在篮子里被拖着经过遭围困的维琴察城墙，[16] 对于这样一个人而言，这种命运不免让人觉得古怪。他的个性要求复兴往昔的辉煌，那时威尼斯的舰船主宰着海洋，然而他的策略却展现了一种对衰落文明的管控。他是威尼斯行政长官中的一员，总督通常从这一群体中产生。

*

1523年5月7日，安东尼奥·格里曼尼终于寿终正寝。[17] 贵族们身着红袍，满头大汗，看护着他的遗体。

几天前，他的身体状况还相当不错，外出参加了升天节的庆祝仪式，将戒指抛向大海。广场上依然摆放着节庆集市的摊位。走过一段一波三折的下坡路后，格里曼尼突然来到了他生命的尽头。然而，直到现在，威尼斯也未呈现出哀悼和审慎的氛围，或者说一座准备选举新总督的城市该有的面貌。

很多人倾向于选择安东尼奥·特隆（Antonio Tron），他作风廉洁，平易近人。另一部分人则偏爱之前担任舰队指挥官的多梅尼科·特雷维桑（Domenico Trevisan）。特隆并不太愿意参选，而特雷维桑有6个儿子，这增加了单个家族完全掌控威尼斯的可能性。对于特雷维桑和特隆而言，安德烈·古利提是他们必须击败的人。

古利提的人脉极其深厚。他的母亲来自赞恩（Zane）家族，他去世的妻子贝妮黛塔是前总督安德烈·文德拉明（Andrea Vendramin）的侄女。这样的联姻为建立更进一步的关系网播下了种子，而这些人都能在总督的选举中发挥其影响力。

然而，即便考虑到古利提为共和国所做的贡献，也必须承认，人们对他的敬重多过爱戴。民众认可他的爱国情怀和敏锐的判断力，但即便如此，也或多或少对他抱有些许的不信任，因为他举止傲慢，目光放肆，亲近法国，并且喜欢与修女发生关系。

威尼斯人素有避开强人的情绪，而古利提有着强人的种种邪恶。民众总体上对强人相当反感。如果当选，他就必须在授职仪式上签署一系列的限制性法令（*promissione*），但毋庸置疑的是，他一定会竭力攫取超出限令之外的权力。理论上讲，他的权力会被环绕在王座四周的各种实体机构限制，但同这些机构不同的是，总督是终身职务。不过，这一优势几乎没有帮上格里曼尼任何忙，因为即使当选，他也已经是个半截身子入土的人了。然而古利提却大半辈子无病无灾，仿佛青春永驻地轻松度过了 68 个年头。俗话说，熬死钉住自己的木桩，帐篷就能直冲云霄了。

*

你可以将总督选举设想成一只漏斗，民主就好比漏嘴，随着神意的干预而逐渐变窄，而在裙带关系和贿赂活动的操纵下最终变成一根细管。

市民大会共有 2500 名成员，他们必须通过抽签的方式选出 30 人，再通过抽签的方式将这 30 人缩减为 9 人，这 9 人再从剩下的成员中选出 40 人。接着，新一轮的抽签从这 40 人中抽选出 12 人，由这 12 人再选出接下来的 25 人，这 25 人又会被抽选出 9 人。这 9 人再选 45 人来，他们又通过抽签的方式选出 11 人，再由这 11 人选出 41 人。

最终由这 41 人来选出总督。

5 月 17 日，市民大会中低于 30 岁的成员被要求离开大厅。这样只剩下 1137 名成员，通过抽签从中再选出 30 人，这 30 人中有 4 人支持古利提，有 8 人支持特隆。在接下来的一轮抽签中古利提追了上来。在 9 位投票人中，他和特隆各有 2 位支持者，而在 5 月 19 日选出的 40 位投票人中，他们分别有 8 位支持者。

在第四轮选举中，特隆败下阵来。在从 40 人筛选出 12 人的轮次中，他没有获得一位支持者，而古利提则赢得了 4 票。现在特隆已经出局，显贵们的背书就显得意义重大，然而他们拒绝支持古利提。另一名竞争者洛伦佐·洛里丹（Lorenzo Loredan）在面对古利提的联姻提议时，也反应冷淡。

"拖延者"只能卑躬徐行。25 位投票人中有 9 位宣布支持他，45 人中有 18 人支持他，11 人当中有 6 人支持他。人们在米兰为古利提立起了一座讽刺塑像，他一只手握着代表着威尼斯的鱼，另一只手握着象征着法国的青蛙。米兰人担忧古利提会在他的总督任期内致力于取悦他的法国朋友，而他们并非唯一持这种想法的人。

此时罗马刚好暴发了瘟疫。作为已故总督之子，枢机主教多梅尼科·格里曼尼从罗马赶回威尼斯。顶着不合时节的酷热，人们在总督府举行了弥撒和圣礼。日记作家马里诺·萨努托以他惯有的一丝不苟，记载了包括这些在内的事态发展。

在 41 位投票人中，古利提只获得了 22 票，比所需的 25 票少 3 票。接下来又是一连串的协商和承诺。考虑到很快古利提就能在广场上举行传统的凯旋游行了，当局下令拆除升天节那天搭起的小商铺，因为第二天一大早，威尼斯将迎来它的新总督。

但是人们并未等到第二天早上。那 41 位投票人的第二轮投票并未得出结果，但是还没到 5 月 20 日傍晚，等待就结束了。41 位投票人终于打开了大门，圣马可大教堂的钟声开始响起。执政团从元老院议事厅起身来到金厅（Golden Room），这里已经挂满了古利提家族的徽章，一枚盾牌被分成了两半，上方为蓝色，下方为银色，蓝色的一边有一副银色的十字架横贯其上。新任总督身穿深红色缎袍，袖子依照总督服饰的样式进行了改良，头戴一顶崭新的深红色法式丝质帽子。他落座后，一大群人前来觐见他，贵族们进来牵住他的手。[18] 马里诺·萨努托奋力从人群中穿过，终于得到了总督的热情迎接。

第二天是周四，清晨时分，当古利提从总督府出来前往圣马可大教堂时，广场上挤满了人。安东尼奥·特隆——作为那41位投票人中最年长的显贵——正是在这里宣布了总督选举的结果。在场的人群并没有高呼古利提的名字，相反，他们看着特隆，大喊"阁下才是！阁下才是！"古利提接受了圣礼，接过圣马可旗，接着，他坐上轿子，开始在广场上进行传统的凯旋游行。然而，庆祝的气氛并不热烈，孩子们一边挥舞着酷似竞选失利者的人偶，一边高喊着特隆的名字。古利提回到总督府的台阶上，戴上了总督冠冕，抛掷硬币，对着人群做了一段简短的演讲，承诺在他的任内威尼斯将享有和平、正义和繁荣。而后，他步入总督府，民众则回到各自的家中。

总督选举很少会进行得如此了无生气。尽管他下令降低面粉售价，并以新的定价售出自己的 2000 袋面粉，民众依旧反应冷淡。在他当选的那个夜晚，另一位贵族阿尔韦塞·普留利（Alvise Priuli）坐在总督府的长凳上说道，恐怕不能让一个在土耳其留下三个私生子的人做总督。普留利的话传到了这位新总督的耳朵里，二人最终爆发了一场充满火药味的唇舌之战。

第二章

此人出生时，土（Saturn）木（Jupiter）大合，是为吉兆。没有什么特别的理由可以相信他会成为苏丹，因为他的祖父巴耶济德有 5 个儿子，他们中的任何人都有可能荣登御座。此外，他的父亲塞利姆，好吧，没人知道他到底有多少子嗣，但可以确定的是，只有苏莱曼活了下来。

他生命的前十五年是在特拉布宗（Trabzon）度过的，该城位于黑海南岸，是安纳托利亚（Anatolia）一座贫穷的港口城市，时任总督正是塞利姆。[1]苏莱曼在那里学习算术和古典阿拉伯语（Quranic Arabic），并跟随一个名叫康斯坦丁（Constantine）的希腊人学习打制金器。如同每一个土耳其小孩一样，他也听过萨里·萨尔提克（Sari Saltik）的故事。

萨里·萨尔提克是一个孤儿，他杀死了龙，成功逃脱，还让基督教牧师皈依伊斯兰教，并在燃烧的干草堆上得到了精灵的救助。[2]他的一生充满了传奇色彩，遇到的每一个基督徒都不思悔改，死有余辜，而萨尔提克如同手握长蛇的战神马尔斯（Mars）一样挥舞着利剑，欣然地掌管着他们的命运。

萨里·萨尔提克曾到过一个位于欧洲腹地的城市，这里有一座巨型教堂。教堂穹顶上有一个用黄金打造的苹果，萨尔提克下令将其拆除。当他的手下正爬向穹顶时，先知希兹尔（Prophet Khizr）突然出现，命令他们不要碰那个苹果。这位先知说道，第 10 位伟大的伊斯兰统治者将会夺取金苹果，而且，只有第 10 位统治者才能做到。

手指和脚趾的数量、《摩西五经》（*Pentateuch*）中诫条
的数量、天文意义上天堂的数量，这些都是完美且令人愉悦的
数字。

在拜占庭帝国统治下的君士坦丁堡，查士丁尼（Justinian）
大帝的骑马像伫立在圣索菲亚大教堂（Hagia Sopia）前的圆柱
上。皇帝手里拿着一个金苹果。[3] 随着土耳其人不断向欧洲腹
地进犯，金苹果滚了又滚，现在已经到达了很远的地方。对一
些人来说，金苹果是罗马的圣彼得大教堂（St Peter's），终
有一天苏丹将在那里驻马安营；对另一些人而言，金苹果是维
也纳。还有一些人认为，金苹果是亚历山大大帝（Alexander
the Great）下令用东方三博士赠予圣婴基督的金子铸成的苹
果，它将会变成尘土，吹到德意志。

总之，金苹果在河流和山脉的另一边。它是神赐的胜利，
是无法衡量的财富。

＊

"如果你要做国王，"塔巴里斯坦的凯考乌斯（Kaykavus
of Tabaristan）曾经如此劝告他的儿子基兰沙阿（Gilanshah），
这条忠告被保存在他写给未来君主的智慧箴言书中，"你的眼
睛和手切勿沾染人民的财产。在开始任何行动之前，想想这一
行动的后果，没考虑过结局就不要轻举妄动。切勿沉迷不义之
事，要用公正的眼光看待每一件事和每一句话。国王的正义和
智慧之眼如遭蒙蔽，他就无法区分神的道路和谬误的道路。"

也是从他这里，年轻的苏莱曼领悟到，通过控制从嘴里
"吐出"的珍珠的数量，他可以培养某种君王的光环，或者说
是"克里斯玛"（charisma），古波斯人则将这种魅力称为"法

尔"（farr）。正如书简所言，"君王当不苟言笑，以免乌合之众变得傲慢无礼"。

他的导师推荐他阅读的另一本书是《政治书简》（*Epistle of Politics*），该书建议国王每七天空出两天的时间听取臣民的抱怨，这样就能揭露强者的罪行，保护弱者。[4]这本书的作者尼扎姆·穆勒克（Nizam al-Mulk）是塞尔柱（Seljuk）王朝的大维齐尔，也是巴格达尼扎米亚学院（Nizammiyah）的创始人，这是第一所为培养法学博士而创建的学校。尼扎姆非常推崇理想君主身上的那种亲和力，讽刺的是，他本人也正是死于这种"亲和力"。一天，当他被抬上轿子时，一名伊斯玛仪派（一个异端教派）成员伪装成托钵僧靠近他的轿子，并从长袍里抽出一把匕首，将他刺死。

年轻的苏莱曼所受的教育旨在使他少犯错误。这些"错误"曾毁掉尼扎姆，如今又再次在伊朗滋生蔓延，并逐渐渗透到安纳托利亚。

最近的一次叛乱爆发于阿尔德比尔（Ardebil），该地位于安纳托利亚东部边境外，在伊朗高原与沿着里海西岸山脉生长的山毛榉和赤杨树林的交界之处。在此地，在某座死火山闪闪发光的白色山顶下，某个神秘教派的追随者们沐浴在烛光中，通过痛哭流涕的方式表达着他们对第十二代什叶派伊玛目的爱，在他们的祈祷中，他的名字已经取代了真主。

伊斯玛仪沙阿是这个组织的最高领袖。在1501年登上伊朗王位之后，他宣布什叶派为国家唯一的信仰，并下令处决逊尼派信徒。他的传教士遍布安纳托利亚，甚至还让某些奥斯曼皇室成员皈依了什叶派。人们担心伊斯坦布尔有着成千上万沙阿的追随者，[5]这些人只待他一声令下，就会戴上象征殉教者所流之血的红头巾，袭击他们的逊尼派邻居。

这些戴红头巾的什叶派信徒之于奥斯曼人，就像瘟疫之于健康的身体。

年轻的苏莱曼多次目睹塞利姆带领他的军队离开特拉布宗。然而，无论他杀死了多少"红头军"，他们都会像野草一样不断滋生，他就不得不再次出兵。而且，由于父亲的折中政策，塞利姆还屡次遭到削弱。

巴耶济德苏丹对叛乱略显大意。他没有杀死这些异端信徒，而是将他们流放到离伊斯坦布尔更近的地方，试图让他们改邪归正。然而，"回报"他的则是1511年爆发的一场大规模叛乱。什叶派信徒烧毁清真寺，撕碎《古兰经》。一名行省总督惨遭斩首，并被刺穿身体架在火上烤。[6]

苏丹年迈体衰，疲惫不堪。关于皇位继承的问题，他正在他的两个儿子科尔库特（Korkut）和艾哈迈德（Ahmet）之间作抉择，但他们都无法强有力地对付叛乱。帝国命悬一线，伊斯兰信仰亦危在旦夕。

那年夏天，塞利姆陪着年满17岁的苏莱曼来到卡法（Caffa），这是一处位于克里米亚（Crimea）半岛南岸的奴隶和棉花贸易中心，男孩将在此地第一次担任总督。现在，塞利姆开始公开反抗他的父亲和禁卫军（the Janissaries）——这是一支耗费高昂的步兵——并向父亲索要皇位。1512年4月24日，皇子和他的支持者进军都城，攻占皇宫后废黜了苏丹。

这一天，塞利姆护送父亲来到埃迪尔内门（Edirne Gate），并将其放逐。禁卫军在道路两旁列队等待，希望新苏丹回到城中时能沿着这条路走，他们打算在他经过时用武器击打盾牌，以此提醒他：禁卫军依然手握凌驾于他的权力。但塞利姆不喜欢被人居高临下地提醒。被人告知禁卫军的意图后，他改变了返城路线，只带了几个随从沿着海堤回来。[7]而后，他对禁卫军的傲慢无礼装出一副不知情的样子，并以每人50达克特的代价解除了他们的武装。一位行省总督误将苏丹的宽厚视为软弱，也来到他面前要求加薪，结果塞利姆拔出利剑，砍了他的脑袋。

没过几个星期，巴耶济德就死了，据说是他儿子下的毒。塞利姆接着将科尔库特和艾哈迈德送到刽子手手中。他还除掉了五个侄子。在任命苏莱曼为爱琴海附近马尼萨省（Manisa）总督——该职位被视为"苏丹的摇篮"——后，塞利姆将注意力转向宗教异端。

法学博士为他颁布了一道"法特瓦"（fatwa）①，授权他借助猎鹰、弓箭和猎犬来追捕那些"红头军"。在接下来的两年里，利用其出色的间谍网络所提供的情报，塞利姆处决了约4万名安纳托利亚什叶派信徒，数千人遭到驱逐、标记和逮捕。被处决的4万人中，大多数都惨遭斩首。塞利姆的手下效率一流。

随后他挥师向东。

士兵们艰难穿越褐色的平原，周围是有毒蛇出没的山丘，并没有发现敌人的踪迹，也没有任何地方可以劫掠，他们开始抱怨，并向苏丹的帐篷开火。塞利姆毫不犹豫地走到他们中间，他有着红褐色的皮肤，腿短身长，眉毛黝黑，软软的帽子深陷在围巾的褶皱中，他大声呵斥道："这就是你们所谓的效忠于我的方式吗？你们这些胆小鬼，离那些愿意跟随我的勇士远一点。"从那以后，再也没人提及哗变的事。

他一直在给对手写信，时而烦躁，时而浮夸，时而粗鲁——其中一封信里附带了一套为伊斯玛仪（Ismail）准备的女装。沙阿如同一尊神明，处在一个更高的层面上，他在回信

---

① 即"伊斯兰教令"，音译为法特瓦、菲特伍。它的地位类似于在普通法法庭上所提出的法律意见书，通常包括伊斯兰学者针对某个特定案件所进行的推论，解释裁决根据的理由。

时既感到优越，又感到困惑。[8] 显然，包含如此极端敌意的信件只可能出自脑袋昏昏的秘书。为了表明他对塞利姆一方官僚的看法，他在回信时附上了一个装满鸦片的金盒子。伊斯玛仪在信中接着说，他本来一直在本国中部的伊斯法罕（Isfahan）附近打猎，不过现在已经从那些猛兽中抽身出来，准备教训一下苏丹。

一个夏末的晚上，奥斯曼军队出现在伊朗高原西北边缘的山上，居高临下地俯瞰着查尔迪兰（Chaldiran）平原。第二天早上，士兵们下到平原：首先是骑着马的西帕希骑兵（Sipahis），他们个个都配有长矛、佩剑和滑膛枪——滑膛枪被塞进马鞍——宛若一座座人形军械库；然后是穿红衣的轻型弓箭手；最后是戴着白色锥形毡帽的禁卫军。闪闪发光的金色鞍座表明总督带着他新征召的队伍来了。苏丹骑着坐骑"黑云"（Black Cloud），在皇家近卫骑兵的拱卫下穿过飞扬的尘土。

看到两倍于己的土耳其军队向他们的营地逼近，沙阿的指挥官建议他在敌人进入阵地之前发动进攻。"我又不是在商队中行窃的小偷，"伊斯玛仪轻蔑地回答，"真主的一切旨意都会实现。"[9] 奥斯曼人将200门大炮和100门迫击炮绑在一起，铸成一座堡垒，禁卫军伫立其中，每个人腰间都绑着斧头，手里都握着装好的火绳枪。当奥斯曼人都进入阵地后，伊斯玛仪才命令骑兵冲锋。

沙阿的战士从不使用枪，将其斥为毫无价值的创新。他们的坐骑此前从未遭受过枪击。塞利姆的军队一开火，伊朗阵地上的马匹就因惊恐而失控，在平原上四散而逃。伊斯玛仪被甩下马背，一位士兵英勇地挡住了刺向他的长矛，他才幸免于难。伊斯玛仪随后成功逃走。土耳其人乘胜追击，继续向伊朗首都大不里士（Tabriz）进发。然而，随着冬季的临近，士兵

28

们又心生不满，塞利姆于是下令撤回伊斯坦布尔。

塞利姆随后清洗了军中巴耶济德的亲信，并用自己的人取而代之。他再一次挥师东进，这一次他的目标是老迈不堪、奄奄一息的马穆鲁克苏丹国（Mamluk Sultanate），其首都位于开罗，对伊斯兰教圣地的控制也十分薄弱。马穆鲁克苏丹图曼贝伊二世（Qansawh al-Ghawri）前来迎战，1517年8月，双方在叙利亚发生冲突。奥斯曼人的火力再一次起到了决定性的作用。图曼贝伊被迫逃亡，到1517年春天，不仅开罗城被洗劫一空，麦加、麦地那和耶路撒冷也落入了奥斯曼人手中。作为伊斯兰教至圣之地的主人，塞利姆现在有权自称"哈里发"（Caliph），或者说全世界穆斯林的领袖，这一头衔之前为巴格达的阿拔斯王朝统治者所有。这位苏丹纵有千般缺点，骄傲自大却不在其中。攻入该城后，他参加了周五的祷告会，当他拉开铺在地上的华丽地毯，前额轻触光滑的地板以行跪拜之礼时，在场的开罗人也不得不对他赞赏有加。

与此同时，帝国大使在罗马报告说，教宗利奥召集了"最杰出的枢机主教和各国被派往教廷的外交官，并向他们解释，自己已经知晓……可怕的土耳其统治者——基督教信众的敌人——在命运女神的看顾下所取得的一系列胜利。[10] 他还提醒，基督教信仰目前危机重重，如果君主们不迅速消除这些危险，那么整个基督教世界定将毁于一旦。这位土耳其苏丹凶残至极，已经将亚历山大港、埃及和几乎整个东罗马帝国置于自己的控制之下，并部署了令人生畏的舰队……他觊觎的不再仅仅是西西里或意大利，而是全世界"。

然而，遭教宗厉声训斥的这些基督教君主却因离心离德和优柔寡断而难有实质行动。相对于合力抗击土耳其人，他们更热衷于内部争斗。

*

这位新哈里发是全世界穆斯林的领袖，"星辰相合的主人"（Master of the Celestial Conjunction），他的所有行动都没有展现出一丝犹豫。他处死身边的维齐尔，罪名只是他们活得太久了。他热爱战争，拥有大师般的洞察力。他犯下了种种罪行，仿佛他预知了这些罪行有朝一日能为政治和宗教的发展打下基础。

他动身从伊斯坦布尔前往埃迪尔内，苏莱曼皇子应诏从马尼萨到那里见他。多年来，这位24岁的苏丹之子从"慈父"那里收到了许多信件和礼物，其中包括一件在毒药中浸泡过的长袍，试穿这件长袍的侍者惨遭毒杀。在埃迪尔内，苏莱曼来到这个眨眼间将帝国版图扩大了一倍的人面前。[11]

在一个谋杀父王的人和他尚存于世的儿子之间，是否存在真正的信任？当塞利姆和苏莱曼面对面时，无论多么细致的礼节，多么亲切的问候，都无法驱散他们之间弑君和弑父的阴云。年轻的皇子显然将他母亲的话记在了心里，那位颇为能干、有条理的哈芙莎在他准备穿上那件有毒的长袍时拦住了他——正是母亲的告诫使他活着走出了这间屋子。

*

1520年9月的一天，苏丹的一名官员来到马尼萨，他跪倒在地，告诉苏莱曼这个世界痛失一位君主。经协商，他们让大维齐尔皮里（Piri）帕夏借押运税金的幌子，护送苏丹的遗体离开色雷斯（Thrace），这位世界之王正是在那里死于长矛刺伤后的腺炎后遗症。他们还商定，皮里需伪装成信使，走在前面开道。

苏莱曼骑马赶回国都，丧父的悲痛自不待言，一路相伴的还有一种宿命感，尽管如此，他也并非没有担忧。父亲一直想设计诱杀他，这完全符合父亲的性格。

9月30日，苏莱曼来到博斯普鲁斯海峡亚洲一侧的村庄乌斯库达尔（Uskudar），然后乘船前往对岸的伊斯坦布尔。在新宫（New Palace），禁卫军首领迎接他时毕恭毕敬的态度多少减轻了他的担忧。直到现在，苏丹驾崩的消息才被公之于众，随后，人们为新苏丹的健康和长寿祈祷。

在帝国创始人奥斯曼的家族世系中，他是第十代苏丹。

*

在宫殿的第二庭院中，一位肤色黝黑的年轻人端坐在皇座上，他有着鹰钩鼻，细长的脖子，突出的前额，光滑的脸颊和两撇细长的燕翅胡子。一名官员匍匐在他脚下，其他人则等待着，紧握的双手置于身前，以示服从。平时在花园中悠闲地啃草啄食的鸵鸟、孔雀和羚羊，此刻都已经被清理出去，取而代之的是穿着华丽朝服的诸位大臣。

如果将眼前发生的事称为加冕礼，无疑是大错特错，[12] 因为这位年轻人既没有摘下他的白色头巾，也没有接受皇冠。每一位伏倒在地的官员都对他宣誓效忠，苏莱曼苏丹的权力得到了认可，臣民将完全服从于他。

授职仪式后，他身着黑衣，与皮里和其他帕夏一道骑马出去迎接塞利姆的遗体。帕夏们下马扛起灵柩，将其葬在第五座山上，苏莱曼下令在那里修建一座陵墓，就在他父亲下令建造的清真寺附近。在写给塞利姆的悼词中，法官兼诗人凯末尔帕沙扎德（Kemalpashazade）提到，刚刚亡故的苏丹在短短八年里完成了许多伟业，他就像西下的落日，在短暂的时间内给整个世界投下了巨大的阴影。[13] 那天晚些时候，信函被寄往帝国各处的官员及附庸，还有外国的国王和君主，宣布新苏丹继承皇位。

任何一位统治者刚继位时都好似一个手无寸铁、鲜血淋漓的婴儿。占星师和预言家会预测它能熬过刚出生时脆弱期的概率。在继任者更新它们之前，塞利姆的各项任命和典章条例都处于被弃置的状态。在王朝更迭时的权力真空期，世界仿佛停止了运转。

他的第一项行动是镇压他父亲的军队。这支军队既然当初废黜了塞利姆的父亲，现在也很可能会反对他的儿子。作为安抚，禁卫军每人收到了 3000 阿斯皮尔（aspers）② 。其他潜在的闹事者获得了昂贵的长袍。苏莱曼睁开他的正义之眼，处决了 5 名违反军纪的步兵和 1 位施虐成性的海军统帅。他释放了在埃及征战时被俘的人质，并补偿了一部分商人——他们因囤积来自异端伊朗的丝绸受到了他父亲的惩罚。他这是在宣告："我不是他。"但很显然，这种否定并不能宣告"我是谁"。

通过杀死所有潜在的对手，塞利姆帮儿子避免了争夺皇位的残酷考验。由于缺少有力的竞争者，苏莱曼得到了皮里和其他人的支持。帝国本身也如日中天，其疆域之广大，国库之充盈，未曾有能与之匹敌者，而且，它的敌人们也很少像现在这般不团结。

无论他是谁，年轻的苏莱曼已经拥有了一笔宝贵的财富，那便是命运的垂青。

*

这是他第一次与母亲哈芙莎分开。她起初在卡法掌管家

---

② "asper"也写作"aspron"，是拜占庭晚期的一种银币或银合金硬币。

务，当塞利姆将他任命到马尼萨时，她又陪伴着他，捐款资助那些虔诚的信徒团体，密切关注着这座小小宫廷的一举一动，同时还追击那些土匪——他们在塞利姆忙于手足相残的权力斗争期间发展壮大。除了在他准备穿上浸毒的长袍时阻止了他，她还接纳了他娶的几位妃子，她们给他生了三个儿子：八岁的马哈茂德（Mahmud），五岁的穆斯塔法（Mustafa），以及尚处婴儿期的穆拉德（Murat）。[14]

她每月有 6000 阿斯皮尔的薪俸。[15] 作为一位刚迈入中年的遗孀，她依然像被刚买来的那天一样美丽。她将以受人尊敬的自由身份住在旧宫（Old Palace）里，陪伴她的是那些苏丹孩子的母亲，以及孩子们。

在征服君士坦丁堡后，穆罕默德苏丹曾下令在城中心划出一块区域，并在那里建了一座宫殿。但这座宫殿刚建成，他就又下令进行了一次勘测，以确定位于西边 2 英里处海角的供水系统是否可靠。勘测结果令人满意，"征服者"下令拆除海角上的拜占庭建筑，并在原址上建了一片规模更大的建筑群。于是，他"移情别恋"了，城中心的宫殿不再是他在伊斯坦布尔的首选，而变成了幽禁苏丹女人的地方。[16]

旧宫和新宫被埃格纳提亚大道（Via Egnatia）的最后一段连接起来，这是一条横贯欧洲大陆的干道，由罗马总督格涅乌斯·埃格纳提乌斯（Gnaeus Egnatius）在公元前 2 世纪修建，经"七塔"的所在之处进入这座城市。埃格纳提亚大道的这一段被称作议会路（Council Road），因为官员们在去帝国议会（Imperial Council）开会的途中会经过这里。他们骑马或乘轿经过巴耶济德清真寺，清真寺后是一座朴素的石灰岩墓穴，巴耶济德就长眠于此。他们还会路过君士坦丁圆柱的遗址，柱顶的十字架早已坍塌，圆柱本身也已沦为一处仅仅供人认路的地标。

竞技场（Hippodrome）位于议会路的远端。它别具特色，那根雕有三颗蛇头的螺旋形圆柱最初立在德尔菲（Delphi），一根支离破碎的楣梁如今已经成了苍鹭雏鸟和夹竹桃的家，还有两座尼罗河方尖碑（Nile obelisk），其中一座是用一整块带有象形文字的石头砌成的，另一座则由不同的石头拼接而成，最终落在一座精心雕刻的大理石底座上。环顾四周，拜占庭的遗迹正在被洗劫一空，铆钉、扣环和落水管被从碎片中挖出，整块的石头被搬上推车运往别处另作他用。皇帝的居所由24根巨大的柱子支撑，尤其容易遭到毁坏。每年冬天河水都会冲走一点基督教异教徒的耕地。竞技场最近还添置了一批绞刑架，以教会人们守规矩。[17]

在竞技场的入口处矗立着圣约翰的旧教堂。它的会众包括野猫、狼、獾、狮子、豪猪、野驴、豹子、熊、野猪，还有一种看起来像是家养的牛的牲畜——但它们有着高高的、细长的脖子，而且非常容易受惊——以及其他一些可能来自埃及的野兽。奥斯曼宫廷里的动物在这里交配、进食、拉屎，以及死去。每当摩尔人管家带着牛头和马肋排靠近以喂食它们时，这些野兽就会竭力撕扯锁链，发出可怕的嚎叫，邻里都能听到。有时它们会被放到野外，这样年轻的苏丹就可以猎杀它们；或者在节日期间用来展示；或者带到旧宫让女人和宦官寻开心。据说"狮子楼"里还关着一个野人。

苏丹的两头大象也住在这里，一头小，一头大。它们受过良好的训练，侍者向它们扔球，它们能够用鼻子将球击回，刚好证实了普林尼（Pliny）的名言：大象是最听话的野兽。每当苏丹从战场上归来时，这两头大象都有幸出城20英里去迎接他。它们在苏丹面前列队行进，表演一些小把戏，以此来减轻他的疲劳，提醒他去享受生活。沿着议会路穿过城镇，他抬起眼睛，知道自己终于回到了家。

34

*

议会路尽头的粉色"山丘"是君士坦丁大帝在古希腊卫城的遗址上建造的。它后来被重建并烧毁，然后又以目前这般巨型的规模再次被重建。

这座圣索菲亚大教堂，或称圣智教堂（Holy Wisdom），在1453年5月28日点亮灯光时，最后一次聆听基督教礼拜仪式。[18] 除了仍在城垛上值勤的卫兵外，城中几乎所有的男女老少都来到这里，沐浴在上帝的爱中。拜占庭的末代皇帝君士坦丁十一世（Constantine XI）在午夜前抵达教堂，接受了神的赦免，然后回到自己的阵地，在与入侵者的战斗中牺牲。天刚破晓，就传来城墙被攻破的消息。

那天下午，"征服者"在教堂门口下马。在走向祭坛时，他看到手下一名士兵正在破坏那条著名的大理石通道的路面，白色的铺路石上荡漾起灰色的波纹，仿若翻滚的海浪，他很不高兴，命令士兵停下来。"征服者"一声令下，一位伊玛目登上讲坛，大声诵读清真言，就是这短短的一句阿拉伯语，就足以终结一座教堂，造就一座清真寺。

即便是现在，在它被改建成清真寺的四分之三个世纪后，这座被土耳其人称为"阿亚索菲亚"（Aya Sofya）的建筑依然尚未完工。每当某一面墙壁开裂，他们就加建一面扶壁来支撑它。两座巨大的宣礼塔正在修建，提醒着人们这是一座清真寺。人们可以透过木质脚手架听到它们沉重的笛声。在建筑物内部曾经是后殿的海螺形区域，工匠们正在给一幅圣母和圣婴的马赛克画像涂抹新鲜的灰泥，这幅画需要被隐藏起来，因为它违反了真主对偶像崇拜的禁令。

*

阿亚索菲亚旁边是通往游行庭院（Court of Procession）的入口，入口的顶部高耸着两座女巫帽形的塔楼。谈话声伴随着厨房里冒出的缕缕木烟，从这个巨大扁平的矩形区域盘旋而上，直冲云霄。沿着鹅卵石小路走，清真寺北面的墙沉默不语，游客会经过以前的圣艾琳（St Irene）教堂，相比之下，它的规模要小得多，如今也已经被改建成军械库。在穿过四分之一英里的碎石路后，游客仍未进入宫殿里面。

新宫仿若一座由烟囱、塔楼、通道、庭院、回廊和观景台构成的迷宫，它气势逼人地俯瞰着博斯普鲁斯海峡、金角湾以及普洛彭提斯。[19] 它是为了隐居而修建的，但同时也是帝国的信号塔，从几英里外的陆地和海上都能看到它。它的另一个名字是"喜乐之门"（Gate of Felicity），而威尼斯大使更喜欢称它为"高门"（Sublime Porte），这是指阿拔斯王朝哈里发在巴格达宫殿的门槛上砌置麦加石板，只有在跪着的状态下才能通过。[20] 这一灵感来自蒙古人的帐篷营地，它们一模一样，别无二致。这片由石头和木头组成的建筑群同样无前无后，难以辨认，只有垂直的墙壁通往陡峭的山坡。到了春天，这里满地都是罂粟花和水仙花，层层叠叠，通向下面的海洋。

在游行庭院的远端，人们终于来到了行礼门（Gate of Salutation）。外国使臣会在这里下马。穿过大门进入到第二庭院——它几乎和前面一间一样大，但规划得更为方正，而大使们则会遇到一道人墙。

即使是在仪式场合，禁卫军也会营造出令人不安的气氛。他们每个人都戴着白色的锥形帽，一块布从帽子后面垂到肩膀上，刚好盖住他们的脖子，与法国贵妇戴的皮围巾有些类似。[21]

36

他们鞠躬时，就像一片整齐划一、缓缓移动的玉米地。礼毕，他们会停下来，像石头一样纹丝不动。

人们越是接近真主在人间的影子，对沉默的要求就越强烈。第三庭院如此寂静，以至于如果有人误以为要发生重要的事，也情有可原。

在攻占君士坦丁堡后，"征服者"从被征服的人民中挑选出年轻的男孩做他的保镖，寸步不离地跟着他，或者做他的侍童，这主要取决于他们的表现。之后的苏丹都延续了这一做法，从他们夺取的领土上征募奴隶。他们留着长长的发辫，从帽子两侧垂下来，就像先知约瑟夫（Joseph）做法老的奴隶时一样。他们悄然穿梭在寝房和第三庭院的小清真寺之间。

"征服者"会在帝国议会现身。他会在举办宴会时出现在朝臣面前，接受他们的称赞。相比之下，他的曾孙就显得有些不近人情。苏莱曼每年只会出现在他的大臣面前两次。除此以外，只有那些受邀进入呈愿厅（Chamber of Petitions）的议员才能接近他。没人可以坐下。他们必须站着，双手交握在身前。即便是级别最高的枢密大臣也不得进入第三庭院。他们不得进入内宫，因为那里是苏丹的寝宫。

唯独一人例外。

*

正如他的昵称所表明的，这位"法兰克人"出生时是基督徒。他起初是威尼斯的臣民，居住在阿尔巴尼亚的帕尔加（Parga），与希腊的科孚岛（Corfu）隔海相望。那时他叫皮耶罗（Piero）。父亲以卖兽皮为生。[22] 一天，海盗登岸，掳走了小皮耶罗。那一年大约是1498年。他最后来到了安纳托利亚，被一位富孀收养。在她的培养下，他衣着考究，举止优雅，精通音乐和多门语言。当时还是皇子的苏莱曼前来拜访他的母亲，他正在非常优雅地演奏小提琴。面对如此尊贵的客人，母亲没有什么配得上的礼物，于是就将她的爱子献给了他，此时他已经更名为易卜拉欣（Ibrahim）。

在那个紧张的9月，皇子成了苏丹。易卜拉欣和他的主人一起，匆匆从沿海地区赶回都城。帕夏们本来要迎接苏丹，没想到却等来了两个人，他们无法将自己不以为然的目光从这个不讨喜的年轻人身上移开，而他们的新主人则希望从他身上寻得慰藉和陪伴。帕夏们问道：……他到底是谁？

自"征服者"的时代以来，苏丹们都会提拔奴隶，因为他们不会构成任何威胁。他们的命运与偏爱他们的苏丹紧密相连。他们没有独立的权力来源，因此，一旦显露出对苏丹的威胁，就会立马被除掉。

他们是苏丹的代理人。"征服者"非常明智地颁布了法令，规定奥斯曼苏丹可以合法地处死他的兄弟，因此，万王之王（Sovereign of Sovereigns）注定没有兄弟，也自然不会有叔伯。多么骇人的缺席！对照其他家庭——无论高低贵贱——的手足兄弟之情，这又是多么大的反差啊！如果将血亲看成一片树林，那么陪伴苏丹的只有一墩墩的树桩。于是，"外来品种"被引入，为他提供荫庇。

这就是法兰克人存在的意义。

他很瘦，相对于头而言，他的脸显得有些小。他面色苍白，体格并不引人注目。他的牙齿稀疏，并不整齐。但他用魅力和雄辩弥补了外表的丑陋。他热爱生活。他喜欢小提琴、皮亚琴察奶酪和麝香葡萄酒。他懂意大利语、希腊语、法语、土耳其语、阿拉伯语和波斯语，尽管他的阿拉伯文手迹跟孩子们的差不多，他的意大利语也十分古怪。他喜欢了解那些世界的主宰者，还有不同的地方和事物。他爱读亚历山大大帝和迦太

基人汉尼拔的故事，还有战争和历史。当读到亚历山大时，他

可能在这位大将军的密友赫菲斯提翁（Hephaestion）身上看到了自己所扮演的角色。谁知道呢？他的随从中有一位来自伊朗的乐师，他们一起创作乐曲。他与主人分享这些事物为他所带来的乐趣。

苏丹是孤独的。这是很自然的事情。

*

"帕夏"通常被用来指称有指挥权的人，包括高门中的高级官员，如高级总督、行省总督或被称为"统帅帕夏"（Captain Pasha）的海军司令。在正式场合，帕夏前面会有人擎着一面旗子，旗杆上还挂着马尾，马尾的数量表明了帕夏的级别。因此，这些人也可以被称作"一尾帕夏"或者"二尾帕夏"，等等，这取决于他们旗杆上的马尾数量。大维齐尔是五尾帕夏，苏丹则是七尾。

这个传统可以追溯到苏丹的一位先祖。[23] 当他的军旗被敌人夺走，士气溃散之际，这位祖先用剑砍下马的尾巴，将它绑到一支长矛上，高声喊道，"这就是我的旗帜！跟随它吧，所有愿我好的人！"他的灵机一动鼓舞了士兵，最终赢得了战斗。

曾经辅佐过父亲的帕夏们现在正在教苏莱曼如何治理帝国。他们是皮里——此人曾在巴耶济德手下任职——还有两位年轻人，费尔哈特（Ferhat）和艾哈迈德（Ahmet），以及穆斯塔法帕夏，他的年龄介于二者之间。

在塞利姆登上皇位的过程中，帕夏们在最危难的时刻都忠实于他，然而，塞利姆的英年早逝让他们感觉仿佛受了欺骗，而他的儿子会带来什么，也让他们忐忑不安。[24] 此外，他们还

对苏莱曼的朋友易卜拉欣心存疑虑：他还没有通过任何考验，没有主持过任何会议，也没有在任何一次战斗中取胜，现在却可以牵着他主人的鼻子走。

面对权臣们的不满，苏莱曼有两种选择：要么抛弃这位法兰克人，要么更加紧密地依赖他。最终他选择了后者，他开创了一个令人如此错愕不安的先例，以至于满朝文武只能在一片缄默中选择对它视而不见。

苏莱曼知道，过早地任命易卜拉欣担任公职会带来不良后果，因为这势必会让他担负起他还无力承担的责任。此外，苏莱曼希望的是仅仅在他的私宅里"享用"他的朋友。所以他任命易卜拉欣担任的这些职务，可以不受任何阻碍地进入他的房间：枢密院负责人、猎鹰总管、皇宫行政长官。最后一项职务通常由宦官担任，但易卜拉欣并非宦官。

苏丹的寝宫中并没有备好的床，但角落里有三套深红色的天鹅绒床垫，其中两套里填充着棉花，另一套里填充着羽毛，还有两件深红色的塔夫绸被子以及三个枕头，枕头上挂着一条绿色丝裙，上面有一个金扣子。[25] 晚上，侍童将这些床垫铺在地毯上，两套棉花床垫被放在下面，上面是更加精美的羽毛床垫，这样，三套床垫叠放在一起就达到了及膝的高度。接着他们把床单、被子和垫子铺好，并把它们从墙边移开，以便在床边行走；他们在每个床角都摆上银烛台，准备好白蜡，头顶上是用丝绳挂起的金色幕帐，刚好遮盖住床。一切准备就绪后，他们点亮蜡烛，向苏丹禀告。

易卜拉欣和主人头挨着头睡在一起；除了床头床尾各有一名手持火把的侍从看守外，屋内再无他人。白天，苏丹亲手给他写情意绵绵的短信，然后让哑巴传信，易卜拉欣则回信讲述他所做的每一件事。两人就这样你侬我侬，主人离不开奴仆，奴仆也离不开主人。[26] 他们有时乘着小船，由桨手陪伴，在宫

殿下方靠岸，然后继续步行，或在海岸上带鹰出猎。无论易卜
拉欣想要什么，不论是找侏儒取乐，还是听人大声朗读伊本·
西拿（Ibn Sina）的医学论文，抑或是享用一只可口的桃子，
都会得到满足。

苏丹为自己定制衣服时，也会为易卜拉欣定做同样的款
式。他们仿佛是一个整体，就像是同一个人，"征服者"的后
代和海滩上的男孩，真主在人间的影子以及这个影子的影子。

第三章

在一代人以前，神圣罗马帝国、西班牙、勃艮第、法国和英格兰就在平等条件下就欧洲的统治权展开竞争。然而，通过一系列的王朝结盟以及某些人恰到好处的离世，上述国家中的前三个得以合并，并将哈布斯堡家族的查理五世推向了权力的巅峰。

1520年10月，查理在亚琛登基，此前他已当选为"罗马人民的国王"，这一头衔是当选皇帝的先决条件。他在前往意大利接受教宗加冕之后，才能正式成为神圣罗马帝国的皇帝。然而，世界早已因此认识了他。

同样在1520年10月，苏莱曼的臣民也遵照传统，宣誓效忠苏丹。皇帝和苏丹形同孪生兄弟，陷入可怕的争斗之中，鹿特丹的伊拉斯谟（Erasmus of Rotterdam）并非唯一看到这一点的人，一如这位人文主义学者所言，"最终的结果，整个世界唯一的主人，要么是查理，要么是土耳其人，世界再也容不下两个太阳"。[1]

苏丹统治着一片从克里米亚延伸至尼罗河的弧形领土；而皇帝的领土同样呈一个长度和弧度与之相近的弧形，从波罗的海一直延伸到大西洋。阿尔及尔与罗德岛，维也纳与摩里亚，都是潜在的冲突点；还有撒丁岛与达达尼尔海峡（Dardanelles），各自领土边缘的任何地方，都有可能引发摩擦。

在苏丹面前，查理几乎不值一提。他通过贿赂选帝侯的方式赢得了皇帝的头衔，这种行径并不光彩。此外，他还坚称自己是耶路撒冷国王（Prince of Jerusalem），而该城早在 1517 年就被塞利姆攻克——而且是从同为穆斯林的马穆鲁克人手中夺走的。作为哈里发，或穆斯林的最高统治者，苏莱曼希望将它传给自己的继承人。苏莱曼可不认为查理是什么皇帝。他就称呼他为西班牙国王，因为他从外祖父母阿拉贡的费迪南（Ferdinand of Aragon）和卡斯蒂利亚的伊莎贝拉（Isabella of Castile）那里获得了继承权。至于查理的弟弟兼副手，奥地利大公费迪南……他的人生究竟有何意义呢？

查理自小就在与土耳其人战斗，他强迫小费迪南装扮成撒拉森人，然后用木剑扼住他的喉咙，以此结束一天的游戏。自从继承了这笔庞大的遗产，皇帝就一直忙于应付基督教内部的捣蛋鬼——马丁·路德和弗朗索瓦一世。但他夜里梦想的、他独自与上帝交谈时讨论的、他在繁忙的行程和使妻子伊莎贝拉不断怀孕之余到修道院隐居时思考的，都是为基督教世界夺回君士坦丁堡。用他的大宰相（Grand Chancellor）默库里诺·德·加蒂纳拉（Mercurino de Gattinara）的话来说就是，"上帝已经让您踏上了一条通往世界之王的道路"。[2]

*

得知塞利姆意外死亡的消息时，教宗利奥满心喜悦。他下令举行赤脚游行和教堂祷告活动，以感谢上帝的仁慈。枢机主教们也得意扬扬地认为，一头温顺的羔羊取代了一头凶猛的狮子。

所有人都松了一口气，利奥搁置了十字军东征的计划，查理和弗朗索瓦则重新开始了他们在意大利北部的争斗。即便是威尼斯人，尽管他们十分渴望准确预判土耳其人的意图，他们的心思现在也跑到别处了。总督古利提想要从欧洲大陆的动荡中获利，于是就如何保卫米兰抵御查理的攻击向弗朗索瓦献计献策。在沃尔姆斯会议（Diet of Worms）上，神圣罗马帝国皇帝将路德逐出教会，尽管如此，路德还是成功地回到了德意志……好吧，薄伽丘也编不出这样的故事来。 43

的确，1521 年夏天，基督教世界掉以轻心了，这位爱好和平的新苏丹，这只温顺的羔羊，已经沿着西北方向推进了700 英里，并在首次尝试时就夺取了贝尔格莱德。

第二年秋天，罗德岛也陷落了，该地是医院骑士团的大本营，扼守着奥斯曼帝国从安纳托利亚到埃及之间的海上航线。经过 5 个月的围攻，法国大修道长、医院骑士团大团长腓力·德·维耶·德·利勒 – 亚当（Philippe de Villiers de L'Isle-Adam）不得不俯首亲吻苏丹的手，后者已经成为这里的新主人。苏莱曼让利勒 – 亚当和幸存的骑士们离开该岛，然后下令将教堂改建成清真寺。

*

在不到三年的时间里，苏莱曼取得了两项"征服者"都未能完成的成就。骁勇善战的名声一经建立，他又开始利用供他差遣的人力资源。

在贝尔格莱德和罗德岛的战役中，易卜拉欣一直跟随着苏丹，却没有上战场，负责指挥作战的是塞利姆的手下。但法兰克人并不满足于终日安卧在苏丹的御帐中数钮扣。他密切地观察着如何指挥骑兵，如何征收贡税以及如何伸张正义。他还提醒苏丹睁大双眼，密切关注帕夏们的不足之处。

每当皮里希望提醒人们他对国家不可或缺时，他就会佯装生病，眼看着国家的管理水平每况愈下。苏莱曼待他温柔体贴，如同对待一位受人尊敬的叔叔。[3] 但皮里在贝尔格莱德战役中的表现令人失望。他还竭力阻止易卜拉欣修建新的府邸。可是，一个人如果失去了易卜拉欣的好感，那么苏丹的青睐也会随之而去。

一天，苏莱曼若有所思地说道，"我想任命一个奴隶担任总管职务，我对他的服务感激不尽，但具体职务我还不太清楚"。皮里听出了苏丹的话外音，高兴地回答说，"这样一位与您亲密无间、受人尊敬的奴隶，应该将我的职务授任于他"。于是他宣告退休，拿到了20万阿斯皮尔的养老金。

1523年6月27日，苏莱曼任命易卜拉欣为大维齐尔，这是整个世界最有权力的非世袭职位之一。他还被授予鲁米利亚的军队指挥权，这是帝国最重要的军事指挥权，因为色雷斯就在鲁米利亚地区，这里紧挨着博斯普鲁斯海峡西岸——色雷斯就好比帝国的喉管。

在没有证明自己的行政或军事才能之前，没有人能担任大维齐尔一职。"征服者"自己——尽管他随时准备撤换那些不再有利用价值的人——也不会仅凭一时兴起就随意进行人事变更。

苏丹决定撤掉某位前朝遗留的部下，并把自己的人安插进来，这可能说明了两个问题：其一，在登上皇位三年后，他要走出父亲的阴影，他对自己的这一判断有着足够的自信；其二，他对易卜拉欣的迷恋损害了他的判断力。有人认为，用一个无足轻重的人来取代一位前朝元老是不明智的，何况这样一个无名小卒在任何一位审慎的君主的统治下都会被排除在公共生活之外，仅在私人场合才有机会现身。苏丹迄今为止最伟大的两次胜利，贝尔格莱德战役和罗德岛战役，都是由他父亲任命的人完成的。它们是塞利姆的胜利，而非苏莱曼的胜利。

新苏丹可能对他父亲的成就有些敏感。当塞利姆的陵墓竣工时，他的儿子下令禁止举行任何游行活动，塞利姆的遗体被静悄悄地抬进暗淡空旷的八角形塔楼里，只有亲密的家庭成员和前任顾问前来凭吊。巨大的灵棺孤零零地摆在房间中央，上面覆盖着刺绣天鹅绒，塞利姆巨大的披肩头巾堆叠在四周，层层叠叠的褶皱如同大海里的波涛。

*

要是成了一名路德派信徒，法兰克人并不会感到开心。沉闷的改革派成员，穿着棕色的衣服，在单调无趣的教堂里严词怒喝。这种生活根本就不适合他。还记得教宗利奥在当选后说了什么吗？"上帝赐予我们教宗一职，就是让我们享受它。"易卜拉欣就是这样的穆斯林。

他的薪俸有 15 万达克特。鲁米利亚指挥官的职务又给他带来了同样多的收入。他足够富裕，能够出资让他的 6000 名奴隶士兵穿上黄金装点的丝质红袍，戴上充满异国情调的摩尔式头巾。

这位新任大维齐尔将他的母亲接到了伊斯坦布尔，并将自己的兄弟安排在宫中效力。至于他的父亲，一个更名为尤努斯（Yunus）的落魄家伙，在他的安排下做了帕尔加总督，每年薪俸 2000 达克特。[4] 不要说法兰克人怠慢了他的亲属。

一则令人震惊的告示出现在竞技场北边的拜占庭式的拱顶上。这是大维齐尔的府邸，皮里帕夏的仕途在此终结。这座意大利装饰风格的砖石结构的建筑价值 20 万达克特，悬挑式的阳台和板条屏风让墙壁生动起来，圆顶和烟囱则让其整体轮廓充满活力。由于它位于斜坡之上，它比竞技场本身还要高。阿亚索菲亚、新宫的圆顶以及远方闪闪发光的大海，都可以从沿内庭延伸的长廊上俯瞰到。

早上穿戴完毕后，他来到庭院，骑上他的阿拉伯种马，这匹马通体黑色，只有口套和距毛是白色的，它性情机警，体态匀称。沿着一道装饰华丽、与正门齐平的斜坡骑行，他从庭院来到竞技场底层。而后他穿过竞技场，前面是奴隶、卫兵和随从，全都步行。[5] 笛手和鼓手警告人们不要挡道——但切勿忘记行注目礼。毋庸否认，大维齐尔身着绿色外衣和天蓝色长袍，衣服上绣着金线，头上包裹的头巾和苏丹的一样大，非常醒目。他随身戴着重达17克拉的钻石，这是主人送给他的礼物。

46 在行礼门下马后，他进入到第二庭院，沿着对角线的小路前往国库。沿途侍从齐声高喊："愿全能的真主保佑我们君主和帕夏的每一天；愿他们福寿双全！"[6] 一个驯鹰人正在用挂在刽子手喷泉（Executioner's Fountain）链条上的金杯喝水，他被这喊声吓了一跳，转过身去，仿佛看到了幽灵，吓得跌倒在地。

国库里放着一袋袋金币、一匹匹丝绸和羊毛制品，还有金锦缎、黑貂皮和猞猁皮，以及其他的缝制物品，这些都是各地上缴的贡品，此外还有各行省成箱的账簿。法兰克人用手抚摸着这些东西，仿佛它们都是自己的。

没有什么比挑选部下更能说明一个统治者的野心。[7] 部下的能干忠诚将很好地反映在他们的主人身上。如果部下因贪赃枉法而臭名昭著，那么任命他的统治者也难辞其咎。双方都必须老练地处理这层关系。治国之臣永远都不能考虑自己，他只能考虑统治者，要彻彻底底地专注于统治者的事务。而就统治者而言，他必须给予部下足够多的财富和尊重，帮助他们，与他们分享荣誉和权力。只有这样，大臣才会因为已经享有如此之多的特权，而不去寻求更多。

写下这些思考的是马基雅维利，他最关注的是佛罗伦萨的事务。但他的看法同样适用于其他地区。

*

苏丹的儿子穆斯塔法九岁了。他已经表现出一些人们希望在继任者身上看到的品质，父亲因此将他带到新宫一起生活。

苏莱曼喜欢在第三庭院中的一个圆顶大厅里吃饭，大厅中央有一座喷泉，四周铺着坐垫。他用木勺吃饭，这是传统，也是他的习惯。有一天，他、易卜拉欣和穆斯塔法准备一起吃饭。穆斯塔法进入大厅后坐下。苏丹递给易卜拉欣一把木勺。看到穆斯塔法一动不动，苏丹也递给他一把勺子，说："吃吧。"但穆斯塔法的脸色阴沉下来，他把勺子掰成两半扔到了一边。

易卜拉欣平静地说："穆斯塔法殿下，您这么做是因为主人把第一把勺子给了我。您难道不知道，他的奴隶也是您的吗？"穆斯塔法却冷冷地回道："我不知道你说的什么奴隶，但你每天都在我父亲家里吃饭，你还比我先拿到勺子。"

男孩天性冲动易怒，但同样大度且思维敏捷。易卜拉欣在不久之前也同样是个男孩。因此，他充满善意地微笑着，小心翼翼地表现出对皇子的偏爱，因为有一天皇子也可能会成为苏丹。当苏莱曼送给大维齐尔一副装饰精美的马鞍时，机会来了。看到穆斯塔法对这份礼物表现出嫉妒之心，易卜拉欣把它送给了他，但警告他不要让他父亲看到，因为如果苏丹发现了，他就会让穆斯塔法把它送回去。这是他们之间的秘密。[8]

*

苏丹需要重新评估来自塞利姆时代的年轻帕夏费尔哈特和

艾哈迈德。

詹比尔迪·加扎利之前是个奴隶，为了奖励他抛弃旧主马穆鲁克苏丹，塞利姆任命他为叙利亚总督。苏莱曼登基后不久，加扎利又背叛了他的奥斯曼新主人。费尔哈特帕夏被派去镇压这场叛乱，并以出色的效率完成了任务（也正是在这个时候出现了如何处理加扎利头颅的问题）。

费尔哈特平叛有功，作为奖励，苏丹将他的另一个妹妹贝尔罕（Berhan）许配给他，并在新宫中为他们安排了一个家。此行尽显苏丹的慷慨大气。费尔哈特是一个天性高尚、无所畏惧的人，苏丹毫不犹豫地将惩戒帝国边境势力的任务交给了他，他同样出色地完成了这些任务。

艾哈迈德同样受人钦佩。他曾在第三庭院求学，是参加过征服埃及之战的老兵，塞利姆苏丹视他为自己的"第二生命"。同费尔哈特一样，他想方设法地讨好新苏丹。在贝尔格莱德战役中，他在苏莱曼所经之处沿途摆放战败者的头颅，以庆祝自己夺取了萨巴茨城（Sabcz），但必须承认，这是一场代价高昂的胜利。在罗德岛战役中，他以督导的身份参加了双方的谈判，最终医院骑士团投降，苏丹和大团长颇为勉强地相互致意，他则充当二人之间的翻译。

这两位帕夏都足够争强好胜，这一点无可指摘。他们大体上是称职的。真正有问题的，是他们对新权威的态度。

*

法兰克人以为随着时间的推移，他可以处理好一切。但奥斯曼帝国是建立在秩序上的。与伊斯兰教法有关的事务必须提交给军事法官；与苏丹财政有关的事务则需交由司库处理，他们需要对财务总管（Chief Treasurer）负责；行政决议由大维齐尔制定，并由书记官（Chief Secretary）记录下来。可以说，公正的伊斯兰政府以此为基础，然而法兰克人却十分蔑视这种基本划分，他僭越本分，擅自闯入并不属于他的领域。[9]此外，他还习惯于在位于竞技场的家中召开帝国议会，而政府的所在地新宫对他来说形同虚设！

对于已故的苏丹，臣民们记忆犹新，他们称他为"亚乌兹"（Yavuz），意思是"苛刻、顽固或严厉"，这样的称呼并无不敬。塞利姆不是在表演木偶戏。他会在天黑后乔装成普通人，混入人群中和他们一起赌博——这是一种真主憎恶的消遣，到了第二天早上，做坏事的人就会被带走吊死。

现在的苏丹却有些缺乏自信。也许是害怕承担责任，相较于父亲，他更像是一个代理人。无论出于何种理由，现在是易卜拉欣而非苏莱曼负责维护法律和秩序。这位大维齐尔的行事风格懒散怠惰，有些过于宽厚仁慈了。在清真寺的院子里，在大集市的巷子中，人们抱怨杀人犯、小偷、强奸犯毫无顾忌地四处游荡，巨大的危险即将来临。

政府职能失序，但要苏丹注意到这些并非易事。他对这些问题置若罔闻。事到如今，考虑到易卜拉欣涉事范围之广，发展速度之快，最好的解决办法可能是等他自己走到末路。但是帕夏们可没有这么多耐心。

艾哈迈德希望接替皮里的位置。他当着苏丹的面指责这位老人，质疑他的正直，苏丹因偏爱法兰克人而忽视了他，这让他气愤不已。但愤怒并不能起任何作用。他在帝国议会上失态无礼，打断大维齐尔的讲话，对着众人大放厥词，此事最终传到了苏丹的耳朵里。1523 年 8 月，艾哈迈德被派往埃及担任总督。尽管当时他卧病在床，但却被要求立即动身离开。苏丹甚至不让他在离开前亲吻他的手。

埃及更像是一个帝国，而非行省，它的所有历史都注定会在一个不安分的总督身上激起一连串的妄想。果然，很快伊斯坦布尔就收到报告，艾哈迈德与当地的乱党沆瀣一气。接下来，他又开始私造钱币，并以个人名义主持周五的祷告会。

而且，无论是他一直以来都有此意，还是因为感受到了刺客的威胁，艾哈迈德的狂妄最终的确变成了公开的叛乱。在开罗的寒冬中，他的手下沿着一条隐蔽的引水渠攻入堡垒，用剑杀死了毫无戒备且忠于苏丹的禁卫军。艾哈迈德随后还攻占了亚历山大港及海上的灯塔，切断了埃及与罗德岛之间的联系。

但即便是现在，奥斯曼王朝在埃及人心中仍然比艾哈迈德的冒牌新苏丹国更令人敬畏。夺权两周后，这位篡位者在剃须时遭到一群苏莱曼忠实支持者的突袭。他从澡堂的窗户逃脱，当时只穿了一件衬衫，随后到阿拉伯部落中寻求庇护，但阿拉伯人却把他交给了苏丹的支持者。在被砍头前，艾哈迈德宣称，"我选择走这条路，并不是因为我是一个叛徒，而是因为易卜拉欣帕夏想要杀我"。[10] 不可否认的是，法兰克人的确是艾哈迈德之死的主要受益人。

*

费尔哈特帕夏平定叛乱的方法是将所有他不喜欢的人处死，然后占有他们的土地，尽管这些土地理应属于苏丹。费尔哈特认为，他与苏丹妹妹贝尔罕的婚姻可以使他高枕无忧。

费尔哈特刚刚在巴尔干半岛完成劫掠，当他回到伊斯坦布尔时，苏莱曼不愿接见他。贝尔罕出面求情，苏莱曼答应在色雷斯的埃迪尔内见他。易卜拉欣帕夏此时正在埃及执行上任后的第一次公务：艾哈迈德作乱后，他需在此地恢复秩序。苏丹因思念友人而心神不宁。费尔哈特最好小心行事。

这次会面开始时进展得相当顺利。费尔哈特献给苏丹一个精美的盒子，这个盒子之前属于加扎利，由黄金和水晶制成，上面满是宝石，此外还有四件用丝绸织成的绣金长袍。苏丹回赠他 1000 达克特和 20 件长袍。接着，费尔哈特就有些得意忘形了。他指出自己屡次为苏丹效劳，平定叛乱，即便身受重伤嘴里也不忘念着主人的名字，并因无法获得更高的荣誉而心生怨念。他不断地吹嘘自己的功绩，连带着咄咄逼人的气焰，这让苏丹极为反感，苏丹的耐心终于被耗尽了。

不管你被派往何处，苏丹回答说，你都掠夺他人的土地以填满自己的金库，却没有向国家上缴任何东西。这些声名远播的胜利给国库带来了什么好处呢？说到声名远播的胜利，还记得贝尔格莱德之战吗，你麾下的 7000 人被区区 1500 个匈牙利兵砍得落花流水，这算什么无与伦比的功绩？

听完这些，费尔哈特怒不可遏。这些指控看似出自苏丹之口，但他，费尔哈特，心里清楚是谁说了这些话。

"一定是那个贱人易卜拉欣。"

现在唯有寂静。穆拉德苏丹建造的宫殿里一片寂静，他孙子的孙子现在被一名来自斯雷布雷尼察（Srebrenica）的前奴隶指控，斥责他让一个租来的男孩成了政府的首脑。[11] 然而，在自己的屋檐下，听到自己的维齐尔讲出这样一番话，"真主之影"①（Shadow of God）是无法接受的。

苏丹命令费尔哈特从他眼前消失，但后者拒绝离去，并高声抗议，苏丹则喝令卫兵将其拖走。费尔哈特坐在石凳上一动不动，继续咆哮不止。苏丹随即命令卫兵砍掉这个可耻之人——他自己的妹夫——的脑袋。费尔哈特随身藏着一把匕首，他奋起反抗，但最终被棍棒击倒并被砍掉头颅。身首异处的费尔哈特帕夏躺在地上，他们知道消息会传遍帝国的所有角

51

---

① 这是一种比喻，通常被用来指代最高统治者，如君主或苏丹。

落，任何考虑类似行径的人一想起这个恐怖的场景，定会踌躇不前。

费尔哈特携带匕首是为了防身，还是他本来就想杀死苏丹呢？这点区别对于死者的母亲而言微不足道；她泪流满面地到达现场。苏丹则诚挚地表示歉意，并解释自己本来只打算监禁费尔哈特，但由于帕夏公然抗命，原计划无法实施，只能选择将其处死。紧接着，苏丹的妹妹、费尔哈特的妻子贝尔罕，这位美丽的妇人身着黑衣到达现场，用推车运走了亡夫的尸体，同时向苏丹厉声尖叫：你杀了我的丈夫！我期待在不久的将来也为你穿上这身丧服！知道与女人争吵毫无意义，苏丹一直沉默不语。

*

与其他战斗部队相比，禁卫军的最大区别就在于他们忠于主人、无视生死，此外，他们的晋升基于军功而非恩宠，这可能是最重要的一点。这是一群忠心耿耿、皈依了伊斯兰信仰、保持独身的军人，是专门从基督徒俘虏和奴隶中选拔出来的，因此，他们没有家庭只有军营，没有家人只有同袍。只有禁卫军军官可以在离任前结婚，而且必须得到苏丹的许可。军中职位无法通过购买获得，也不能继承。这些军人是出了名的能吃，军官们的腰带上都挂着汤勺。

在营地里，禁卫军禁止将武器带出帐篷，如果军中有人愚蠢到让战友流血，他会被立即处死。到了战场上，他们惯常的冷静就会让位于疯狂的野蛮。这就如同一种炼金术。保罗·乔维奥（Paolo Giovio）是一名历史学家、箴言作家和神职人员，他认为禁卫军就像亚历山大大帝征服整个东方时所依靠的马其顿方阵（phalanxes）。[12] 对禁卫军而言，这一类比合情合

52

理，但对苏丹来说可能就不那么公平了。亚历山大帝国在其创始人死后未能延续下去，而奥斯曼王朝却要追求国祚永延。

这年冬天，由于大维齐尔远在埃及，苏丹害了相思病，像马杰农（Majnun）一样渴望着他的蕾拉（Layla），禁卫军趁机胡作非为。在掀翻了营地里的大锅之后，他们开始宴饮狂欢，胡乱糟蹋着易卜拉欣的府邸，肆意杀害犹太人。他们高呼："没有大维齐尔，就没有政府，即便有，他也无法控制军人。"苏莱曼把猎鹰关进笼子，立即返回都城，亲手处决了暴乱的头目。但他比以往任何时候都感到孤单，他给易卜拉欣送去消息：赶紧回家吧。

*

开罗民众对大维齐尔满怀善意。在绚丽铺张的入场仪式后，法兰克人穿着厚重的衣服，珠光宝气，后面跟着 5000 名衣着华丽的士兵，只需处决几名犯人就足以降服这个行省。随后就是大赦和赏金。欠债的穷人被从监狱中释放，孤儿院得到捐助，宣礼塔被加高。新法典是一项标志性的成就。它引入了奥斯曼帝国的法令，并对任何可能谋划叛乱的人发出警告：我们奥斯曼人要长驻此地。对这座国际城市的各族民众，法兰克人宣称："不要说'我是切尔克斯人（Circassian），你是土库曼人（Turcoman）'。我们都是同一个箭筒里的箭，都是苏丹陛下的奴仆。"[13]

开罗让法兰克人明白，他应该是一个有大局观的人，而细枝末节可以留给伊斯坎德尔·切莱比这样的文官。伊斯坎德尔终身担任财政部官员，非常受叛徒艾哈迈德器重，但他对忠诚的态度也极具职业精神，也就是说，忠诚是可以转移的。苏丹本人建议大维齐尔将伊斯坎德尔视为导师和父亲。在易卜拉欣

53

于埃及任职期间，无论是设定进口关税，还是与阿兹哈尔（al-Azhar）学校里的谢赫们（sheikhs）讨论穆斯林属人法，这位财政大臣总是陪伴在他左右，帮他掩盖工作上的青涩，抑或悄声告诉他答案，毕竟，他极为精通算数。[14]

在肃清叛徒艾哈迈德遗留下来的混乱局面之后，易卜拉欣响应主人的召唤，带着新的权威启程返航。在叙利亚，在回家的路上，他恢复了威尼斯的最惠国地位，分封了属地，在离君士坦丁堡只剩四天的路程时，他又收到了苏莱曼的一条消息：速速回来。

危机已经来临。一位名叫布斯坦（Bustan）的土耳其船长报告说，威尼斯人扣押了土耳其船只，并将奥斯曼帝国的旗帜扔进海里，这分明就是在羞辱苏丹。战争可能会因此爆发。

*

阿亚斯（Ayas）是新上任的第二维齐尔。他在老家阿尔巴尼亚的母亲是一名修女。[15] 他每月寄给她 100 达克特，考虑到他每年 5 万达克特的薪俸，这并不算多。他喜欢这一职务中涉及战争的部分，甚至花园里都常备着炮弹。在听了布斯坦对威尼斯人的指控后，阿亚斯威胁威尼斯巴伊洛彼得罗·布拉加丁（Pietro Bragadin）说："你们破坏了和平；我们将从海上和陆上对你们开战。"威尼斯一方则认为，布斯坦才是这一事件的罪魁祸首。当布拉加丁试图指出这一问题时，阿亚斯根本不听，因为布斯坦是他的人。

随后，双方来到新宫，将这件事呈报给苏丹，请苏丹作出评判。使者在呈愿厅外紧张地踱着步，双方在里面进行着陈述。对威尼斯而言，易卜拉欣帕夏明天就能回家，这十分幸运。大维齐尔出生时还是一名威尼斯公民，他丝毫不掩饰自己对威尼斯的偏爱。

第二天，易卜拉欣抖落脚上的尘土，回到了新宫。他从开罗给主人带回了一盏金杯，上面镶着一颗 58 克拉的钻石，价值 18000 达克特，还有一块价值 15000 达克特的翡翠以及不计其数的珍珠和红宝石。[16]

易卜拉欣与苏丹结束谈话后，接见了布拉加丁。"我对所有人都非常生气，"他说，"但只有你除外。"（*Son corruciato con tutti, non con te.*）[17] 省去了翻译，直接用自己的母语同土耳其人的宰相说话，这感觉多棒啊！使者以生命起誓，他所说的都是事实，易卜拉欣的头脑现在已经变得越发官僚，问他是否介意把这些都写下来。接着，易卜拉欣把布拉加丁的证词呈报苏丹，苏丹相信了。于是，苏丹派出三名使者，横跨爱琴海来到希腊，在那里他们找到了布斯坦并将其绑回。

易卜拉欣甫一回来就避免了战争，苏丹也重新焕发了生机。对于一位新人而言，这算是不错的局面，毕竟直到最近他还在受人欺凌。是的，五年前，在他刚刚开始服侍苏丹时，很多人都十分憎恶他。但眼看着苏丹宠爱他，也不会弃他而去，宫廷里的阿谀奉承者已经学会称他为"马克布尔"（*Makbul*），意为"受人喜爱或被宠幸的人"。所有人都小心翼翼，生怕惹他生气。

*

法兰克人要与一个名叫穆赫辛（Muhsine）的女人结合，她来自多年前买下他并将他从皮耶罗更名为易卜拉欣的那个家族。穆赫辛对这桩婚事并不怎么热心。[18] 但这是苏丹的意思，没什么可说的。公共庆典在伊斯坦布尔举行，对于这种场合，新娘只能退居次席。

即便在拜占庭帝国的衰落期，"新罗马"也是气象恢宏。现在它再次崛起。人们正在制定配得上眼前这个"普世帝国"的新标准，让"恺撒"们的帝国黯然失色，在查理五世心中激起恐惧和敬畏。

到处都在兴建学校、澡堂和医院，新的伊斯兰文明正在长出嫩芽。从教堂的残垣断壁间升起一座座堡垒般的清真寺，高耸的宣礼塔像矛尖一样直插云霄。苏莱曼和他的朋友有一个神圣的计划。让我们为它庆祝吧。[19]

连续 7 天，食物被分发给皇宫卫兵、炮兵、步兵、各教派兄弟会的长老、老人、年轻人以及他们的老师、穷人、法警、工匠，以及来自帝国各地的好人和大人物。有 6000 种不同的食物。8000 名禁卫军一同就餐。烤架上烤着整块的骆驼肉和牛肉。浸在糖浆中的杏仁酥饼、用罗望子和甘草制成的果子露，都成百上千斤地从外地运来。宴会在一顶顶华盖伞下举行，它们是帝国的战利品，是在战争中从敌人手中夺来的。在查尔迪兰平原上，塞利姆苏丹从伊斯玛仪沙阿手中夺来的帐篷如今铺满了靠垫和被子，还有镶着蕾丝边的地毯和靠枕。

当苏丹从新宫前往竞技场时，他被由金线和丝绸织成的"墙壁"层层围住，两边的街面上都悬挂着织毯。新郎向他致意，并将他迎到宫殿的露台上，那里专门搭建了一座亭子。苏丹聆听了可敬的穆夫提（mufti）阿里·杰马利（Ali Jemali）和皇子们的导师谢姆斯·埃芬迪（Shems Efendi）之间的一场辩论，内容是关于《古兰经》中真主对大卫王讲的一句话："我们确实立你做大地上的哈里发。"圣典中的国王和眼前的苏丹有着某种相似之处，值得人们好好品味一番，伊斯兰教的至圣之地现在刚好就位于苏丹的领土上。谈话让苏丹感到口干舌燥，他用一只绿松石制的杯子喝水，这只杯子曾经触碰过萨珊王阿努希尔万（Anushirwan）的嘴唇。随后，神职人员拿着蜜饯离开了。

　　苏丹在亭子里观看竞技场上的娱乐活动，有摔跤比赛、赛马比赛以及用标枪将水罐从柱子上击落的比赛。还有由纸制的老虎和怪物组成的游行队伍，禁卫军爬上油腻的旗杆，踩着高跷的人装扮成鹳的样子。摔跤手在搏斗，杂技演员翻着筋斗来回摇摆，小丑演员也表演着丑剧并翻着跟头，还有一名外国间谍被赦免了。一个壮汉仰卧在地，用胸肌支撑着巨石和铁砧，还有 6 个人在一旁用锤子敲打铁砧。整整 14 个夜晚，无人能够入眠，因为火箭的呼啸声和带尾"彗星"划过天空的爆炸声此起彼伏。第九天传来消息，苏丹又喜得一子，取名为塞利姆。

　　在整个庆祝活动期间，新郎的随从——其中 10 个是衣着华丽的俘虏——每天早晨都会走出宫殿，炫耀前一天新郎收到的礼物，包括钻石、海象牙以及用猞猁皮和白狐皮制成的衣服。新娘的嫁妆需要一整天才能从娘家运到新家，其规模之大就像军队的辎重车队一般。而当她自己最终在 20 个裹得严严实实的女奴的陪伴下踏上这段旅程时，需要 60 头骡子和 10 个俘虏才能把新郎为她准备的家具和其他奢侈品运走。为了向姻亲炫耀，易卜拉欣向穆赫辛赠送了价值 10 万达克特的黄金礼物。随后是晚祷的时间。

第四章

现在埃及已局势稳定，对维齐尔们的任命也已结束，每个人都在问，苏莱曼下一步会进攻哪里。法兰克人狡猾地提到了一个预言，说苏丹和他的大维齐尔——一个不知从哪里冒出来的碰巧叫易卜拉欣的人——将征服罗马帝国。众所周知，苏丹一直期待着在圣彼得大教堂驻马安营。目标如果不是罗马，那么很可能就是被视为"欧洲大陆的铠甲"的匈牙利。如果铠甲被刺穿——布达（Buda）陷落——维也纳就会是下一个目标。然后是莱茵河地区。然后就是巴黎。

苏丹向每个臣民征收了 15 阿斯皮尔的战争税。铸造厂正在锻造大炮，金角湾上的船坞里一派热火朝天的景象，工匠们锯断并刨削木材，填塞船体，桅杆也被吊装起来。法兰克人亲临现场，督促工人们赶工。

血气方刚的战士从亚洲的各个行省涌来：库尔德人（Kurds）、阿拉伯人、土库曼人。在城市西边，1500 顶帐篷被搭建起来。但禁卫军继续向大维齐尔发难。他们质疑道："我们怎么能跟随着两个主人去打仗呢？"苏丹问他们："这两个主人是谁？"他们回答说："您和易卜拉欣。"苏丹听后大怒，下令勒死了易卜拉欣，并将他的尸体交给了禁卫军，说："这个随你们处置。"

至少传到科孚岛的流言是这么说的，那里的一位船主将其告诉了威尼斯的巴伊洛，后者在一封写给执政团的信中报告了此事。[1] 谣言的糠壳中也可能蕴藏着真理的种子。

　　一个春日，苏丹从金角湾上游的埃尤普（Eyup）探望祖先回来，他在禁卫军的旧军营外停下来吃点心，第 61 分队的上校递给他一杯果子露。苏丹把杯子送到嘴边，转而将它交给了侍从，侍从把杯子装满金币，又还给了上校。苏丹在告别禁卫军时说："我们将在金苹果下见面。"

*

　　在约定的日子里，当苏丹和他的指挥官们走出新宫时，易卜拉欣活蹦乱跳，穿得比他的主人还要华丽。彼得罗·布拉加丁作为观察员应邀出席，他遗憾地表示，自己体弱多病，难以应付如此艰辛的战斗。他当然感到尴尬，作为一名基督教国家的代表，如此公开地参与伊斯兰势力吞并……且慢，到底要吞并哪里？

　　军队在帐篷营地外集结。在向君主致意后，他们加入了骑兵队伍。陆军在向西北方向行进的同时，包括大炮运输船和配备了大炮的双层帆船在内的 800 艘内河船只沿着博斯普鲁斯海峡向东驶入黑海。到达多瑙河口后，这些船只逆流而上，穿过巴尔干半岛。

　　帝国疆域辽阔的麻烦就在于，敌人远在天边，行军作战还需考虑不同地区的天气差异。在艰难地穿越保加利亚的途中，苏丹在日记中写道："大雨让军队苦不堪言。"在索非亚（Sofia），为了不弄湿拖鞋，他不得不离开帐篷。有了这次经历后，易卜拉欣帕夏被派往前线寻找适合安营扎寨的地方并建造桥梁：在贝尔格莱德，苏丹的帐篷搭在多瑙河和萨瓦（Sava）河交汇处的高地上，下面是汹涌的波涛。土耳其人平均每天行进 18 英里（休息日不计算在内），只有严格地执行军纪，才能达到这样的速度。"两名士兵被斩首，"苏丹写道，"他们被指控偷马。"一段时间后："6名瓦拉几人（Vlachs）遭到处决，罪名是抢劫。"[2]

*

匈牙利和波希米亚国王路易二世（Louis Ⅱ）是个早产儿，出生后就被放进了一头被宰杀的猪的体内。他在16岁时与查理五世的妹妹玛丽（Maria）结婚。路易二世在布达的宫廷分裂成亲奥地利派和匈牙利爱国派，远不如杰出的前任国王马蒂亚斯·科维努斯（Matthias Corvinus）统治时那样生机勃勃。马蒂亚斯·科维努斯在战场上击败了"征服者"，将匈牙利变成了一个富强的王国。现任国王和他的妻子对上层政治没什么兴趣，路易每天都要在他那张过早衰老的小脸上涂抹六七次，而王后只能在暴饮暴食、彻夜失眠和马术运动之间聊以度日。[3]

土耳其人正在前往摧毁路易的路上，而路易的国库空空如也，贵族们萎靡不振，主教们也迟迟没有送来采购船只和枪支所需的资金。几乎没有任何迹象显示，基督教世界能够团结一致。"我本来就要对付一个令人生厌的土耳其人，"查理五世这样答复他妹夫的求救。皇帝说的"土耳其人"，实则是对弗朗索瓦的讽刺性称呼。一个由罗马教廷、法国和威尼斯组成的联盟正在形成。但该联盟针对的不是土耳其人，而是查理和他的弟弟奥地利大公费迪南。

与此同时，威尼斯正在用它一贯的两面手法，一方面向土耳其人通风报信，另一方面又向教宗许诺派遣舰队打击异教徒。布达市民早已深信，土耳其的每一门大炮上都刻着圣马可狮子的图案，苏丹的工程师们也都操着浓重的威尼斯口音。事实上，威尼斯就像一只站在土耳其苏丹肩膀上的小鸟，在他耳畔低声细语，这在当时的欧洲政治格局中是独特的。路易明白，无论如何，要想拯救他的国家，就必须打动古利提总督的心。

"最杰出的阁下，"他写道，"土耳其的'恺撒'离贝尔格莱德只有三四天的路程了，他正在快马加鞭，他要用所有的力量来对付我和我的国家，而英明的阁下您应该知晓，我方已被大为削弱的军事力量在他面前是多么的不堪一击……为此，我们以不朽的上帝和基督教世界安全的名义，请求并呼吁最尊贵的阁下，在我们与眼前的危险作斗争时，给予我们任何可能的帮助和支持，请不要再有耽误。因为，如果在敌军势力已经深入我们王国内部时才提供援助，那将毫无意义。"4

总督认真地听取了国王的请求，然后将求救信束之高阁。

*

教廷使者从布达向教宗克雷芒（Clement）通报了土耳其人的兵力和目标。使者以为萨瓦河对敌人来说是不可逾越的天堑，但事实并非如此，他们用马车运来渡桥，并用桥将军队运到了对岸。

与此同时，匈牙利贵族们正在敦促路易写信问克雷芒该怎么办，特别是彼得罗瓦拉丁（Petrovaradin）是否应该被放弃，让它听天由命。彼得罗瓦拉丁是一座位于悬崖之上俯瞰多瑙河的城堡。土耳其人必须攻下它，否则他们从贝尔格莱德驶来的船队就有遭受灭顶之灾的危险。易卜拉欣建起了攻城塔，他的部下爬上去后，就与守军处于同一高度。但由于遭到顽强抵抗，易卜拉欣不得不请求增援。12天后，地雷将堡垒的城墙炸开了一个缺口。500名守军被斩首，300人沦为奴隶。"我们继续向布达进发，"苏丹写道。5

奥西耶克（Osijek）位于德拉瓦河（Drava）右岸靠近多瑙河入口的地方。屠杀完该城的守军并将城市付之一炬后，大军建起一座浮桥渡河，过河后苏丹下令将浮桥摧毁，以打消思乡的士兵的任何念头。他们艰难地穿过匈牙利南部的沼泽地，向路易国王逼近。路易正在莫哈奇（Mohacs）平原——这个地名源自一座被葡萄藤环绕的小镇，小镇坐落在一座形似圆形剧场的大山脚下——上严阵以待。明天，也就是 1526 年 8 月 30 日，土耳其人计划在这片平原上开战。

但匈牙利人今天看到了机会。当入侵者做完午祷起身时，全副盔甲的匈牙利骑士骑着巨型战马向他们发起了冲锋。他们冲散了土耳其军队左翼的易卜拉欣分队，逼近到足以直接袭击苏丹本人的距离。幸亏穿了厚重的铠甲，苏丹才逃过一劫。[6] 穿过在土耳其人左翼撕开的口子后，骑士们猛地扑向中军——只是到此时，这个缺口已经被冲到平原上的禁卫军填补了。

在接下来的两个小时里，匈牙利的命运最终尘埃落定，而苏莱曼则坐在高处的皇座上观战。"禁卫军分队用枪炮扫射了异教徒三到四次，"他在日记中记录道，"最后，在威严的真主和先知的帮助下，伊斯兰人民击退了那些邪恶的家伙。当他们再也没有力气发起新的进攻时，他们就像野狗一样被砍杀了。"众人期待的由特兰西瓦尼亚省省长（Voivode of Transylvania）亚诺什·扎波利亚（Janos Zapolya）率领的救援部队，自始至终都没有出现。

路易国王当场殒命。他被自己的盔甲压在水坑里淹死了。他的金银盘子、杯子和碟子，貂皮大衣以及日耳曼长剑都被禁卫军收入囊中。在那天的早些时候，他向部队展示了古老的圣斯蒂芬（St Stephen）王冠，希望王冠上的圣徒画像能激励他们，但王冠现在却不知所踪。

当苏莱曼在帐篷里休息时，他的部下用人头垒起了一座金字塔。他神清气爽地走出帐篷，金字塔便映入眼帘。随后，莫哈奇被付之一炬。"下令杀死营地里的所有农民，"他写道，"只有女人才可以被赦免。"在下游的贝尔格莱德，人们看到一具具尸体在水里漂过。

*

接着继续向布达进军。土耳其轻骑兵先于主力部队行动，他们没有放过任何一个村庄。遭他们烧杀劫掠的地方，连一只小猪都找不到。

玛丽王后逃离了这座城市，人们紧随其后。9 月 11 日，苏丹占领了马蒂亚斯·科维努斯的宫殿。宫殿前矗立着马蒂亚斯 1456 年击退"征服者"对贝尔格莱德的进攻时缴获的两门巨炮。它们与赫拉克勒斯、阿波罗和狄安娜的青铜雕像一起被装上驳船运走。易卜拉欣帕夏知道该把它们放在何处。他们从圣母大教堂（Cathedral of the Virgin）搬出两座巨型青铜灯台，准备运往阿亚索菲亚。马蒂亚斯大图书馆里的佛罗伦萨手稿被掠夺一空，其中包括一本精美的贺拉斯作品集以及朱文纳尔（Juvenal）和佩尔西乌斯（Persius）的讽刺诗。[7]

土耳其士兵在多瑙河上搭起浮桥，连接布达和佩斯，并用附近教堂的巨钟将浮桥固定在河岸上，然后一把火将布达夷为平地。只有皇宫幸免于难，因为苏丹正在里面歇息，而且皇宫将永远属于苏丹。

从布达出发，沿着多瑙河向西北蜿蜒而上，就到了维也纳。

难民正在涌入这座城市，玛丽王后也随时都会赶来。当局正在疯狂地修建防御工事，进出的道路上到处都是士兵。小道消息称，成千上万的匈牙利农民正在成为土耳其人。在更北边的莱茵河畔，面对入侵者，莱茵兰人谱了一支新的小曲："天

62

一亮就到了奥地利，巴伐利亚近在咫尺，他将从那里到达另一片土地，也许很快就会来到莱茵河畔……"他们一边唱着这支曲子，一边认真欣赏着丢勒（Durer）的木刻作品，他刻的土耳其人正在用弯刀砍杀柔弱的基督教儿童。路德曾将土耳其人视为上帝用来对付他的天主教敌人的工具，现在就连他也在重新考虑这种说法。

但通往维也纳的道路上也布满了堡垒，每一座都足以阻挡敌人前进的步伐。雨季被"小阳春"（Indian summer）取代；畜群快要渴死了，士兵们也没有东西吃。易卜拉欣被迫南下搜寻食物。与此同时，帝国又后院起火：安纳托利亚的西里西亚省（Cilicia）爆发了一场起义，就像狼群趁牧羊人不在时袭击了羊圈。10月8日，维也纳的某位居民给他的意大利通信者发来消息，口吻充满了"无限的同情……土耳其人正率领着全部军队、无数的财富和战俘，沿着陆路和海路返回贝尔格莱德，你从未听说过世界上竟然有如此幸运的事情"。[8]

土耳其人从贝尔格莱德回家了。维也纳可以先缓一缓。

*

苏丹致信古利提总督，由其翻译兼特使尤努斯（Yunus）贝伊①带到威尼斯，信中写道："在全能的真主的帮助下，我派遣我的首席顾问兼指挥官、高贵英勇的易卜拉欣帕夏率领希腊军队，连同高门的总督和奴隶，前往匈牙利。这支部队与彼得罗瓦拉丁和乌拉奇（Ulach）沿线的要塞守军交战，几天内就将所有敌人斩于剑下，另有15座要塞投降，其余据点的守军则弃城逃跑……9月1日，在全能的真主的帮助下，我们打败

---

① "贝伊"（Bey）通常指地方统治者或军事指挥官，有"总督""老爷"等含义。

了（路易），并将他的所有部队消灭……为了和平与友谊，我派这名奴仆……给最尊贵的阁下您带来好消息：在真主的帮助下，伊斯兰军队已经夺取了胜利。"

让威尼斯总督为苏丹的伊斯兰军队战胜基督教国王而欢欣鼓舞，这不是很奇怪吗？然而，尽管欧洲各国可能并不赞同威尼斯与土耳其人的友谊，但与奥斯曼家族毗邻、最容易遭受入侵的却是威尼斯领土，而非教宗或查理五世的领土。如果苏莱曼愿意，他完全可以将威尼斯对折后收入囊中；威尼斯的附庸不过是苏丹手帕上的雨滴。

信中另一个值得注意的地方是对易卜拉欣的强调。

事实上，在莫哈奇战役期间，奥斯曼帝国上上下下都不怎么信任这位新人，当然苏丹本人并不包括在内。每当他的宠臣出征时，苏丹就像个老太婆一样焦躁不安，秘密地筹划着让他远离危险。[9]不，从离开伊斯坦布尔的那一刻起，高贵英勇的易卜拉欣帕夏的贡献就仅限于一些低强度的差事，在这里侦察一下营地，在那里清扫一下敌方的散兵游勇。尽管如此，他还是误判了敌人在彼得罗瓦拉丁的兵力。他的部下在莫哈奇四处逃窜的一幕，依然是这场本可以完美无缺的胜利中唯一的瑕疵。

土耳其军队中的任何人都可以证明，匈牙利战役的策划者并不是易卜拉欣，而是那些经验丰富、见多识广的边疆领主、贝尔格莱德总督巴利（Bali）贝伊以及波斯尼亚总督胡斯列夫（Husrev）贝伊。巴利和胡斯列夫规划了军队的前进路线，并确保辎重车队在穿越河流和沼泽时不会受阻。采购和补给则由伊斯坎德尔·切莱比负责，他在埃及成功担任了易卜拉欣的顾问后，被任命为军需大臣和苏丹的首席财务大臣。[10]

不过，事件本身并不值得人们称颂。编年史作家必须将易卜拉欣描绘成胜利的引擎和智慧的源泉。凯末尔帕沙扎德深谙此道。他在为塞利姆写那首关于夕阳的挽歌时就领悟到了这一点。现在，他已经是帝国的首席宗教权威、伊斯兰教谢赫，是哈乃斐学派（Hanafi school）法学体系的官方代表——正是这一学派奠定了奥斯曼帝国法律的基础。苏丹不在时，他留在伊斯坦布尔"照看店铺"。由于对这场战役一无所知，他被认为是记录这段历史的最佳人选。

他在描绘大维齐尔时写道："他的剑像太阳一样刺穿了整个宇宙。他的智慧无边无际，主宰着整个世界。在战场上，他是一个满怀激情的少年英雄；在议会中，他又像一个周密审慎的白胡子长者。他的灵魂纯洁无瑕，心灵如流水般清澈透明；他天性乐善好施。他是一位经验丰富的将军，而作为维齐尔，他可以媲美所罗门的宰相阿西夫（Asif）。他的智慧直指一切事物的核心，在他光辉灿烂的灵魂上刻下了令人钦佩得无以言表的理念。自太阳第一次登上它辉煌的宝座，受到天上的群星拱卫而君临天下之时起，还未曾有过如此之人占据着维齐尔的位置。"[11]

即使按照拍马屁的最高标准，凯末尔帕沙扎德恐怕也已经表现得十分合格了。

*

当莫哈奇的消息传到君士坦丁堡时，新上任的威尼斯巴伊洛彼得罗·赞恩在自家门外架起了一座酒泉，并与易卜拉欣帕夏的母亲分享了这一喜讯。她一时竟忘记自己已经皈依了伊斯兰教，跪在地上祈求圣母保佑她的儿子平安归来。

威尼斯元老院还派干地亚公爵马可·米尼奥返回君士坦丁堡，转达威尼斯对苏丹胜利的"无比喜悦"，以及"更加充分地表达我们的感情……让世人知道我们对陛下的爱意"。

然而，威尼斯人在为苏莱曼的胜利而感到欢欣鼓舞的同时，也为他未能乘胜追击困惑不已。土耳其人只是入侵，却没有占领土地，苏丹忘记了驻扎军队，也没有任命总督或培植代理人。不到一年，代理人这一角色最热门的候选人、特兰西瓦尼亚省省长亚诺什·扎波利亚——就是在莫哈奇战役中未能现身的那位——就被费迪南大公赶走了。随后，大公被亲哈布斯堡家族的贵族议会推选为匈牙利国王。如果这场闹剧最终变成现实，匈牙利真的被他收入囊中，那么哈布斯堡家族的这位弟弟就能踩在苏丹的肩膀上，因为他可以伺机南下，进攻色雷斯地区。与此同时，哥哥也正计划加强对意大利半岛的控制。"我一定会进军意大利的，"查理承诺道，"向那些反对我的人复仇。"他指的是威尼斯人和教宗。

自从 1525 年 2 月在战场上羞辱了弗朗索瓦以后，查理就一直四处寻找新的目标。这位笃信王当时打算收复法国在伦巴第的旧有领土。他越过阿尔卑斯山，却在米兰公国的帕维亚（Pavia）被帝国的军队击败。弗朗索瓦本人被俘后被囚禁在马德里。这场磨难最终以他答应赔款而告终，也为他在意大利的领土野心画上了句号——至少暂时是这样的。

帕维亚一役也终结了法国与神圣罗马帝国之间旧有的平衡，威尼斯也从中获益良多。威尼斯再也不能指望弗朗索瓦保护它免遭查理的侵扰了。但如果仅靠自己的力量与掌握着无尽资源的查理对抗，对共和国来说可能是灭顶之灾。它需要再找另一个可以躲在其背后的巨兽。

这就是干地亚公爵马可·米尼奥返回君士坦丁堡的真正原因。

他问他在高门的朋友们，你们会袖手旁观，任由哈布斯堡家族将你们苏丹的北部边疆地区吞并吗？在查理成为"全世界的君主"——西班牙人和德意志人已经这样称呼他了——之前，是时候阻止他了。当然，作为君士坦丁堡的拥有者，苏丹不是已经拥有了这一称号吗？

公爵的话收获了听众的同情。苏丹本人也痛苦地意识到，通过超人的努力所获得的优势——规模巨大的战役，在莫哈奇取得的惊人胜利——已经因为自己的心不在焉而付诸东流了。所有的鲜血，所有的热情，连同匈牙利的王位，都被费迪南像黑夜里的盗贼一样夺走了！

*

然后，在1527年的春天，不可思议的事情发生了。

在摧毁了蒙特普齐亚诺（Montepulciano）后，查理五世率领的西班牙军队与德意志雇佣兵（Landsknechte）一道向罗马发起了进攻。威尼斯摆出一副要帮教宗克雷芒防御的架势。在帝国军队蜿蜒南下时，古利提总督的部将乌尔比诺公爵（Duke of Urbino）对其进行跟踪并发起佯攻。随后他撤退到一个安全的距离，宛如一个从马车道上移开脚的女人，或者是一只躲在墙后对着大狗狂吠的小狗。

帝国军队畅通无阻地攻入罗马城，洗劫了整座城市，将修道士、神父、修女和所有依然坚守在家中的人们砍成了碎片。躺在圣灵医院里的病人惨遭屠杀，只有少数人侥幸逃脱。圣母怜子像（Pieta）里的弃儿也遭遇了同样的命运，其中一些孩子还被直接扔出了窗外。

洗劫罗马本应是奥斯曼帝国的乐事，至少那是合乎情理的。然而，"永恒之城"（Eternal City）却被信誓旦旦的基督徒给玷污了，他们用长矛刺向孕妇，并肆意糟蹋擦拭过基督额头的维罗妮卡手帕（Handkerchief of Veronica）。教宗蜷缩在哈德良（Hadrian）的圆形陵墓内，这里如今已更名为圣天使堡（Castel Sant'Angelo）。

威尼斯人还在坐观其变。这是总督灵魂上的一个污点。当欧洲大陆上的混乱导致国内粮食短缺时，他遭到了民众的抨击。当一艘从塞浦路斯运来粮食的货船在地中海遭遇风暴而解体时，他面临的问题雪上加霜。[12] 由于整个基督教世界都不生产小麦，威尼斯只能向土耳其紧急求助。饥肠辘辘的威尼斯人在粮袋上摔倒，没有什么比这一幕能更加确切地展示共和国的孤立无助了。

威尼斯人的苦难才刚刚开始。争夺意大利的战争局势开始变得对查理有利，弗朗索瓦只能躲在阿尔卑斯山北面。教宗则成了哈布斯堡家族的人质，皇帝变得更加肆无忌惮。西班牙的主教们在巴利亚多利德（Valladolid）集会，他们为查理捐献了 60 万达克特，以支持他继续发动称霸世界的战争。帝国势力的每一次胜利，都在使他们进军潟湖区击溃威尼斯人的那一天加速到来，因为威尼斯人一直在基督教君主之间挑拨离间，还教唆土耳其人发动攻击。[13] 这正是查理驻威尼斯大使在大运河边的府邸里敦促他的主人要去做的事情。德意志雇佣兵可能有一天会在总督府里肆意地拉他们路德派的粪便，这一幕尤其令人忧心忡忡，特别是考虑到安德烈·古利提雄心勃勃，打算花一大笔钱来重新装修总督府。

罗马遭洗劫后，总督花了一个月时间进行磋商。他和顾问们最终得出的结论是，土耳其人必须对匈牙利发动新的入侵。这一次，他们必须妥善行事。他们必须培植一个威尼斯可以接受的代理人。这是遏制哈布斯堡家族野心并拯救共和国的唯一办法。

但提出共同的政策是一回事，实现它却是另一回事。相较而言，土耳其人是欧洲外交领域的新手，近年来，由于误解和傲慢，许多大有可为的倡议都被搁置了。与此同时，威尼斯的贵族，包括那些讨厌古利提绥靖政策的大人物，他们理解并支持皇帝，希望建立一个抗击异教徒的统一战线。双方都需要谨慎处理当前的局面。

为了让这样一桩充满矛盾的联姻结出硕果，需要一位精力充沛、谨慎行事的媒人，上帝会将其放置在与双方等距的位置上。这个人有望获得不亚于双方自身能获得的利益。

第二幕
贝伊奥卢

第五章

新宫的私人住所因大量银器、宝石和大理石而熠熠生辉。在苏丹的廊柱阳台中央，有一座美丽的大理石水池，上面装饰着用斑岩雕制的小圆柱。水池里养着观赏鱼，苏丹喜欢看它们在水中来回穿梭的样子。

每当苏丹抬起头来，将目光投向下面的花园，花园里的柏树尖便会映入他的眼帘，远处就是金角湾——金角湾的宽度与斯海尔德河（River Scheldt）从佛兰德斯（Flanders）进入安特卫普（Antwerp）的渡口宽度相当。在这里他看到的是另一个世界：热那亚人建造的高塔，后来"征服者"因不想让他的基督徒臣民俯视他而将其截断。还有葡萄藤和意大利风格的外墙。

佩拉。

时间是1524年，比莫哈奇战役早两年。佩拉的威尼斯商人成立了一个行会。他们在服装上花了很多心思，包括大红色和紫色的半筒袜、绿色锦缎外套，以及绿色天鹅绒和深红色缎面镶金纽扣的披风。为了纪念行会的成立，商人们在圣彼得大教堂举行弥撒，然后再去大吃一顿。

佩拉的佛罗伦萨人对威尼斯人的盛情款待表示感谢，并宣布他们打算举办自己的盛宴，与破坏人们快乐时光的瘟疫一决高下。佛罗伦萨人成群结队地来到威尼斯巴伊洛彼得罗·布拉加丁的家。他一年前刚来，接替死于瘟疫的可怜的老安德烈·普留利（Andrea Priuli）。布拉加丁收到了一位打扮成女巫佐比亚（Zobia）的人的邀请，相传人们将佐比亚烧死，象征着告别冬天、迎接春天。这可以给人带来温暖的感觉，旨在驱散二月的寒意。

布拉加丁希望自己不用出席宴会。他害怕这种夺走前任使臣生命的疾病，这当然情有可原。他还猜测庆典将持续很长时间，一定会搞得人筋疲力尽，而众所周知，睡眠是老年人的食物。但佛罗伦萨人的坚持如此让人心动，以至于他觉得盛情难却，只能接受。于是，两天后的晚上，佩拉的威尼斯人把布拉加丁从家里接出来，用火把引着他到达宴会现场；现场大约有160人，他们组成了一支兴奋不已、叽叽喳喳的队伍，沿着佩拉的小巷走来，两位来自高门的次要人物阿里（Ali）贝伊和库罗什（Kourosh）贝伊陪伴着他们。

在佛罗伦萨使臣的家门口，威尼斯人受到了特使本人、两名参赞和佛罗伦萨商人行会会长的接待。[1]音乐声将客人们引到一个装饰着金色帷幔和黄杨树的镀金大厅。彩绘天花板展示了黑夜和白昼，一边是月亮和金色的星星，另一边是太阳，中间是教宗的盾徽，金色盾牌上绘着五个红色和一个蓝色的球形，被花环装饰得极富格调。教宗克雷芒出生时名叫朱利奥·德·美第奇（Giulio de Medici），是这些佛罗伦萨人的同乡，对此他们自然引以为傲。

洗好手和脸之后，客人们按等级入座。来者包括使臣们和他们的同胞、土耳其领主、佩拉本地的绅士、拉古萨人（Ragusan）以及希腊人，大家开始享用鹿肉以及各种禽类的肉，比如野鸡、孔雀、鹬鸪等，还有蛋糕、杏仁饼、蛋挞、肉馅饼和蜜饯。200个女佣在隔壁厨房里为他们准备食物。

四个小时后，宾客们就再也吃不下一丁点的西西里甜点（pignocate）了。他们把手放在肚子上，小心翼翼地将肚子里的胀气排出。仆人们搬走了桌子，几位年轻貌美的土耳其女郎走上前来，先是演奏音乐，然后唱歌，接着开始跳舞。她们摇头晃脑，双臂交叉，嘴巴一张一合，头发披散在肩上或是在后背和胸前来回摆动，手中的盒子树树枝像响板一样发出咔嗒咔嗒的声音。她们拿起摩尔式的杆子，跳起斯拉夫式的曼妙舞蹈，弓着背，摆出足以融化冰冷的大理石的销魂姿态。她们身上的衣物如此贴身，以至于人们很容易就能看到她们私密部位的轮廓。爱欲在两旁观看的男人的骨髓里流淌。

舞蹈结束后，一段四重唱组合动人地讲述了一位年轻女郎的故事：她的父母专横跋扈，毁掉了她的青春，她担心还没来得及享受世间的欢乐，就会被死神夺去生命。在死神闯入并用镰刀砍倒她的时候，这位女郎的痛苦瞬间迸发，她半裸着身体，浑身是伤。

这些表演让人感到饥饿，幸亏糖杏仁和布拉诺饼干（Burano biscuits）及时分发了下来。随后，葡萄牙大使在一个巨人的陪同下进来，巨人还押着两个五花大绑的撒拉森人，这是葡萄牙国王从塔普罗巴纳岛（island of Taprobana）带来的礼物。撒拉森人跳起了摩尔人的舞蹈。就这样，人们开始唱起歌来，甜美的歌声此起彼伏。整个夜晚众人都在尽情狂欢。

客人中有一个男人，他肤色黝黑，黑发在耳边盘成波浪状。他留着浓密的络腮胡须，有些鹰钩鼻，一双乌黑的眼睛炯炯有神。[2] 他的身材比一般人宽，但由于个子高，看上去非常匀称。他比同龄的许多男人都保养得更好，胃口却非常一般。每喝完一口酒，他都会往杯中倒一点水。就这样，他一杯酒喝了一整个夜晚，他的酒先是淡紫色，而后变成粉红色，最后则变得透明。

他拉弓的手指上戴着一枚镶着珍珠的戒指，火把的光芒照耀在戒指上，也照耀在他那枚价值超过 10000 达克特并刻有阿拉伯文字的金制胸章上。

74

他那件丝质的镶金外套造型相当夸张，前所未见。如果见过才奇怪呢，因为他对朴素的衣服抱有成见，午餐前后也从不穿同一套衣服。七八次外出后，他总会厌倦某套衣服，然后把它送给仆人。

戴珍珠戒指的男人是个健谈的人，但他不会就某一观点坚持到底，也不愿倾听对方的意见。他告诉佛罗伦萨的使臣，他打算在周日的狂欢节上在自己的住处上演《普赛克与丘比特》（*Psyche and Cupid*）一剧。他还对教宗与路德之间的和解寄予厚望。他认为自己卖的麝香葡萄酒相当不错。他的最近一批货物大多被运往竞技场，这意味着它们已被送上了皇室成员的餐桌。

他对东道主讲意大利语，对阿里贝伊和库罗什贝伊讲土耳其语，对给他送来茴香酒提神的仆人说希腊语。他的法语非常棒，拉丁语却相当生疏。在帕多瓦的岁月似乎是很久以前的事了。

一同来参加宴会的客人见到他，都感到由衷的高兴，包括一些他帮忙牵线弄到贷款的商人，还有一位从他那里采购金属原料的铸造厂老板。侍者和管家也露出了笑容，其中有些人对他非常热情，因为他在他们遭遇困难或入不敷出时帮助过他们。别人对他表达的感谢，哪怕只是送他一个里面装着些许桑葚的小包裹，包裹上仅系一小束花或一片树叶，他都非常受用。他不喜欢别人仅仅因为他的财富太多而认为他的帮助都是理所当然的。

他出席使臣们的宴会是一件稀罕事，因为他自己府上妻妾成群，还有众多的宦官、小孩和奴隶，他很少离开那里与人社交。他更喜欢在自家的院墙之内，与他在商界、政界、艺术界的朋友聊天和议事。他的家是一座由私人卫兵看守的宫殿，展现出威尼斯特有的夸张风格。这座宫殿的顶楼拥有整个城市最

棒的视野：从那里他可以俯瞰阿亚索菲亚清真寺，还有那些献 ⁷⁵
给"征服者"、巴耶济德和塞利姆的纪念清真寺，以及环绕这
座城市的三片开阔的水域。[3]

他的马厩里有 100 匹不同品种的马、150 头骆驼以及 60
头骡子，这些牲畜负责拉车运送小麦、腌肉和咸肉、丝绸、藏
红花、帕尔马干酪、葡萄酒、皮毛和皮草等货物。而金银珠宝
则显然需要更为安全的运输方式。

天快亮时，他向主人告辞。他以前赎回过一个奴隶，并帮
他娶了一个来自本省的妻子，现在这个人正给佛罗伦萨人当马
夫。这名马夫兴高采烈地把他领上马。他骑着马回家，仆人们
步行紧随其后。

他印戒上的铭文颇具自谦意味地写着"Lovize bin-i mir-i
Venedik el-haqir"，意为"威尼斯贵族之子，一无是处的洛维
兹（Lovize）"。[4]

穆斯林将"阿尔韦塞"念作"洛维兹"，这也是安德烈·
古利提在他出生时给他起的名字。

*

在举行此次葡萄园盛宴的 40 年前，即 1484 年，威尼斯
元老院颁布法令规定，即使父亲是贵族，私生子也不得担任要
职。[5] 如此一来，当时年仅四岁的阿尔韦塞·古利提有朝一日
成为高级军事指挥官、行政长官或总督的任何可能都被排除
了。如果这位私生子寻求的是权力和威望，那么在威尼斯已经
不可能实现了。

于帕多瓦完成学业后，他回到了自己出生的城市。一代人
以前，他的母亲（一个希腊人）还站在安德烈·古利提被囚禁
的阴森堡垒前哭泣，尽管如此，君士坦丁堡似乎没有人因此对

他有什么不满。

他在佩拉逐渐站稳脚跟，成了一名商人、意大利社区的恩主以及威尼斯执政团与高门之间的中间人。听起来耳熟吗？是的，他绝不是穿梭在博斯普鲁斯海峡上的第一位古利提。

1523 年，两件他无力控制的事情将他推上了他的祖先们从未到过的高位。

5 月 20 日，41 位投票人在威尼斯进行了表决。在父亲当选总督之后，土耳其人给他的儿子起了一个新名字——"贝伊奥卢"（*Beyoglu*），意为"君主的儿子"。高门意识到，将总督的儿子留在君士坦丁堡，与将总督本人留在君士坦丁堡一样，都是极为有利的做法。

六周后，帕尔加的易卜拉欣被任命为大维齐尔。易卜拉欣周围尽是对他不怀好意的帕夏，因此他急需一个盟友，一个比他年长且更有背景的人，以弥补他经验上的不足，而不是一个想着法子篡权夺位的对手。那就找一个非穆斯林吧。"贝伊奥卢"已经是他的熟人了。为什么不和他交个朋友呢？

*

阿尔韦塞第一次觐见苏丹时，他先把貂皮贝雷帽交给随从，然后像疯子一样扑倒在呈愿厅的地毯上。这一突如其来的举动吓到了苏丹，他以为自己会受到攻击。随后，"万王之王"镇定下来，命令这个趴在地上的人站起身来。但这对阿尔韦塞来说只是在热身。

"殿下，"他一边用低沉的嗓音说道，一边用双手比划了一个圆圈，极富表现力，"不要对我的意外之举感到惊讶，因为太阳是如此强大而耀眼，以至于当人们盯着它看时，他们会双目失明，根本无法直视。而如果要看正午的太阳，那就更是如此了，这时他不仅会被晃得晕头转向，还会像死人一样瘫倒在地上。"[6]苏丹听完高兴地笑了。现在，每逢阿尔韦塞造访新宫，就会有两名使者前来迎接他，走在他前面帮他拿马镫铁。这不是因为他需要帮助，也不是担心他可能会袭击别人，而是为了表达敬意。

他最希望的是，在他走完漫长而辉煌的一生之后，人们会说他是凭借德行而登上高位的，而其他人则是依靠血统。[7]这样一来，他就是所谓的"功勋贵族"。

*

他认为商业活动与政治权力不能分开，前者类似于后者的推进器，就像易卜拉欣授权他从亚历山大运往威尼斯的硝石一样。（如果威尼斯盛产谷物和硝石的话，那它就什么也不缺了！）在威尼斯，他因出身而无法担任高级职务，而在伊斯坦布尔，将他排除在外的则是宗教信仰。如果他想获得正式的职位，只需改信伊斯兰教即可。但他从不缺席弥撒。而且，作为商人，他置身于政府的金字塔之外，这种生活非常适合他。

但他却不是一名普通的商人。没有他提供的锡，苏丹就无法制造大炮，而大维齐尔只找他买酒。通过一名威尼斯代理人，即珠宝商文森佐·莱夫里罗（Vincenzo Levriero），他将阿拉伯纯种马运往曼图亚（Mantua）贡扎加家族（Gonzaga）的马厩。[8]文森佐还从威尼斯带来一只镶嵌着珠宝的金盒子，阿尔韦塞为它在宫廷里找到了买家。没有人会用他那样的眼光看待问题。当一位来访的外国人宣称阿尔韦塞是帝国的三号人物，只有苏丹和大维齐尔在他之上时，他只是微微一笑。[9]

他有许多只"耳朵"。一只朝向高门，另一只朝向威尼斯

77

执政团，还有几只朝向布达、维也纳和特兰西瓦尼亚。他就是阿耳戈斯（Argus），那个拥有一百只眼睛的巨人。他还有十几张"嘴"，一边与他的父亲秘密通信，一边向大维齐尔通报帝国军队的动向，还抽空购买了一块尼沙布尔（Nishapur）绿松石。他从马西莫·莱奥帕尔迪（Massimo Leopardi）那里"借来"了另一副喉舌，此人是一位精通斯拉夫语的专家，正在指导他研究匈牙利的矿区。如果苏丹扶持亚诺什·扎波利亚在那里做国王——他肯定会这么做，奥格斯堡的富格尔家族——费迪南在矿区的代理人——肯定会被驱逐，矿区也会陷入被各方势力争夺的乱局之中。早在 16 世纪 20 年代，正是富格尔家族资助了查理五世的选举，所以对于苏丹而言，这何乐而不为呢？

他的秘书处由各种投机分子组成，有支持宗教改革的，也有反对宗教改革的，有宗教上的异端，也有人文主义者，还有一些隐秘的路德派。他们应邀而来，一切开销都由他承担。他的秘书是一名出生在威尼斯的天主教徒，现在则成了一名穆斯林和奥斯曼人。他的名字叫穆罕默德。[10] 他葡萄藤环绕的府邸有一位常客，名叫吉利亚科的伊西多鲁（Isidorus of Giliaco），此人因伪造费迪南大公的印章变卖不属于自己的地产而沦为被通缉的连环诈骗犯。他如果再次踏上威尼斯的土地，肯定会被处死。阿尔韦塞的笔友、彼得罗·阿雷蒂诺（Pietro Aretino）——一个罪人——则是《大象汉诺的临终遗愿及证言》（*Last Will and Testament of Hanno the Elephant*）的作者，这部作品讽刺了教宗利奥以及他的几位大主教，他承诺很快就会前来拜访阿尔韦塞。

虽然其中某些人承认在踏上异教徒的海岸之前有些惶恐不安，但他们最终发现，佩拉的氛围比充斥着天主教严肃气氛的马德里或维也纳更让人感到亲切。事实上，从拉古萨人到摩尔人，从鞑靼人到波兰人，这里的民族多样性同样令他们感到着迷。此外，这里到处都是犹太人，他们在 1492 年被查理五世的祖父母费迪南和伊莎贝拉逐出西班牙，却依然讲着一口流利的卡斯蒂利亚语，比人们在巴利亚多利德听到的还要纯正。他们在这里从事各种手艺、职业和贸易。

佩拉的一名基督徒影响着高门，就像一只狗的尾巴试图摇动整只狗一样。如果这条狗是奥斯曼帝国，那么对于该国的官员来说，这种比喻就有些令人厌恶了。如果认为阿尔韦塞在这群虔诚的皈依者——他们遍布奥斯曼帝国的官僚机构——中间拥有一批忠实的追随者，那就大错特错了。这个不思悔改的基督徒比他们更富有，也更有影响力，因为他受由真主选定的地上统治者的保护，还有大维齐尔的保护而他们对此却无能为力。

阿尔韦塞是帝国顶尖的宝石商人，每隔一段时间，苏丹和大维齐尔就会在夜间造访他府上的秘密储藏室。[11]自从希腊人康斯坦丁在特拉布宗教会他如何加工黄金后，苏莱曼就对奢侈品（*objets de luxe*）产生了浓厚的兴趣；而易卜拉欣的收藏，包括红宝石、珍珠、钻石、翡翠、绿松石和镶着珠宝的戒指，据说已经超过了苏丹本人的收藏。在阿尔韦塞被烛光照亮的密室里，这三人像行家一样聚在一起。一块从遥远的地方通过艰辛的努力获得的石头，没有比这更能展现自己力量的了。阿尔韦塞手中的珍珠宝石闪烁着权力的光辉。

有一些宝石是阿尔韦塞从他的弟弟洛伦佐（Lorenzo）那里获得的。[12]洛伦佐是威尼斯的一名牧师，他与安特卫普的商人有联系。这些宝石被藏在三兄弟中年纪最小的佐尔佐·古利提（Zorzo Gritti）的行李中，然后抵达君士坦丁堡。珠宝属于可转让也可投机的资产。古利提兄弟可能会花 12000 达克特购买一对真正让人心动的红宝石，但如果有一批新货从东方运来，或在马其顿新发现了一座矿，它的价值就会下降。要想在国际宝石市场上取得成功，需要一个人同时具备品位、时运和胆识。

*

彼得罗·赞恩在来到君士坦丁堡接替了彼得罗·布拉加丁的职务之后，立即与对方发生了争执。布拉加丁与往来于君士坦丁堡的船队之间存在利益关联，他不愿离开这里。他问道，总督指示他离职的信在哪里？他的离职礼物呢？但赞恩已经告知高门，布拉加丁不应再被视为巴伊洛，因为他才是。布拉加丁所要求的一切只会让现任者更加生气。

"贝伊奥卢"这时开始介入。他充当诚实的中间人，双方敲定向布拉加丁支付一笔500达克特的遣散费，但在布拉加丁登船准备离开的最后一刻，赞恩觉得这笔钱太多了。节外生枝的地方越多，阿尔韦塞的用处也就越大。最终，在250达克特拿到手后，布拉加丁启程回国，他在元老院里嘲笑赞恩，说苏丹不愿见他，因为他不是巴伊洛，甚至都不擅长演说，他担任的不过是区区副职，竟然还愚蠢地希望自己的女儿嫁给贾科莫·科纳（Giacomo Corner），而科纳的名下只有900达克特；感谢上帝，缺钱的并不是他布拉加丁；元老们笑得前仰后合，直到凌晨3点布拉加丁的嗓子都讲哑了，大家才回家。[13]

*

莫哈奇一役后，帝国税收大增，有充足的钱雇佣更多的切割工、打磨工、雕刻工和镀金工，他们从波斯尼亚、莫斯科和伊斯法罕赶来，加入已经在宫廷作坊里干活的土耳其人、希腊人、亚美尼亚人和犹太人的行列。苏丹为金匠们建了一座工坊，配有喷泉、清真寺、浴室以及围绕怡人的庭院而建的制作间。

苏丹的工匠们制作锌壶，水晶和黄金制成的笔盒、玉盒，珍珠母贝牌匾，马鞍，马头套，挽具，苏丹头巾上的羽饰，扣件，象牙腰带（其扣带就像棋盘上的方格），镜子和水罐。他们用翡翠、红宝石和绿松石装饰这些物件，其数量之多、质量之高使看到它们的人以为自己来到了天堂。

新宫正在整修。随着议事大厅扩建和装饰工作的展开，雕刻、修整、劈凿和打磨的各种声音交织在第二庭院中，宛若一支交响曲。国库也从一个不值苏丹一顾的简陋库房扩建成一座拥有 8 个穹顶的阿拉乌丁（Ala'ud-din）的宫殿。在第三庭院中，一座新的呈愿厅拔地而起，它由大理石建成，嵌在同样由大理石建成的门廊中。采购朱砂颜料和鸵鸟蛋壳的账单也随之纷至沓来。[14]

一天，苏丹下令拆毁穆斯塔法帕夏最近花费 7000 达克特建成的浴室。穆斯塔法帕夏的妻子是苏丹的妹妹，她曾嫁给波斯坦奇（Bostanci）帕夏。因对伊朗作战结果不满，塞利姆苏丹将波斯坦奇斩首示众。穆斯塔法担心，浴室被下令拆除意味着他可能以某种方式惹恼了苏莱曼，等待他的可能是与波斯坦奇帕夏相似的命运。于是，他让妻子去弄清她哥哥的意图。她微笑着回来说，你的脑袋平安无事。真实的原因是，浴室的存在妨碍了新宫的扩建，苏丹会对被浪费的财物做出补偿。当然，前提是他还记得这件事。而对一个收入高达 700 万达克特的人来说，7000 达克特又算得了什么呢？[15]

在前往君士坦丁堡怂恿土耳其人开战期间，干地亚公爵得以进入新宫。他认为新宫比他上次参观时有了很大的改观：墙壁上闪烁着天蓝色和金色的光芒，家具上盖着金色锦缎和珍珠。呈愿厅的壁炉上装饰着一个镶着珍珠、红宝石和翡翠的纯银罩子。在花园的尽头，苏丹还修建了一间装满金条、银条的密室。而从他的私人寓所通往正义之塔（Tower of Justice）的过道被称为"黄金之路"（Golden Road），这种称呼不是没有道理的，据说，他的寓所因丰富的银器和宝石藏品而熠熠生辉。

这些奇珍异宝的每一次闪烁对阿尔韦塞·古利提来说都意味着更多的财富。

*

彼得罗·赞恩的父亲是著名的卡泰里诺（Caterino），他曾率领使团访问伊朗，当时正是乌宗·哈桑（Uzun Hasan，此人后来竟出人意料地娶了卡泰里诺妻子的妹妹）的统治时期。虽然彼得罗一生的地理活动范围无法与他的父亲相提并论，但这位新上任的巴伊洛在经历了漫长的旅行生涯后，已经感到疲惫不堪。当其表兄在家乡去世的消息传到伊斯坦布尔时，彼得罗开始仔细品味他69年来的每一个日子。但是，如果他抛下朋友阿尔韦塞回到威尼斯，那就等于是抛下了半个自己。因此，他写信给总督阁下请求辞去职务，并建议阿尔韦塞陪他一起回去。这是一个吸引总督注意的巧妙法子。众所周知，安德烈·古利提一直渴望与四分之一个世纪未见的儿子团聚。

但当彼得罗向"贝伊奥卢"提出这个想法时，他并未表现出愉悦之情。原因不言而喻。回到潟湖区，接受教会的职位（他的弟弟洛伦佐会很满意得到这样的职务），或者像佐尔佐那样四处奔波，做个有用的人……这些活动都不太适合这位奥斯曼帝国的三号人物，不是吗？当总督阁下——愿上帝推迟这一天的到来——最终走向雅各布·桑索维诺（Jacopo Sansovino）在圣方济各教堂（San Francesco della Vigna）为他设计的坟墓时，这个只是已故总督私生子的人又该怎么办呢？

"尊贵的先生，"阿尔韦塞向他的朋友解释道，"您现在看
到了，我在这里已经住习惯了，您也了解我在这边要处理的事82
务，无须我再多提。如果我去了威尼斯，搁置了手头的这些事
情，我的生计又在何处呢？命运女神并不总是笑脸相迎，一旦
缺少机会，我就会十分沮丧。威尼斯的风俗习惯要求人们必须
按照别人的标准生活，否则就会遭到鄙视。我发现自己非常苦
恼，因为我的确想满足总督阁下的心愿，他喜欢我，也希望我
回去，也因此，我感到十分郁闷。"[16]

即使在这个越发不尊重权威的时代，儿子违逆父亲的好
意也并不常见。但安德烈和阿尔韦塞的情况却非比寻常。二人
关系中的棘手之处在于威尼斯本身。安德烈·古利提并不能凌
驾于威尼斯之上，而他已经返回了威尼斯。另外，阿尔韦塞的
私生子身份则让他不得不以更加国际化的视野看待自己，将自
己视为一名"世界的贵族"。"贝伊奥卢"是个骄傲的人，他
不愿踏入一个需要他服务却拒绝承认他身份的共和国。最让
他感到高兴的，莫过于女儿玛丽埃塔（Marietta）嫁给了奇科
尼亚家族（the Cicognas）的文森佐·奇科尼亚（Vincenzo
Cicogna），这桩联姻让她重新回到了威尼斯的贵族圈子，而
她的父亲却被他们扫地出门。然而，渴望被接纳和渴望复仇，
这两种欲望不一定没有联系。如果能强大到足以俯视多年前唾
弃他的家乡，那将是一件多么让人满足的事！

*

杰罗姆·拉斯基是个思维活跃的波兰人，他的鹅毛笔和
剑一样灵巧，他是谢拉兹（Sieradz）的帕拉丁，也是国际谈
判专家，这些专家就像漏壶中的水在欧洲各地的水渠中涓涓流
淌。杰罗姆最近在法国，企图游说笃信王为亚诺什·扎波利亚

提供帮助。自打从马德里赎回自由后，弗朗索瓦就一直在想新的办法挑衅查理，同时又要避免卷入另一场他可能会输掉的恶斗。因此，代理人政治非常值得一试。弗朗索瓦被杰罗姆说服了，他资助了5000达克特，并承诺随后还会再给2万。

但在1527年9月，费迪南大公和他的军队从亚诺什手中夺走了包括布达在内的大部分匈牙利领土，并将他赶回到特兰西瓦尼亚。几乎在同一时间，威尼斯人、亚诺什和杰罗姆三方得出了相同的结论，那就是，唆使土耳其人再次入侵是应对费迪南侵略的唯一办法。因此，杰罗姆于12月抵达伊斯坦布尔，负责说服苏丹支持这一行动。[17]

但停战需要双方的努力。在土耳其人看来，推举亚诺什做国王的匈牙利贵族议会并不比推举费迪南的敌对议会更合法。双方都没有得到占领力量的认可。亚诺什是个新贵，不懂定期给苏丹送钱的基本礼数。随着他被敌人从匈牙利中部驱逐到半独立的特兰西瓦尼亚公国，亚诺什彻底沦为一个失败的篡位者，他不得不保持低调。在这种情况下，要求结盟并不明智。

不仅仅是结盟，还有领土问题。土耳其人在1526年撤军后，一直占据着斯雷姆（Syrmia）。该省从多瑙河南岸一直延伸到萨瓦河北岸，一直到贝尔格莱德，这里是两河的交汇处。斯雷姆因其葡萄园而闻名，对于修士和乡绅来说，坐视他们的茶点落入奥斯曼人之手是一件痛苦的事。

苏莱曼每月要花费56000达克特才能守住斯雷姆。如果亚诺什能替他省下这笔钱，那真是帮了他的大忙。但在该省已经建起了数座清真寺，要是苏丹胆敢放弃它们，法学博士们定会严厉地谴责他。

杰罗姆能提供什么呢？他可以给出一个否定的答复。亚诺什不是费迪南。他还可以在苏丹和大公之间划定一片匈牙利缓冲地带，让土耳其人有机会围堵奥地利，然后可以将注意力转向东方，解决伊朗沙阿在奥斯曼帝国领土上制造争端这一长期存在的问题。杰罗姆·拉斯基希望在费迪南得知情况并派人搅局之前就达成协议。

但穆斯塔法帕夏在9月23日接见这位波兰人时却表现得十分暴躁。"所以，"他说，"你空手而来，想要的不是我们的友谊，而是我们的帮助。告诉我，你的主人怎么敢进入布达这个曾被我主人的战马蹂躏过的地方？又怎么敢进入皇宫这个他原封不动地留下只等他有一天归来的地方？作为苏丹奴隶的一名代表，你却没有带来任何贡品。难道你不知道我们的主人像太阳一样独一无二，统治着天空和大地吗？"

穆斯塔法解释说，礼物贵重与否并不重要。"如果你想要获得荣誉，想去见我们的主人并亲吻他的手，你就应该带着礼物来；但你的主人表现得不像一位国王，因为他本来就不是国王。"穆斯塔法挥手让他离开，并警告说："一个人在厄运中才最能认清自己。"

圣诞节为杰罗姆思考这些话提供了机会。马厩里的卫兵对他稍微粗暴了一些。第二天，他被转移到另一栋房子，一名使者在他的房间外看守，禁止任何人进入。杰罗姆还被迫支付了餐食和马匹饲料的费用，就好像他只是一个普通的旅客，而不是基督教君主的尊贵代表。

如果他接受土耳其苏丹的要求，肯定会获得更好的待遇，但如果亚诺什正式成为苏莱曼的附庸，便会引起其他基督教君主的反感，甚至连法国人也不得不撤回他们的帮助。弗朗索瓦非常看重他"笃信王"的尊号，这一称号源自他加冕时所用的圣油。相传，这圣油由天上的鸽子带到人间后，一直被用来为他前面的历任法兰西国王加冕受膏。

节礼日（Boxing Day）那天，杰罗姆牢房的门打开了，进来的是一个仪表堂堂的人。抵达君士坦丁堡后，这位波兰人

84

设法给威尼斯总督的儿子寄了一封信。阿尔韦塞全然不顾让他寝食难安的"三日热"，从佩拉的府邸出发，他带来的钱币最终都进了负责看守杰罗姆的人的口袋。

85　　会面一开始，"贝伊奥卢"就吹嘘自己在奥斯曼帝国的影响力。他说，去年夏天，苏丹企图再次入侵匈牙利，教训一下亚诺什，正是他劝阻了苏丹。他给出了一些直截了当的建议：没有贡品，休想与土耳其人达成和约，也不要想着夺回斯雷姆。但他的口吻带着安慰。

杰罗姆谨慎地回答道："我的主人知道您在这里做生意，知道您在帕夏那里拥有影响力，他希望您能在我缺乏经验的地方为我出谋划策。"特别是弗朗索瓦答应给亚诺什25000达克特的问题，土耳其人是否愿意配合，确保这笔钱不会在穿越巴尔干半岛的途中丢失，最终送达亚诺什手中？

杰罗姆还不到三十岁，阿尔韦塞比他年长二十岁。但这个波兰人经验丰富，足以理解对面男人的沉默意味着什么。"一旦我的目标有实现的可能，"杰罗姆自信地继续说道，"我就会和您再谈一次，谈谈您的出色表现应获得的回报。"[18]最好的外交官都敢于大胆行事。"请帮我打探一下那些人的想法，并把您的发现告诉我；如果他们不允许您来见我，您可以写信给我。"

第二天，杰罗姆收到了阿尔韦塞用拇指签押的字条，指印比图章更具匿名性。他在字条里告诉杰罗姆，他应当次日去拜访易卜拉欣帕夏，但如果不带贡品，则有可能会不受待见，而且肯定不会被允许觐见苏丹。而在与帕夏交谈时，他应该无所畏惧地表达自己的诉求。"恕我不能再多写了。"

*

当杰罗姆面见易卜拉欣时，渴望权力的人终于见到了拥有权力的人。无论以什么标准来衡量——财政收入、领土面积、政治影响力——奥斯曼帝国都仿佛是匈牙利这只跳蚤身边的一头母猪。大维齐尔所讲的每一句话，都是为了强调两者之间的差距。

"我们杀了路易国王。我们占领了他的城堡，在那里吃饭、睡觉。他的王国已经是我们的了。认为单凭一顶王冠就可以造就一位国王，这种想法是愚蠢的。让一个人配得上统治的，不是黄金或宝石，而是铁。剑教人服从。用剑赢得的东西必须用剑来保护。我们知道，匈牙利已经耗尽了财力、物力，你的主人得承认苏丹是他的主人，并恳请他伸出援手。要不是古利提总督和他的儿子，我们早就消灭了费迪南和你主人的势力；因为两强相争时，如果两败俱伤，那么坐收渔利的总是幸存的第三方。想过没有，如果我带着禁卫军和色雷斯军队向费迪南进军，阿亚斯帕夏同时攻打你的主子，结果会怎样呢？在我们的朋友威尼斯人的恳求下，我们整个夏天都按兵不动；但我们非常清醒。"[19]

法兰克人请杰罗姆原谅他没有按照土耳其人的方式简单明了地讲话，因为众所周知，土耳其人说得少，却做得多。

易卜拉欣讲完后，杰罗姆必须为他的主人找回颜面。这很困难吗？匈牙利国王接受过威尼斯的贡品，征服过波希米亚、奥地利和其他省份。就在五十年前，马蒂亚斯·科维努斯还击败过土耳其人和德意志人，并以此为契机扩张了自己的王国。杰罗姆也不觉得自己有什么不足之处。他并非拉斯基家族第一个获得显赫地位的人。他出身于一个古老的贵族家庭，是波兰首相伟大的扬·拉斯基（Jan Laski）的侄子。与他身边的其他人不同，他可不是去年秋天才从卷心菜地里凭空冒出来的暴发户。

杰罗姆列举了匈牙利的一些成就，并斥责易卜拉欣的做法配不上一个伟大的帝国。"如果你想拿下布达，就不应该像你们当初那样离开。你们将它付之一炬，运走那里的一切，什么也不留下，既不派军驻防，也不重建那些被摧毁的建筑，就那样突然地撤军；谁会不说你们这样做是出于恐惧呢？以这种方式占领，根本难言伟大。事实上，布达很容易就被攻陷了；如果匈牙利国王只是因为这个才不得不承认贵国皇帝，那将是莫大的耻辱。"

现在该轮到他来挖苦自己所受的"款待"了。"你给我派的看守，其数量之多好像是在看守一个逃犯。我来这里不是为了逃命，也不是为了调查什么。正如我所说，我来这里是希望受到欢迎。"

这是两个深谙世界运行之道的人之间的激烈对话，他们的言辞并不是为了刺痛对手，而是为了打击对方的嚣张气焰，为后面讨论财物和现金预热。

*

接下来的几个星期里，"三日热"一阵阵地发作，"贝伊奥卢"强忍着病痛，在易卜拉欣和杰罗姆之间来回奔走，传达着对方的提议和回复，并根据自己的想法进行调整和修正。一天，他邀请杰罗姆到金角湾的造船厂共进午餐，他有时会在那里谈生意。杰罗姆顺道拜访了穆斯塔法帕夏，说上次他们见面时，虽然帕夏的态度不怎么热情，但二人之间不存在任何芥蒂，上帝保佑痛风早日离他而去。他们还谈到，只要阿尔韦塞带领大家就悬而未决的问题讨论出一个圆满的结果，他们就将展开联合军事行动。

"贝伊奥卢"的努力最终促使双方达成协议，协议规定将斯雷姆归还给匈牙利。此外，亚诺什每年都会派一名大使，为高门送来价值 10000 弗罗林（florin）[1] 的礼物。但这不是贡品，而是一位君主对另一位君主所表达的善意。土耳其人承诺为亚诺什的战争提供 50 门大炮、50 公担[2] 火药以及 8000 名骑兵。"我很高兴接受你主人的这片忠心，"苏丹在接见杰罗姆时对他说，"我不仅把匈牙利让给他，还要好好地保护他，使其免遭奥地利的费迪南的侵扰，这样他就可以高枕无忧啦。"

杰罗姆于 1528 年 2 月 29 日离开伊斯坦布尔，并带走了一份协议书、一支骑兵中队，以及一满柜的头巾和长袍。他的生活习惯已经相当土耳其化了。临行前，他任命阿尔韦塞为亚诺什在高门的官方代表。他还向阿尔韦塞保证，一旦入侵行动开始，他还将获得埃格尔（Eger）主教的职位，这一职位是圣斯蒂芬亲自设立的。在杰罗姆回到特兰西瓦尼亚后，为了表彰他的杰出贡献，国王封他为塞佩什伯爵（Count of Szepes），并赐予他凯什马克城堡（Kesmark Castle）。然而，亚诺什国王目前并没有控制这两个地方，需要先从费迪南的手中夺回它们。

88

*

费迪南大公听说他的敌人在君士坦丁堡达成了协议，便派亚诺什·哈巴尔达内茨（Janos Habardanecz）和西格蒙德·魏希塞尔伯格（Sigmund Weichselberger）两名使者前去挽回损失，试图与苏丹谈判，达成为期三年的停战协议。但他们的表现欠火候。他们要求苏丹承认费迪南为匈牙利国王，并归还贝尔格莱德和在 1521 年战役中夺取的其他要塞。对此，易卜

---

① 这是一种流通于 1252 至 1533 年间的金币。

② 1 公担 =100 公斤。

拉欣讥讽道：维也纳总督怎么不干脆把伊斯坦布尔也要去？在会面的最后，他还警告道："我们会到德意志解决费迪南的。"[20]

哈巴尔达内茨有一个令人讨厌的习惯，那就是喜欢用"无所不能"来称呼他的主人。易卜拉欣驳斥道，你的主人怎会如此傲慢和大胆，竟敢在苏丹的地盘自称"无所不能"？要知道，基督教的君主可都聚集在苏丹的羽翼下寻求庇佑呢。看来没可能继续谈下去了，这时阿尔韦塞·古利提心生一计，打破了僵局，他宣称哈巴尔达内茨和魏希塞尔伯格二人是间谍。在被监禁期间，二人听说伊斯坦布尔因查理五世的死讯而欢呼雀跃。结果表明这只是谣言。

9个月后，这个"玩笑"逐渐失去了效力，两人被带去见苏丹，请求被释放。他们每人获得了500达克特，苏丹说："你们的主人还没有和我们建立睦邻友好关系，但很快他就会了。你们可以告诉他，我会带着大军来找他的，我会给他想要的东西。所以，让他为我们的到访做好准备吧。"

第六章

当选四年后，安德烈·古利提总督成了威尼斯的化身。威尼斯的庆典仪式从未如此隆重过。古利提家族的纹章甚至被印在节日甜点上。在升天节这天，总督阁下乘坐一艘涂成金色的崭新豪华游轮，与大海举行象征性的婚礼。

他仍然坚信，没有什么事业比国家利益更加神圣。罗马遭洗劫后，无论他遭受了怎样的侮辱，即便是他的批评者也不得不承认，圣城当前不应是威尼斯的主要关注点，他将乌尔比诺公爵的军队留作他用，这一决定很有可能是正确的。

这位"拖延者"继续努力争取的不是战场上的胜利，而是和平和良性的收支平衡。[1] 和平可以让威尼斯船队畅通无阻地在地中海和黑海航行，和平的红利将使共和国得以建设和发展。规划者们正在研究一套新的石桥设计方案，以取代被烧毁的里亚尔托木桥。在广场上，一个巨大的拱形建筑计划正在酝酿之中，它将贯穿广场的北轴线，任何看到它的人都会目瞪口呆，惊叹不已。为了防止潟湖淤塞，威尼斯本土正在植树造林。

古利提个人行为的某些方面仍然令人担忧。对于自己个人的财务问题以及威尼斯的财政问题，他压根就不在乎二者之间的界限。他的就职宣誓规定，他只能在顾问在场的情况下会见他国的外交人员，对于这一点，他似乎也并不在意。通常情况下，他与使臣都是一对一地会面。权力和程序很少吻合。

他对待小人物的态度与其职务所要求的一本正经格格不入。他让一位服侍他多年的老妇人享有了非同寻常的自由。这位仆人名叫玛尔塔（Marta），为了晚餐后他爱吃的大蒜和甜洋葱，两人展开了一场持久战。如果玛尔塔发现他在偷吃蒜瓣，她会直接将其从他的手中夺走。[2]

他的劲头丝毫不减。只要某个女人稍有些许的吸引力，总督阁下就会主动接近，必要时还会给她钱，考虑到他爱吃大蒜和洋葱，可能更需要如此。他非但没有对年轻时的不检点表现出丝毫的悔意，反而将几个小混蛋拉拢到自己身边，他们包括：牧师洛伦佐，不打理修道院时，洛伦佐就和他一起住在总督府里；还有佐尔佐，专门为他提供有市场价值（如佛兰德斯的布匹）或有战略价值（如阿尔韦塞内容翔实的信件）的东西。佐尔佐还会随时向总督通报阿尔韦塞的状况，例如他的地位得到了提升、他与易卜拉欣帕夏的友谊、他的高级住宅等。

外交事务就像打水漂。你使劲扔出石头，却无法确定它能否到达对岸。弗朗索瓦国王向土耳其苏丹派去的外交使节便是如此。他并未见到苏丹，而他行李中的红宝石却莫名其妙地出现在易卜拉欣帕夏的手指上。

考虑到所有这些变幻莫测的状况，在当地培植一个线人显然是非常有用的，他不会在巴尔干的某条公路上被人谋杀，也不会受困于某一次山体滑坡，而且无论大使、副使或演说官如何轮替，他的情报都会源源不断地送达。如果认为阿尔韦塞只是一个普通的信息收集者，这确实有失公允。他更像是苏丹大炮上的一个轮子，一个为威尼斯所有的珍贵的轮子。他们父子之间有很多事情可以探讨。

91   总督对家人的感情是不言而喻的。在他的长子弗朗切斯科（Francesco）出生时，他的妻子贝妮黛塔因难产而不幸去世，而这位长子也英年早逝，当时他已经是元老院海事委员会

（maritime committee）的成员。长子去世后，安德烈将自己的感情转移到了弗朗切斯科的女儿维埃娜（Viena）身上，密切地关注着她的成长。维埃娜与皮萨尼（Pisani）家儿子的婚礼持续了10天。当新娘要搬去新家的时候，她扑倒在总督脚下，总督也在金色锦缎的簇拥下流下了眼泪。所有人都参加了婚礼，包括已故的文森佐·古利提（Vincenzo Gritti）的遗孀（看起来非常可怜）以及文德拉明家族和科纳家族的许多人。唯一缺席的是阿尔韦塞，他是总督所有儿子中在野心、性情和才能方面最接近他的一个。

　　总督毫不掩饰他对阿尔韦塞的偏爱。有一天，他斥责一名高里奥的成员在提及洛伦佐时使用了一系列的尊称，并指出这些头衔只适用于那些更为杰出的人。[3]哎！另一位元老颇有兴致地插嘴道，但您却乐于让贵族称您的另一个儿子——也就是在君士坦丁堡的那个儿子——是"最杰出的"和"最尊贵的"。这难道不奇怪吗，总督阁下对一个非婚生的儿子宠爱有加，而对另一个儿子却不这样。

　　安德烈只是微笑着指出，"贝伊奥卢"在威尼斯受到的尊重不应比他在伊斯坦布尔受到的尊重少。这是一种荣耀的延伸，就像那位元老自己的妻子，她不过是一位姜室所生，却因为丈夫的地位而被尊称为"华丽者"（Magnificent）。

*

　　当总督得知杰罗姆·拉斯基出使君士坦丁堡的任务圆满完成，土耳其人即将攻打匈牙利时，他写信给阿尔韦塞，对事态的进展表示满意。他的儿子能够以有利于共和国的方式影响此次谈判，这让他感到十分高兴。但他坚持认为，在即将到来的战争中，威尼斯的任何介入都必须保密。他指示阿尔韦塞在给亚诺什国王写信时不要署名。显而易见的是，"贝伊奥卢"应该抵住诱惑，不加入向北挺进的土耳其军队。

因此，当总督阁下得知在即将到来的战争中，阿尔韦塞不仅要负责为苏莱曼的军队提供后勤保障，而且还要指挥战斗人员时，他感到非常意外且不悦。总督的亲生儿子卷入到奥斯曼帝国对费迪南的战争中，这近乎一桩丑闻，只会愈加激起哈布斯堡家族的两兄弟——尤其是查理——消灭威尼斯的欲望。考虑到这必然也会招来对他本人的羞辱，这一政治危机显得更令人不安。古利提总督再也无法用举重若轻的方式来改变世界了。他的儿子以最公开的方式让他陷入困境之中。

总督疲惫不堪地给阿尔韦塞写信说：这个消息"给我本人带来了难以置信的痛苦和焦虑，得蒙上帝的恩典，我被擢升到如此高位，但树敌众多，四面楚歌……所有人都会把这次行动归咎于我一人，并诋毁我的荣誉和人格"。但是，如果阿尔韦塞选择做正确的事，停止他鲁莽的计划，他的父亲就会赐给他一个骑士头衔或一个年俸高达1000达克特的修道院院长职位。他可以自己做选择。

最后，总督低声下气地恳求道："我希望在有生之年能再见你一面。"[4]

安德烈·古利提还不知道，他面对的是一位无名指上戒指的价值高达1万达克特的富豪。父亲记忆中的儿子与现在的儿子之间存在着极大的差距。对于一个已经见识过海量财富和巨大影响力的人而言，区区骑士头衔或修道院院长职位——这两个甚至都不能同时拥有！——已经无法激起他半点兴趣了。

*

在下达进军命令之前，苏莱曼任命易卜拉欣帕夏为此次战

争的总司令。苏丹的臣民必须完全服从他的指示，就好像这些 93
出自苏莱曼之口的命令，会让天上下起珍珠雨。

和苏丹一道，他拥有生杀予夺的绝对权力。他有权任命、
罢免或处决任何一位大臣或其他由苏丹任命的人员。他可以发
布并执行律法，尽管在法律事务方面他需要法学博士的协助，
他仍是最高司法长官。无论是在帝国境内，还是在外国处理外
交事务时，他都代表了苏丹的尊严和权力。凭此一举，苏丹解
决了易卜拉欣上任之初困惑不已的权力分配问题。

苏丹宣布："如果有人胆敢违抗我的大维齐尔和总司令的
命令，那么无论人数多寡，都会受到应有的惩罚。"信的末尾
还附上了几句符合情景的阿拉伯语谚语，其中包括"真主若想
赐予某位国王最美好的祝愿，就会给他一个忠臣，在国王忘记
职责时提醒他，在国王履行职责时协助他"。还有，"我们已
经擢升了一些人，使其地位高于其他人"。5

*

1529 年 5 月，土耳其军队北上。大雨下个不停，人和驮
着辎重的牲畜或被大水冲走，或被雷电劈死。从色雷斯的菲利
波波利（Philippopolis）到克罗地亚的奥西耶克之间的距离长
达 600 英里，沿途的河流都泛滥成灾。瘟疫也在队伍中蔓延。
亚诺什·扎波利亚从特兰西瓦尼亚出发，率领部队前来与土耳
其人会合，他命令所有匈牙利人做好准备为土耳其人提供食
物。苏丹拨给"贝伊奥卢"3 万达克特，用于采购粮草。

在德拉瓦河畔，易卜拉欣下令在沼泽地上堆满柴草。他们
在柴草上架起了一座桥，但驮着辎重的牲畜刚一上桥，就掉进
沼泽里淹死了。在异教徒的袭扰下，军队还需 6 天的时间才能
到达对岸。部队安全通过后，苏丹下令摧毁该桥，就像他 3 年

前所做的那样。

94 　　与此同时，外交领域也传来了消息。

　　查理的姑姑奥地利的玛格丽特（Margaret of Austria）和弗朗索瓦的母亲萨伏依的路易丝作为二人的代表，就双方争吵不休的问题谈了许久，最终达成了一项协议，该协议修复了横贯欧洲的裂痕，强化了查理作为意大利主人的身份。威尼斯共和国是唯一一个被排除在这份"女士和约"（ladies' peace）之外的欧洲大国，该和平协议不仅涉及弗朗索瓦、查理和费迪南，还牵涉到英格兰的亨利，甚至教宗。查理率领大军进入意大利，除了"平定"半岛的其他行动之外，他还打算惩罚威尼斯共和国这个"蛇头"6。威尼斯不仅与土耳其人结成了不光彩的盟友关系，还成了路德派信徒和其他宗教异端的庇护所。总督拒绝引渡这些人，并虔诚地称颂道："我们的国家和统治是自由的。"7古利提治下的威尼斯不仅是对帝国的侮辱，同样也是对耶稣基督的侮辱。

　　站在威尼斯人的角度来看，现在更为迫切的是分散哈布斯堡家族对威尼斯的觊觎，要实现这一点，最好的办法就是将他们拴在别处。奥斯曼帝国的进攻不能止步于匈牙利，他们必须深入到费迪南自家领土的腹地，迫使他求和。虽然阿尔韦塞给他带来了许多苦恼，但古利提总督也认识到，让自己的儿子追随奥斯曼帝国总司令，还是有一定好处的。现在不是纠结于子违父命这种问题的时候。元老院指示阿尔韦塞，让他"敦促帕夏阁下进军奥地利"。

　　作为特兰西瓦尼亚省长，亚诺什·扎波利亚的部队当初欲拯救路易国王，只是在赶到莫哈奇时已经为时太晚。现在，他既已是匈牙利王位的竞争者，因而在响应新主人的召唤时更加守时，他正率军前往同一地方。8月19日，在两道由禁卫军组成的高墙之间，亚诺什和他的大使杰罗姆·拉斯基被护送进驻扎在莫哈奇平原上的王帐里。苏莱曼接受了新臣子的效忠。

随后，土耳其人向北进军，围攻布达，并轻而易举地将其 ⁹⁵拿下。阿尔韦塞·古利提和一些士兵被留在城中监视国王亚诺什，而大部队则继续向奥地利挺进。到 9 月下旬，苏莱曼已兵临维也纳城下。他打算在米迦勒节（Michaelmas）这天于该城的大教堂里享用早餐。

*

费迪南将维也纳的防务交给了尼古拉斯·冯·萨尔姆（Nicholas von Salm），他是罗德岛战役中的老兵，在帕维亚战役中也表现得十分出色。冯·萨尔姆夷平了城墙外的房屋，以保证火力范围内没有建筑物，他还用砖块堵住了所有城门，只留了一扇面朝多瑙河的萨尔茨门（Salz Gate）。⁸ 战斗开始后，他的火绳枪手在维也纳城墙上所向披靡，就像当初在帕维亚城外的草地上一样。在匈牙利南部的湿地，土耳其军队被迫遗弃了他们的大炮，由于失去了重型炮兵，在地底下挖洞成了他们攻入城中的唯一办法。

西帕希骑兵和禁卫军挥舞着狼牙棒和斧头，连续不断地向已经被土耳其工兵破坏过的城墙发起进攻，而冯·萨尔姆每次都会亲自迎战，他虽然已经年过七十，却展现出只有他一半年龄的人才有的那种战斗激情。在某些出人意料的时刻，守军会从萨尔茨门冲出来，杀死几个敌人后又溜回去。4 名德意志士兵因收受土耳其人的贿赂破坏防御工事被剁成了四截，他们的残肢被吊在城墙外示众。土耳其人的士气也变得越来越低落。

夏去秋来，物资逐渐耗尽。土耳其人从伊斯坦布尔带来的轻型帐篷不足以抵御刺骨的寒霜。米迦勒节过去了，苏丹收到了守军的传信，他们讽刺说他的早餐已经凉透了，他只能凑合着吃一点奥地利人投放的"残羹剩饭"了。⁹与此同时，费迪南也正从布拉格赶来解围。

96
10月15日，苏莱曼下令发动最后一攻。一些士兵像超出了忍耐极限的马一样定在原地，只能通过鞭打逼迫他们不情愿地移动几步。对一支奥斯曼军队来说，这种情形极为罕见。进攻被击退后，除了挽回颜面，别无他法。易卜拉欣写信向守军保证，土耳其人从未打算攻占维也纳，而是要"与你们的大公作战；正是因为这个，我们才在这里浪费了这么多天，却还是没能与他正面交锋"。10月16日，土耳其人转道回国，而守军则因欠缺军饷洗劫了他们在过去三周里一直保卫的城市。

此次远征奥地利－匈牙利等地，土耳其人未在荣耀方面有任何斩获，却在物质上得到了补偿。古利提告诉威尼斯执政团，苏丹的游骑兵在南下途中所到的所有城镇和村庄，"没有一只公鸡或母鸡在打鸣，也没有一栋房屋完好无损，甚至连一棵树都没剩下"。

当苏莱曼到达布达时，国王亚诺什从城里出来，祝贺他将费迪南逐出了匈牙利。

没有人提及维也纳。

*

在之前的位置上，亚诺什·扎波利亚只是匈牙利的二号人物。在他担任省长期间，特兰西瓦尼亚享有很大的自治权，对境内的马扎尔人（Magyar）、撒克逊人（Saxon）、塞克勒人（Szekler）以及瓦拉几人或罗马尼亚人，他的统治都十分得当。莫哈奇之战的惨败、路易国王之死以及苏丹急需一位匈牙利代理人，几个因素合力将他推到了王位上。而在此之前，他早就被视为一名潜在的君主。然而，真正的权力并不像在特兰西瓦尼亚那样容易获得，更不用说行使了。

那些贵族投票支持费迪南，并希望他继续以哈布斯堡王朝附庸的身份经营自己的领地。他面临的问题不仅仅是赢得这些人的支持。亚诺什的王位拜他臣民的敌人所赐，从他亲吻土耳其苏丹的手的那一天起，他在人们眼中就已经堕落了。苏莱曼留在布达的骑兵队，装备精良、挂着新月旗在多瑙河上巡逻的船只，都是征服的工具，这是无法掩盖的事实。然而，即便有机会，亚诺什也不愿放弃土耳其人的支持，因为他没有财力维持自己的骑兵或舰队。匈牙利的财富都在地下，主要集中在该国北部被称为"王家匈牙利"（Royal Hungary）的一小片区域，而这些地区忠于哈布斯堡王室。维也纳已经脱困，费迪南也变得更加有底气，他正密谋再次南下，夺回匈牙利的其他土地。

亚诺什与费迪南领土之间的边界并非是一成不变的。在双方发生摩擦的区域，"贝伊奥卢"如鱼得水。在这里，人们有时忠于哈布斯堡王朝，有时忠于奥斯曼帝国；有些人是基督徒，有些人是穆斯林，也许还有一些人是犹太人。在这一变幻莫测的边境地区，合作通常可以通过收买或胁迫达成。

是阿尔韦塞·古利提将亚诺什推上了王位，也是阿尔韦塞·古利提受苏丹之托，将最近在莫哈奇神秘丢失而后又重见天日的圣斯蒂芬王冠交给了新国王。接过圣物后，新国王任命这位拥立国王的功臣为埃格尔主教。主教的职位每年将带来 36000 达克特的收入。亚诺什还将达尔马提亚的克利萨（Clissa）、塞格纳（Segna）和波格里扎（Poglizza）等城市赠予阿尔韦塞，但这些地方目前还不归他所有，它们还被亲哈布斯堡王朝的势力占据着，需要以某种方式从他们手中夺过来。

"克利萨港是世界上最好的港口，"查理的一位外交官报告说，"此外，它距离（意大利的港口）安科纳（Ancona）只有 100 英里。如果土耳其苏丹继续高歌猛进，恐怕很快就会占领威尼斯人在（亚得里亚海）沿岸驻防的两座城镇。还有一种新情况让土耳其人沿着该海岸的推进比以往任何时候更为可怕：他们过去习惯发起猛攻并屠杀当地居民，如今却只是缓慢地推进，且更加谨慎，并向人们保证宗教信仰自由、特权、公民权利以及各种优待，这表明他们打算在这些地区永久地统治下去。"10

1529 年秋，亚诺什任命阿尔韦塞为匈牙利国王的高级财务官和顾问。他是在得到苏丹让这位威尼斯人继续为他效力的首肯之后才这样做的。阿尔韦塞立即派人去接收富格尔家族在该国北部的特权，包括在铜银资源丰富的拜斯泰采巴尼亚（Besztercebanya）矿区的采矿权。阿尔韦塞还派人接管了特兰西瓦尼亚的盐矿。人们完全可以想象，无论是威尼斯总督吃的意大利面，还是苏丹享用的抓饭，使用的都是他们共同的仆人阿尔韦塞所挖采的岩盐！

父亲惴惴不安，但儿子已经成了布达的二号人物、伊斯坦布尔的三号人物。当苏丹入侵意大利时，他被认为是那不勒斯王位的热门人选，最终实现也只是时间问题。他会以一种精明的方式让自己对他所关注的经济领域变得不可或缺。正如富格尔家族在匈牙利的首席代理人在写给他奥格斯堡的雇主的信中所说的："没有他，什么事都做不成。"11

*

"贝伊奥卢"把自己描述成苏丹的仆人或救世主的走卒，这取决于他在对谁说话。如果说他还会对某种说法过敏，那就是"他已经变成了一个土耳其人"。这种谣言在哈布斯堡王室和罗马教宗的圈子里频繁出现。他可能是个通敌者，但却是一个自觉的通敌者，他操纵着那些自认为在操纵他的人，并暗中为匈牙利独立这一基督教目标而努力。然而，对这个国家及其顽固不化的臣民，这位匈牙利的新任高级财务官都毫无感情。对阿尔韦塞来说，匈牙利仅仅是一个权力问题。

在高门和威尼斯观察着阿尔韦塞的人、欧洲各国的君主，甚至还有他的父亲，都想知道他的真实意图是什么。他自己可能也不知道；变化多端才是他的座右铭。马基雅维利本可以从与他的会面中获得乐趣，兴许还能获益，因为这个佛罗伦萨人欣赏的正是现代政治家身上的那种机会主义和不择手段，阿尔韦塞则完美地体现了这一点，但遗憾的是，马基雅维利两年前已经去世，二人的会面只能由上帝来安排了。

第七章

查理五世做事很少追求极致，通常只要可行即可。但当他得知地中海最成功的海军统帅安德烈·多利亚（Andrea Doria）对他的主人弗朗索瓦一世心生不满时，他变得出奇地积极主动。皇帝宣称，他将"不惜一切代价说服安德烈·多利亚为我效力"。他许诺给多利亚每年 6 万达克特的薪俸、两座宫殿以及热那亚"终身行政官"（perpetual magistrate）的头衔，热那亚这座港口城市是通往意大利半岛的门户和要地。帝国方面相当幸运，一名男子连续三天在天亮前出现在多利亚面前，并告诉他："去为皇帝效劳吧。"[1]1528 年夏天，这位祖辈在热那亚海陆两栖指挥了数百年的幸运水手正式投奔查理。

作为查理的舰队指挥官，多利亚做的第一件事就是将他的船只从那不勒斯湾撤出，结束了法国对这个多年来由西班牙人控制的重要海港及其肥沃腹地的封锁。随后，多利亚乘船回到热那亚，将他的前盟友法国人赶出了这座城市。多利亚满足于被尊称为"祖国的解放者和父亲"，拒绝了热那亚同胞授予他的总督职位。他现在成了查理在西地中海地区的有力臂膀，他的战舰威胁着法国的航运线，抵御着来自北非的穆斯林海盗。1529 年，他启程前往巴塞罗那，护送查理横穿地中海胜利返回热那亚，护航的是一支由 100 艘帆船组成的舰队，载着12000 名步兵、2000 名骑兵和价值 200 万达克特的美洲黄金。

8 月 12 日，皇帝在热那亚老码头（Old Pier）登岸。他带着军队和财宝向东穿越意大利，接见了来自各个城邦的代表团。一些曾支持他对抗弗朗索瓦的城邦的代表团兴高采烈地讨要奖赏，另一些则自感羞愧，喃喃地为支持了错误的一方道歉。大宰相默库里诺·德·加蒂纳拉则满怀激情地讲述了一连串不间断的叛逃、胜利和臣服，它们彼此关联，显然是事先安排好的。他写道，"恺撒的事业近乎得到了上帝奇迹般的指引"。[2]

*

查理于 11 月 5 日进入博洛尼亚，随行的军队摆出的阵型酷似亚历山大大帝的马其顿方阵，士兵们两两并列前进，手持青翠的树枝作为胜利的标志。在城门口，他将头盔换成了帽子，每当看到临窗的美女，他都会脱下帽子，露出垂到耳朵的金发，像罗马皇帝一样。两名部下走在他的马前，抛撒硬币，人群则高喊："查理，查理，帝国，帝国，胜利，胜利！"皇帝的侍童向人群展示四顶装有羽饰的"恺撒头盔"，其中一顶上立有哈布斯堡家族的鹰徽，另一顶上装饰着十字架。这座城市被装饰得像罗马，或者说，像遭查理的军队洗劫之前的罗马，在拱门的衬托下，皇帝看起来像是得胜而归。[3]

经帕维亚一战，查理确立了自己在意大利的军事统治地位，这一地位在多利亚反水后得到了强化，并在"女士和约"中被正式确立下来。在博洛尼亚，皇帝将半岛的大部分地区纳入到一个联盟中，由他来掌控。教宗克雷芒原谅了他对罗马的践踏。在查理的坚持下，克雷芒将亚诺什·扎波利亚开除出教籍，他是一个大逆不道的家伙（*filius iniquitatis*），怂恿土耳其人入侵，不仅导致了匈牙利的陷落，还使整个欧洲面临被侵略的危险。

103

面对如此强大的敌人所强加的"全面和平"，威尼斯不可能置身事外、毫发无伤。1529年12月23日，古利提总督派谈判代表到博洛尼亚，将共和国在阿普利亚地区（Apulia）的港口割让给查理名下的那不勒斯王国，并将拉文纳和切尔维亚两座城市割让给罗马教廷。[4] 威尼斯还向查理支付了一大笔赔款，并与费迪南媾和。

谈判圆满结束后，1530年2月22日，皇帝跪在博洛尼亚锡耶纳市政厅（Palazzo Pubblico）的小教堂里，里面穿着一件黄白相间的织锦长袍，外面披着一件紫色缎面镶金的裘皮领披风，克雷芒将一顶镀金的铁质的小皇冠戴在他的头上。这是伦巴第王冠，是君士坦丁大帝的母亲圣海伦娜（St Helena）下令用真十字架（True Cross）上的一枚铁钉为她的儿子锻造的。能戴上它的人就是意大利国王。

查理继续跪拜。克雷芒递给他一把宝剑，皇帝抽剑出鞘，然后将其举过头顶，再放下，反复四次。随后，教宗取回铁冠，将神圣罗马帝国皇帝的八角金冠戴在他的头上。他递给查理一个上面立着十字架的金球，象征着他对整个世界的统治权，还递给他一根权杖。一阵祷告后，皇帝怀着极为虔诚的心领受了"基督圣体"。[5]

两天后恰好是查理三十岁的生日，也是帕维亚战役五周年纪念日，他再一次接受了八角皇冠，这一次是在圣佩特罗尼奥大教堂（Cathedral of San Petronio），它被改建成了罗马圣彼得大教堂的样子。之后，他和基督的代牧者（Vicar of Christ）在人群中巡游，皇帝头戴八角皇冠，教宗头戴三重冕，被印有帝国和教宗徽章的旗帜环绕。几天后，神圣罗马帝国皇帝启程前往奥格斯堡，与他的兄弟费迪南进行商议。大公被选为"罗马人民的国王"，这意味着他将是查理的继承人。

在博洛尼亚加冕后，神圣罗马帝国皇帝的影子无处不在。

加冕礼后从各地作坊中涌现出的画像——在佛罗伦萨、罗马、维罗纳、佩扎罗（Pesaro）以及博洛尼亚本地绘制的壁画；塔拉佐纳（Tarazona）行政长官委托制作的装饰画——无疑都明确表明了这一点。每一个马夫和挤奶女工都见过那些木刻画，其中有皇帝全副盔甲进城的场景，有他与教宗共用一顶华盖巡游的场景，还有皇帝半侧着身紧握金球的形象。虽然这些画像无法完全掩饰哈布斯堡家族那标志性的下巴——它好似一块压顶石，而嘴巴张开时则像一只不太健康的牡蛎——但画中庄严华丽的场合，再加上维也纳奇迹般地从土耳其人手中被解救出来，都给他的形象加了不少分。

*

这是一个意在统一基督教世界、并将其作为解放君士坦丁堡前奏的联盟，威尼斯加入其中，这让它需要向博斯普鲁斯海峡的另一边作出解释。元老院秘书托马斯·莫切尼戈（Thomas Mocenigo）在访问伊斯坦布尔时狡辩说，由于法国的投降，威尼斯在外交上陷入孤立，被迫加入了新的联盟，但它对苏丹的忠诚丝毫不减。易卜拉欣感叹道，基督徒的话写在雪地上，而苏丹的话则刻在大理石上。不过，在看到阿尔韦塞送给他的巴达赫尚（Badakhshan）红宝石后，他又恢复了兴致。

"查理！帝国！胜利！"的呼喊声打扰了苏丹的睡眠。易卜拉欣质问彼得罗·赞恩："除了我的主人外，怎么还会有其他的皇帝呢？"他还嘲讽查理五世：他自称是基督徒，却洗劫了罗马这个至圣之地。事实上，易卜拉欣在提及皇帝和教宗时言辞非常粗鲁，以至于马里诺·萨努托在抄录赞恩的会谈报告时，留下了一些不言而喻的省略号，而没有用大维齐尔的原话玷污他的手稿。[6]

105　　威尼斯共和国像海潮一样保持中立。只要威尼斯人讲的某句话中出现了"但是"潮水就会转向。元老们接受了博洛尼亚和约中对土耳其人的敌对言论，但又希望这些话不要被奥斯曼人听到。总督古利提告知查理，土耳其人正准备进攻意大利海岸，但……陛下是否介意对这一消息的来源进行保密？[7]教宗克雷芒问枢机主教格里曼尼，威尼斯是否愿意为十字军东征出钱出力，这位前总督的儿子回答说："我们绝对不敢这么做，因为我们离土耳其人很近；但我们可以暗中出一些钱。"[8]与此同时，威尼斯正在向易卜拉欣帕夏提供有关查理及其意图的情报。

　　不仅仅是情报。威尼斯人会确保他们送给易卜拉欣的礼物比其他任何国家送的礼物都更合他的心意，并且送得更频繁，比如奶酪、蜡烛、五件金外套和两个花重金打造的铁箱。大维齐尔要求把箱子搬到自己面前，以便仔细了解一下它们的用途。它们是在威尼斯打造的吗？答案是否定的——实际上是在德意志打造的。其中一个箱子里还装着一些意外之喜——8000达克特和一些丝质长袍。目睹这一幕后，彼得罗·赞恩——他离任后还经常到城里出差或游玩——也不禁赞叹大维齐尔实在太过富有。是的，这种场合很少会进行特别深入的谈话。话题无非是钱，以及谁拥有最多的钱。（当然是苏丹了。）易卜拉欣觉得威尼斯人的奉承话非常中听，足以让人原谅他们的肤浅、消极和软弱。

　　他命人送来用索尔塔尼（Soltani）葡萄酿制的葡萄酒，对客人们说："喝吧！现在是时候提提神了！"

　　易卜拉欣把西班牙国王比作一只蜥蜴，在这里或那里啄食一点野草或泥土中的谷物，而苏丹则像一条巨龙，一张嘴就能吞下整个世界。[9]但是，严格地说，作为尼德兰、勃艮第、弗

朗什－孔泰（Franche-Comté）、德意志大部分地区、奥地利、
波希米亚、西班牙、那不勒斯、西西里岛、撒丁岛、阿尔及 106
尔、墨西哥和西印度群岛的拥有者，查理和蜥蜴之间完全没有
可比性。更合适的比喻，也许是据葡萄牙海员报告的在香料群
岛（Spice Islands）所见到的某种巨型爬行动物，它能把一头
鹿整个吞下，绝非那种芦笋尖长的欧洲镖鲈。苏莱曼拥有安纳
托利亚、希腊、保加利亚、塞尔维亚、波斯尼亚、匈牙利、摩
尔达维亚（Moldavia）、瓦拉几亚、克里米亚、叙利亚、埃及
和阿拉伯。二人都拥有大片的领土。他们的臣民不计其数。但
是，对于被他自认为是自己的臣民的基督徒来说，苏丹的形象
却有待改善。

第三幕

骄 傲

第八章

一天，苏莱曼去看望阿亚斯帕夏。走进帕夏位于竞技场附近的家中，苏莱曼让他打开他之前有所耳闻的某个特殊房间。自从有过在"贝伊奥卢"的密室里的经历之后，苏丹就很好奇地认为，阿亚斯可能也有类似的、但从未公开过的收集金银珠宝的癖好。

当发现阿亚斯的"密室"里除了一些落满灰尘的旧衣服外空无一物时，苏莱曼有些吃惊。没有金银珠宝，也没有闪闪的金光。只有一些阿尔巴尼亚农民才会穿的长衫和帽子。苏丹问他，这是怎么回事？帕夏解释说，这些衣服属于他过去的旧生活。他保存这些东西是为了提醒自己铭记真主的恩典，它随时都有可能被剥夺。他还说，每当他走进这个房间，他都会卸下所有的骄傲和自负。苏丹对这番话非常满意，并称赞阿亚斯的谦逊。

*

在父亲统治期间，苏莱曼担任过马尼萨总督，与一个出身卑微、名叫玛希德弗朗（Mahidevran）的黑山女人走得很近。她每天有 4 阿斯皮斯的收入，在后宫女人当中，既算不上最高，也不是最低的，属于中等水平。

玛希德弗朗适时地生下了苏丹的第一个儿子穆斯塔法。她因此得到了一笔奖赏、一笔厨房经费，以及服侍她梳妆打扮的女佣。苏莱曼继承皇位后，玛希德弗朗跟随他来到伊斯坦布尔，与穆斯塔法、皇太后还有其他嫔妃以及嫔妃的后代一起住在旧宫里。

在苏丹的卧房里，玛希德弗朗不再受欢迎。她的生育功能已经终结，需要集中精力为穆斯塔法竞争皇位做好准备。在这方面，她获得了穆斯塔法的家庭教师以及教授他战争、宗教和装饰性艺术的专家们的帮助。除了能够确保苏丹的每一个儿子都能得到母亲全心全意的照顾外，每个嫔妃只能抚养一名皇子的做法还能防止她们结党营私，破坏宫廷的平衡。

齐切克·可敦（Cicek Khatun）是可怜的杰姆的母亲，皇子游历欧洲各大宫廷却毫无收获，她一直陪伴着他，最终郁郁寡欢，在开罗去世。玛希德弗朗需要避免重蹈她的覆辙，她要努力效仿苏莱曼的母亲哈芙莎。她在儿子登上皇位前的“学徒期”里一直保持警惕，监督他的教育，并通过在马尼萨建立宗教慈善机构来维持自己的良好声誉。她还从毒袍下救了她的儿子。

1521 年秋天，瘟疫夺走了苏丹与其他女人所生的两个孩子：儿子穆拉德和女儿拉齐耶（Raziye）。穆拉德的死讯是在他围攻贝尔格莱德后归来时传到的，正如受雇的编年史家所说，“车轮在大地上碾出了它们的哀恸，云朵为这迷人的月亮的消逝而哭泣”。[1] 在他回家 10 天后，另一个儿子马哈茂德也死于天花。苏莱曼将他的孩子们安葬在城中的第六山上（Sixth Hill），与自己父亲的陵墓相邻。

还没有哪位苏丹的继任者不是自己的儿子。奥斯曼人可不是马穆鲁克人，他们不允许自己曾经的奴隶接近皇位。由于没有其他健康的男丁，随着穆拉德和马哈茂德的去世，穆斯塔法有朝一日继承苏丹位置的可能性大大增加。

*

后宫住着嫔妃和宫女、女管家或宫廷事务主管、侍女、乳　　111
母、负责洗衣和生火的女仆、抄写员、竖琴师、教针线活的教
师、女占星家、法学博士以及宦官，其中资历最深的宦官负责
宫中的安全事务，可以随意殴打行为不端的宫女。大多数宫女
都不会被选中与苏丹共度良宵。她们会成为仆人或侍从。在这
个等级森严的微型社会里，派系林立，而皇太后凌驾于她们之
上，独揽大权。如果穆斯塔法最终登上皇位，等待着玛希德弗
朗的将是巨大的权力。

但苏丹登基后不久，嫔妃中又多了一位新宠。她来自俄罗
斯。在故乡鲁塞尼亚（Ruthenia）的寒冬里，鞑靼奴隶贩子驱
赶着她，在卡法的奴隶拍卖会上，女人们在凄厉的哭喊声中与
自己的儿女们分离，然后历经艰苦的航行，穿越黑海来到伊斯
坦布尔。[2] 这一切都没有击垮她的意志。她幸运地保住了贞操，
聪明地将自己最好的一面展示给了一个衣着极其华丽的男人，
而这个男人正是来选购一份礼物的。易卜拉欣想要准备一份礼
物，来取悦最近刚登上奥斯曼帝国皇位的主人。这位俄罗斯姑
娘再好不过了。[3]

尽管不如玛希德弗朗美貌，但她有着无可否认的魅力，性
格甜美，温柔可人，体态娇小而优雅。她胸怀抱负，也很聪
明，在学习土耳其语、针线活和正确的祈祷方式方面进步神
速。她的名字叫许蕾姆，意为"欢乐"，虽然被拐卖的记忆偶
尔还会让她感到悲伤，但她并不孤单。与她同宿的每个女孩
都已皈依伊斯兰教，她们来自欧洲的斯拉夫地区、高加索地
区、非洲和北海，都在用自己的语言做着美梦，同时学习着这
个"种马场"的规矩，从这里的窗户往里看——而且只能往里

看——能看到最精致舒适的设施。每个人都想取悦他人，每个人都在努力遗忘。面对着哈芙莎、女管家和打人的太监，每个人都需要做出正确的选择。

在某个被精心设计的恰当时刻，她坐在一辆豪华马车里，在宦官的护卫下，沿着议会路从旧宫被带到新宫，苏丹在那里有一个规模较小的第二后宫。在那里，她被洗干净，然后穿戴整齐，在脑海中演练着所学的词句，然后被带到枢密院门前。[4]

接下来是更多这样的夜晚。她是苏丹的心头肉。当他出征贝尔格莱德时，伴随着伊斯坦布尔的隆隆炮声，他的一个儿子诞生了。许蕾姆离开了原先的寝宫。她现在有了自己的套房，孩子也有了家庭教师，自己的衣橱也变得更加富丽奢华了。宫廷会计不再用她的名字称呼她，而是称她为穆罕默德皇子的母亲。

长期以来，苏莱曼的推定继承人总是过早夭折，许蕾姆为缓解这一局面做出了自己的贡献。通常情况下，她不会有再进一步的机会了。其他的女人会作出自己的贡献，剩下的就只能听天由命。

但许蕾姆不是一个普通的妾室。拥有过苏丹后，她还想更多地拥有他。苏莱曼也不是一位普通的苏丹。他一路高奏凯歌，无视传统，将自己发掘的宠臣易卜拉欣帕夏推上了国家权力的顶峰，他的权势令人战栗。而且，还要考虑苏丹的喜好、个人品位以及对内心安宁的渴求。从情感的角度来说，被骷髅堆包围的生活很难说是令人满意的。

他喜欢许蕾姆身上的某些东西。他不想抗拒这些东西。如果要他在纷扰的政务和攻城拔寨之间抽出时间来"制造"继承人，那么和他喜欢的人、能生育的人、能给他带来快乐的人一起做这件事，显然是再合适不过了。

*

这位新人得到了玛希德弗朗的善待，后者骄傲且美丽，还是苏丹长子的母亲，这个"俄罗斯包袱"怎么会威胁到她呢？

现在，她听说苏丹对许蕾姆非常满意，百看不厌。于是，玛希德弗朗将她找来，两人单独对质。接着，从言语到行动，二人针尖对麦芒，最终玛希德弗朗抓破了许蕾姆的脸，从她头上扯下一撮头发，大喊道"叛徒！没人要的东西！你想跟我比是吗？"

当苏丹下一次派人来接许蕾姆时，她告诉宦官，很不幸，她现在不适合出现在主人面前，因为她是"没人要的东西"，半边头被薅秃了，一整张脸也毁了。宦官传达了她的这一回应，苏丹又一次更为迫切地召唤她，许蕾姆最终极不情愿地答应了。

她羞涩地走到他面前，流了一两滴眼泪，讲述了自己落得如此狼狈的原因。苏丹看到她伤痕累累的脸颊和被撕破的头皮，很受触动，安慰了她几句，随后把她送回了住处。

许蕾姆比她的对手更为了解苏丹的本性。苏莱曼是个多愁善感的人；在仲裁争端时，他通常会站在受害者的一边。他可以通过对荣誉的诉求来驯服自己的欲望。但玛希德弗朗并没有冷静地思考，如何在这场为她和儿子的未来而进行的较量中获胜。她考虑的是她的自尊心。

苏丹召见她时，她表现得相当放肆，证实了许蕾姆的说法。她认为，"俄罗斯人"罪有应得。事实上，还没有让她受到她应得的惩罚！许蕾姆和其他嫔妃都必须服从她玛希德弗朗，并且承认她凌驾于她们之上的地位。[5] 这些话激怒了苏丹，他再也不想见到玛希德弗朗了。

随着时间的推移，许蕾姆的头发又长了回来，她获得了苏丹更多的宠爱。她称苏丹为她的"尤素福"（Yusuf）；尤素福是一位先知，他的相貌如此英俊，以至于一位名叫祖莱卡

113

（Zuleikha）的有夫之妇撕破了他的衬衣，她是如此渴望拥有他，而他的品性又是如此高洁，竟然拒绝了她的求爱。

*

他们不在卧房里的时候，苏丹都在打仗。随着攻城战的不断进行，新生儿也相继问世。

罗德岛、布达、维也纳。米赫丽玛（Mihrimah），他的二女儿；塞利姆，在易卜拉欣婚礼庆典期间降生；接着还有三个儿子：阿卜杜拉（Abdullah）、巴耶济德和吉汉吉尔（Cihangir）。某个传统正在经受考验。它的名字叫忠诚。

苏丹就像一只小狗，热情但笨拙。当一位行省总督将两个漂亮的女孩送到后宫时，他很快就迷失了自我。其中一个是给哈芙莎的，但她的侍女已经够多了，所以她把这个少女转送给了她的儿子。

许蕾姆不会重蹈玛希德弗朗的覆辙。她不会肆意欺压这些新来的女孩子，以避免激起苏丹对她们的同情，而是利用他深爱的母亲来处理这件事。

她当着哈芙莎的面提起了这个话题，然后扑倒在地上开始哭泣。皇太后对许蕾姆的这副模样感到担忧，立即将她的侍女送往外省做总督夫人。而苏莱曼也效仿哈芙莎的做法，担心哪怕只有一个女孩留在自己的身边，许蕾姆都会伤心致死。[6]

*

在外征战期间，他给她送去礼物作为念想：皮草、钱，甚至是他的一根胡须。一位从麦加来的圣人将一件衬衫带到了伊斯坦布尔。要把一件来历不明的衣服送给苏丹的心上人，这绝非易事，因为苏丹的心上人从不露面，身边还有凶神恶煞的宦官护卫。但在伊斯坦布尔一位名叫埃姆雷（Emre）的圣人的帮助下，这位圣人成功地完成了任务。许蕾姆一眼就看出了这件衬衫的价值，尽管它是用普通棉花纺成的，但它的表面绣满了《古兰经》经文、神圣的数字和真主的名字。她把这件衣服寄给了她的主人，恳请他在战场上穿上它，因为它能把炮弹挡在一边。[7]

在收到他的回信后，她立刻给他回了信。

"我灵魂的碎片，我用苏丹陛下脚下的尘土擦洗我这张丑陋的脸，我亲爱的灵魂，我的存在，我的功名——我的苏丹，感谢真主，他的名被尊崇，您高贵的信满载吉言，给眼睛带来光，给心灵带来喜乐。愿真主赐予您完美的晚年，直到审判日才将我与您分开，让我能再一次与您耳鬓厮磨。我灵魂的碎片，我的一生所爱，我的苏丹，您在信中告知了您身体健康的好消息。感谢真主，愿他保佑您远离一切不幸。如果您问到您这个孱弱无助的小妾，我向您发誓，我的灵魂，我失去了黑夜与白昼。当我无法与您这样的王交谈时，我还能指望什么呢？"[8]

有时，她会在一位后宫抄写员的帮助下作诗：

> 噢，晨风，让我的爱人知道我已崩溃，
> 告诉我的爱人，我像夜莺一样哭泣，因为我被
> 夺去了他那玫瑰般的容颜。

> 不要以为你的药能治愈我
> 内心的渴望，
> 告诉我的爱人，没有人能治愈我的苦难。

> 自从悲伤的手用剑刺穿了我的心，

> 我对您的爱就是那把剑，
>
> 我便病入膏肓，呻吟不已
>
> 呻吟，就像离别的芦笛。[9]

当他外出征战时，她总是不忘提醒他，他现在是有家室的人了。

"我的苏丹，这就够了，我的灵魂遭受重创，无法再写出更多的东西，尤其是您的仆人和儿子穆罕默德以及您的奴隶和女儿米赫丽玛在读到您珍贵的信件时，都会因为思念您而哭泣哀号。他们的哭泣把我逼疯了，就好像我们都在服丧一样。我的苏丹，您的儿子穆罕默德、您的女儿米赫丽玛以及塞利姆和阿卜杜拉，向您致以诚挚的问候。"[10]

*

116　　　苏丹回信写道：

> 我的孤独，我的一切，我的爱人，
>
> 我皎洁的月亮，
>
> 我的伴侣，我的密友，
>
> 我的全部，美人之王，我的统治者
>
> 我生命的精华和绵延，我啜饮着的
>
> 天堂之河，我的伊甸园，
>
> 我的春光，我的欢乐，我的秘密，
>
> 我的偶像，我欢笑的玫瑰
>
> 我的幸福，我的愉悦，我聚会的灯笼，

我发光的星星，我的蜡烛，

我苦甜参半的橙子，我的石榴，

我床边的烛火

我绿色的植物，我的糖，我在这个世界上的珍宝，

我摆脱苦难的自由，

我的波提乏（Potiphar），我的约瑟夫，我的存在，

我心中的埃及法老

我的伊斯坦布尔，我的卡拉曼（Karaman），我的拜占庭

土地，

我的巴达赫尚，我的钦察大草原（Kipchak Steppes），

我的巴格达，我的呼罗珊（Khorashan）

仿佛我是您门前的赞美诗人，

我歌颂您，我祝福您，

我的心中充满悲伤，我的眼中充满泪水，

我是你的爱人

你给我带来了欢乐 [11]

*

在统治者的权威之下，人们搭起了帐篷，供达官贵人居住。[12] 易卜拉欣在布达的雕像周围摆满了战利品，其中包括 "征服者" 从乌宗·哈桑手中夺来的帐篷，还有塞利姆在叙利亚击败图曼贝伊二世后带走的帐篷。在君士坦丁大帝昔日居所

117

的废墟前，一座宫殿式的建筑拔地而起，飞禽走兽都将在这里被屠宰、切割和烹饪。而最大的一块空地则留给了表演者和观众。

外交使团被安排坐在观礼台上。威尼斯代表团包括现任巴伊洛弗朗切斯科·贝尔纳多（Francesco Bernardo）、前任巴伊洛彼得罗·赞恩，以及托马斯·莫切尼戈——总督委托他转达无法出席的遗憾。阿尔韦塞·古利提现在是埃格尔主教，以匈牙利国王全权公使的身份出席仪式。威尼斯人的蜂拥而至掩盖了其他外国人的缺席。没有查理或费迪南的人。也没有弗朗索瓦或亨利的人。在内心充满矛盾的客人中，有图曼贝伊二世的儿子和乌宗·哈桑的一位后裔，虽然他们受到了无微不至的款待，但在短时间内却没办法回家。

烈日当空，阿亚斯帕夏和卡西姆（Kasim）帕夏在"狮子楼"附近的竞技场入口处落座。阿亚斯身材魁梧，相貌英俊；卡西姆声音洪亮，面色红润；两人都是皈依者，都是平庸之辈。[13] 卡西姆曾是鲁米利亚总督，但后来因为穆斯塔法帕夏出局，大家又都往上爬了一阶。

但易卜拉欣没有位置继续往上爬了。

大维齐尔最后一个到达，他来到指定的亭子。苏丹的士兵整齐列队，四周则站着不同宗教信仰的臣民。

三点一刻，苏丹登场。他骑在一匹莫雷洛湾马（Morello bay）上，这匹马体形巨大，就算有人向它的侧身投掷长矛，它也能将其击碎。古老的马戏场上空一片寂静，只有梧桐树枯萎的叶子沙沙作响。如果闭上眼睛，人们甚至会以为这里空无一人。

118　　接着，军乐团的乐手们开始奏乐，铙钹和小号齐鸣，声音响彻海峡，甚至传到了对岸的于斯屈达尔（Uskudar）。突如其来的喧闹声吓到了苏丹的坐骑，它后足立地，猛地腾跃起来。那些没有见识过苏丹骑术的人都担心会发生意外：如果真的发生了，那将是极其可怕的不祥之兆。

但苏丹是土耳其人，他的祖先出生在马背上。作为一名骑手，他至少可以与查理五世一较高低。他能完美地用自己的小腿、大腿、臀部、上臂以及发出指令的语调，稳稳地掌控住坐骑，头上的白色大头巾都没有丝毫滑动。

苏丹再次控制好马匹，向帕夏们致意。接着，他骑马进入竞技场，而臣民们则在一旁欣赏他的缎面利摩日外套和带有波斯装饰下摆的深红色长袍。易卜拉欣帕夏在旧赛马场的中线处步行迎接他，他牵起主人的缰绳，将主人迎到皇家观礼台。苏莱曼下了马，士兵们仿佛收到了指令，开始高声祝福他健康喜乐。然后，他迈过四级台阶登上了宝座，宝座设在青金石柱子上，上有镀金的华盖遮挡阳光，华盖顶端的华丽织物迎风招展。

这时，禁卫军和宫殿的守门人走上前来，代表苏丹从奴隶和仆人手中接过贵宾们赠送的礼物。礼物铺了一地，以便于让尽可能多的人看到。到了夜晚，竞技场中心就变成了一座宝库，堆满了埃及棉布、印度薄纱、叙利亚锦缎、装有金块的银盘、装有宝石的金盘、水晶杯、青花瓷、鞑靼毛皮、土库曼种马，还有一大群马穆鲁克、埃塞俄比亚、希腊和匈牙利的奴隶。仅大维齐尔一人就赠送了 160 件礼物，包括珍贵的书籍、镶满珠宝的金色长袍和 12 名男孩。现场收到的礼物总数高达 1100 件。

每位送礼者都要登上四级台阶，亲吻苏丹的手，其中包括他的老朋友皮里帕夏，作为离任后的业余爱好，他承担起埃迪尔内的管理工作。盛大的场面加上苏丹与生俱来的优雅和俊朗，使他俨然成了人们崇拜的偶像。

在庆典期间，这个"新罗马"的臣民们每天早晨都会回到竞技场，来看看他们又将见证何种奇迹：有人用肩膀将九个人撑在半空中，然后单腿站立；有人爬到方尖塔的顶端，从地面

119

看上去他只有麻雀般大小；还有犹太人、希腊人、波斯人和亚美尼亚人表演的哑剧。音乐和舞蹈也在上演。喜剧演员把锅砸到脑袋上，逗得人们哈哈大笑。还有角斗比赛，每组选手在冲向对手之前，都要先向苏丹鞠躬致敬，每名选手都配有一个奴隶，以便在长矛折断后拿到一支新的。

苏丹的大象驮着铁制的轿子，每顶轿子上都有三名驯象师。大象们正在踢足球。驴子和狒狒在表演小把戏。熊随着喇叭声翩翩起舞。还有人在逗弄狮子和豹子。一条长达12英尺的机械蛇在喷火。

在任何时候，不管是在他的观礼台上，还是在大维齐尔的府邸里（他时不时会去那里转一转，转换一下心情），苏丹都会向他的臣民分发金钱、糖杏仁和其他奇珍异品。贵宾馆里则摆放着一盘盘糖做的小像：有狮子、松果、甜瓜和苹果。

竞技场上设了两座要塞，一座代表匈牙利，另一座代表土耳其。两个要塞的守军开始上演小规模的激战，随后匈牙利的一方投降，扮演匈牙利守军的是苏丹的禁卫军。他们向苏丹鞠躬致敬，因为苏丹之前在莫哈奇战役中夺取了这座堡垒。图曼贝伊的马穆鲁克军队也曾被苏莱曼击败，当时军队的将领现在已为苏莱曼效力，已故（马穆鲁克）苏丹的儿子则在一边冷眼旁观。

夜晚是"纵火狂"的天下。从要塞里喷射出数以千计的火箭，马车跑过竞技场，在巨大的爆炸声中，烟花从马车上呼啸着飞向天空。随后，要塞被吞没在熊熊烈火中，火光直冲云霄，仿佛天空也着了火。第二天，返场的观众会惊讶地发现，烧焦的堡垒不见了踪影，倒是有了两座新的堡垒，不过它们今晚也会遭遇同样的命运。

休息场所前的御膳宫里冒起炊烟。贵宾们用瓷器就餐，而竞技场的地面上摆放着上千个石头盘子，每个盘子里都盛满了米饭、蜂蜜和薄饼，这些是给穷人的。穷人们争先恐后地把食物尽可能多地装进麻袋里，以便带走。他们不仅争抢食物，还用面包当武器相互攻击，这让在亭子里观看的贵宾们十分欢乐，他们扔下更多的食物让穷人们争抢。还有一天，竞技场地面上堆起了一座座熟牛金字塔，当人们走近时，各种活禽活兽从他们的侧面蹿了出来，有乌鸦、喜鹊、豺狼、狐狸、猫、野兔、野狗和狼，场面混乱，但到处都摆满了山珍海味，让一旁的观众十分兴奋。

苏丹知道，禁卫军的肚子可不能怠慢。军团面前摆放着2000个石盘，上面堆满了牛肉。士兵们站在盘子前一动不动，悄无声息。但只要一个手势，他们就会像发射炮弹时一样，动作整齐划一地大吃起来。

一个名叫菲加尼的诗人的表演让苏丹大为高兴，随后他就成了全城的话题人物。菲加尼在诗中将苏莱曼与最伟大的波斯和塞尔柱国王、《列王纪》（*Shahnameh*）中的史诗英雄以及伊斯兰教的先知们相提并论。菲加尼称赞道，苏丹的热情好客是前所未见的。

> 您搭起的每一顶帐篷都像竞技场上的宝座，
> 相比之下，就算是能遮蔽阿特拉斯之球的帐篷也显得简陋和微不足道。

> 您的餐桌每天都为所有造物供应面包，
> 盐永远取之不竭，因为您的厨房，
> 宛若七片大洋。

又是一天，法学博士们举行了一场辩论会，以取悦苏丹。辩论的主题是《古兰经》的第一行经文，据说其中蕴含了这部圣

121

书、伊斯兰教以及美好生活的精髓。这场辩论与用长矛比武同样残酷，其中一位神职人员有口难辩，情急之下，吞吞吐吐的平庸之语令人尴尬不已，随后他突发中风，被送回家后不久就去世了。

与此同时，来自佩拉的消息称，瘟疫正在无差别地夺走人们的生命。

*

庆祝活动的第14天早晨，许多国家官员站在旧宫门外，准备迎接身着天鹅绒和锦缎的男孩们。

男孩们骑着父亲送给他们的一模一样的灰马，沿着议会路前行。他们戴着镶满珠宝的帽子，每顶帽子上都有一道细缝，一束头发巧妙地穿过细缝，它将会在某个特定的时间被剪掉。虽然三人都像天使一样，但不可否认的是，塞利姆比一般人更漂亮，六七岁的他佩带着一把可爱的小弯刀。他最像父亲，而年长的穆斯塔法和穆罕默德则被认为更像母亲，但人群中并没有多少人见过他们的母亲。

当他们踏入竞技场时，观众们高声赞美并感谢真主保佑皇子们幸福安康。禁卫军则将他们的热情和爱意投向了穆斯塔法一人，穆斯塔法也亲切地将头转向他们，以示友好。禁卫军没有向两位年幼的皇子显露出类似的亲近。

帕夏们、鲁米利亚和安纳托利亚的高级总督们都向他们鞠躬致意。带着极大的恭敬，皇子们被领着登上四级台阶，亲吻他们父亲的手。这是男孩们第一次见识到奥斯曼帝国无穷无尽的财富。但此刻他们并没有去想为了维护他们的荣誉所耗费的金钱和智慧。他们满心是母亲的叮嘱：抬起下巴，不要哭泣，也不要笑。

身为苏丹的儿子，就意味着要从普通的人际关系中抽离出来，进入一片充满神意和宇宙秩序的海洋中。正是这些力量战胜了人类的智慧、角力和诡诈，从而造就了一个个的苏丹。

三位奥斯曼帝国权力的竞争者列队游行，以最瞩目的方式向这座城市展示王朝的潜力。这一幕以后可能再也不会出现了。随着男孩们进入青春期，他们会被送往各个行省担任总督，自此一直到死，他们都是彼此的竞争对手。今天伊斯坦布尔的空气中轻松愉快和令人窒息的恐怖相互交织。

展示兄弟情谊只是一种暂时的安排，等待他们的是日后的手足相残。在一旁观赏的人们非常清楚奥斯曼皇室是如何清除多余的脂肪的。那些没有成为苏丹的皇子们将面临一系列凶险。他们中的某位可能会成为塞利姆苏丹的弟弟科尔库特，他最后被追至山洞中勒死；另一位可能会像科尔库特的儿子一样，被他的叔叔杀死在寝宫里。第三位可能会遭遇巴耶济德苏丹的兄弟杰姆那样的厄运，他孤独而消沉地死在了那不勒斯，而他的母亲在白海（White Sea）的另一边为他伤心憔悴。

在这些皇室兄弟中，只有巴耶济德无须接受检阅。他太小了，无法参加这类活动。虽然他是幼子，但这并不意味着他将来没有机会登上皇位。已故的塞利姆苏丹是他父亲的第四个儿子，但他还是登上了皇位。事实上，长子继承权只是基督教世界的做法。

许蕾姆就在大维齐尔露台的格子后面，还有那个抓破了她的脸的女人，她也因此在苏丹眼中变得面目可憎。玛希德弗朗有禁卫军支持她。许蕾姆则赢得了苏丹的恩宠。"俄罗斯人"儿子众多，从中抽出国王的概率更大。而且，她又怀孕了。

最后一个星期四，男孩们再次出发，这次乐师们演奏起手鼓、响板、小号和其他乐器。到达易卜拉欣帕夏的府邸后，他们骑马沿着斜坡进入帕夏的庭院，随后下马进屋。

123

他们一个接一个地进入房间，然后脱掉衣服。[14] 房间里有一位谢赫和几个宦官。首先，一个宦官让赤身裸体的男孩坐在自己大腿上，安抚性地握住他的手，并不断地鼓励他，直到谢赫认为一切准备就绪。他嘴里念叨着"以真主之名"（bismillah），抓住男孩的包皮并将其捏在一起，然后用一把银钳挤压上去，这时男孩哭了起来，浑身发抖。然后，谢赫用剃刀割掉多余的包皮，并在切口上撒上一层粉末，以缓解疼痛。他让男孩站起来跑到隔壁房间，他的母亲正在那里等着检查伤口的情况，并把哭泣中的孩子哄得开怀大笑。随后，她帮他穿上宽松的衣服，让他满心自豪地跑向父亲。

在庆典的余绪中，苏莱曼转向易卜拉欣，问他哪一个庆典更为奢华，是大维齐尔的婚礼，还是苏丹为儿子们的割礼举行的庆典。帕夏回答说："从来没有，也永远不会有比我的婚礼更为豪华的庆典了。"这不是苏莱曼想要的答案，他让易卜拉欣解释一下。大维齐尔就像在高空中划出一道完美抛物线的杂技演员一样自信，他接着说："我的婚礼因麦加和麦地那之王的出席而光芒万丈，他是我们这个时代的所罗门。而陛下的庆典上却没有我婚礼上那样尊贵的客人。"苏莱曼大笑起来，高兴地说："万分感谢你提醒我这个事实。"[15]

作为一种私密的手术，割礼可能会产生出人意料的公众影响。在接下来的几个月里，有关竞技场的报告传到了基督教列强的耳中，就像博洛尼亚的消息传到了高门一样。马里诺·萨努托和其他人写下了这些报告，面对苏莱曼所玩弄的这套"总想高人一等"的老把戏，欧洲大陆的国务秘书们纷纷点头窃笑。他耗费巨资，无非是想一洗兵败维也纳城下的耻辱；他像孔雀开屏一样地大肆炫耀，无非是想让查理五世见识一下他的厉害。

第九章

马里诺·萨努托是一个丰富主义者 ①。¹ 他的注意力被太多的东西所吸引。他将消息随意写进自己的日记，就像他的邻居把便盆倒进运河一样。他担任的公职权力不大，甚至还受到了一些轻视，但他以超乎寻常的英雄气魄克服了这些屈辱，因而有更多的时间专注于日记写作，这些日记宛若他活在世间的纪念碑。他宣称，我写了这么多东西，真不敢相信我是怎么做到的，因为我一直在外奔波，关注发生的每一件事，无论它们多么微不足道。

每天，他从位于圣十字大教堂（Santa Croce）的官邸里出来，经过街头小贩、当铺老板、扫地工、挑水工和乞丐，来到里亚尔托桥，在那里，他会顺道查看一下自己家族经营的酒馆兼旅店，或者与聚集在圣贾科莫教堂（San Giacomo）门廊的银行家们一起打发时间。² 他的目的地是市政广场，在那里，他通过与总督府的贵族们交谈来收集素材。

在这个特别的早晨，他按惯例步行穿过圣卡夏诺教堂（San Cassian），也许在想着他已故的妻子塞西莉亚·普里奥丽（Cecilia Priuli），想着他后来与人私通生下的女儿坎迪亚娜（Candiana）和比安卡（Bianca），或者在暗自嘲笑古利提总督拒绝在某次大涨潮（*acqua grandissima*）后把脚弄得泥

---

① 丰富主义者（abundantist），指对一切事物都表现出极大兴趣和关注的人。

126 泞不堪——他一边想着这些事情，或者在脑海中列出每一位元老院候选人的名字以及他们所获得的选票，一边走进了那家珠宝店。

卡奥利尼家（Caorlini）的兄弟路易吉（Luigi）和马尔科（Marco）、彼得罗·赞恩的几个儿子、在黎凡特地区名声显赫的莱夫里罗（Levriero）家族，以及里亚尔托的一些其他商人和工艺大师组成了资助此次珠宝制作项目的威尼斯财团。在珠宝制作期间，工匠们不时前往伊斯坦布尔接受阿尔韦塞·古利提的指示，因为在工艺和政治层面独具慧眼，他成了该项目理想的主管人。

至于它们能否被苏丹穿戴在身上，还存在疑问。苏丹天鹅般的脖颈很可能会因为受重而弯曲。不过，如果把它镶在垫子上，由侍童拿着，就会显得美轮美奂，仿佛是从木刻中跳出来的。

在面对可量化的东西时，马里诺总会这样做，他列了一张清单：

新月形装饰正面：钻石一颗、红宝石两颗、绿松石一颗。

新月形装饰背面：钻石一颗，红宝石一颗，镶有八颗钻石的玫瑰花一朵。

新月形装饰边饰：由各种颜色的羽毛制成的羽饰一只。

头部正面：珍珠五颗，大翡翠一颗，钻石四颗，红宝石三颗。

头部背面：镶有珠宝的倒置的瓶形装饰一枚，红宝石三颗。

头部圆顶：红宝石三颗，翡翠三颗。

第一层冠冕：珍珠三颗，钻石三颗，红宝石三颗，翡翠两颗。

第二层冠冕：珍珠十二颗，钻石四颗，红宝石四颗，翡翠四颗。

第三层冠冕：钻石四颗，红宝石四颗，翡翠四颗。

最底一层冠冕：珍珠十二颗，钻石四颗，红宝石四颗，翡翠四颗。

戒指上：尖钻七颗。

顶部：红宝石三颗，翡翠两颗。

顶部的垂饰上：钻石六颗，红宝石七颗，翡翠七颗。

护颈上：钻石八颗，红宝石八颗。

总价（包括天鹅绒内衬镀金乌木礼盒在内）：144000达克特

私人展示结束后，它将在总督府展出。然后，财团的运输专员马可·安东尼奥（Marco Antonio）会乘船前往拉古萨（Ragusa），帕夏的一名得力干将将在那里接应他。随行的还有一大群引人注目的护卫，护送他们穿过巴尔干半岛，进入色雷斯。到那个时候，半个威尼斯的人都已经见过它了，从因斯布鲁克（Innsbruck）到阿尔及尔的每一个心怀不轨的投机分子都会知晓它的存在。从安全的角度考虑，谨慎行事可能会更好，但谨慎行事并非这一切的目的，不是吗？ [3]

*

在需要的时候，土耳其人会匆忙组建一支舰队。1530年秋天就是这样一个时刻。阿尔韦塞·古利提在一封信中告诉威尼斯执政团，易卜拉欣帕夏曾先后两次前往造船厂查看进度。阿尔韦塞继续说，苏莱曼正计划沿着海陆两线推进，以终结查理五世傲慢嚣张的气焰。古利提报告说，亚诺什国王在多瑙河上战胜了费迪南的军队，击沉或俘获了这位罗马人的国王所派出的27艘浅水战船，后者曾试图夺回布达，但没能成功。威尼斯执政团则随时向阿尔韦塞通报意大利的最新动态，以便他将情报传达给易卜拉欣。此外，阿尔韦塞还说服了帕夏，允许威尼斯购入更多的硝石。

从表面上看，旧日的联盟进展顺利。但自从威尼斯人背着他与查理媾和后，易卜拉欣就一直在提醒他们要认识到自身的渺小和无力。他表现出一种前所未见的任性，坚持要威尼斯人将独角兽角作为礼物，送给他们如此尊贵的苏丹；除非送来这只稀有珍贵的独角兽角——众所周知，它是威尼斯的镇国之宝——否则苏丹不会再接受他们的任何礼物。

易卜拉欣还下令，从亚历山大运来的奢侈品不能再直接运往意大利，而是应先运到伊斯坦布尔。[4] 高门划拨了60万达克特收购了亚历山大港的所有商品，期望从二级市场上获得丰厚的利润。不安开始在威尼斯大帆船的投资者中间蔓延，因为这些船只在亚历山大港停靠后，无法再像往常一样装载丝绸、蔗糖、胡椒、生姜、丁香、桂皮、肉豆蔻和香琥等货物。

伊斯坦布尔正在取代威尼斯，成为横跨白海——欧洲人称之为地中海——的贸易结算中心。阿尔韦塞·古利提对此早有预料，他已经为从亚历山大港出发的土耳其船队上价值7万达克特的丝绸预留了舱位。他正在佩拉建造一座仓库，以安置新的存货。然而，阿尔韦塞毕竟是他父亲的儿子，当威尼斯商人让他想办法说服帕夏撤销法令时，他不顾自己的利益，代表他们与帕夏进行谈判。多亏了他，威尼斯商船最终得以满载货物从亚历山大港启航。但下一次，他的个人魅力可能就不起作用了。苏丹非常厌恶盟友模棱两可的态度，而威尼斯这种八面玲珑、左右逢源的政策如果不是"模棱两可"，那又是什么呢？

新的土耳其经济正在被建立起来，从埃及延伸到巴尔干半岛，而且马上就要跨越亚得里亚海进入意大利。易卜拉欣在鞑靼帕扎尔吉克（Tatar Pazarjik）设立的商队营地就展示了这一点。该营地距伊斯坦布尔300英里，位于通往西方的大道上。这座营地巧妙地坐落在岔路口之前，下榻的商队既可以沿着埃格纳提亚大道（Via Egnatia）继续向亚得里亚海进发，也可以向北穿过索非亚和贝尔格莱德进入匈牙利。营地内有200间设备齐全的客房和80间宽敞的套房，供最重要的商人及其家人居住。住宿区内有一个大树掩映的庭院，而外院的中央有一口池塘，可安置5000多匹马，安保水准也是一流的。[5]

¹²⁹

*

割礼庆典结束后，阿尔韦塞向北方进发，随行队伍如同一座移动的小城。与他同行的有300名骑兵、200头骆驼、200名奴隶以及装着16顶豪华帐篷的马车，其排场之大，匈牙利任何一位对手的君主都难以企及。

到达布达后，他便给那些迟迟不向苏丹的附庸国王亚诺什宣誓效忠的亲哈布斯堡贵族写信。他在信中写道："我们受强大的土耳其皇帝的派遣和委托，来查明匈牙利王国的真实状况，找出哪些人服从亚诺什国王，哪些人忠于他，哪些人不忠于他，并将这一切禀告皇帝陛下，他答应过我们：如果这个国家的大祭司、男爵和贵族不站在国王一边，明年春天他就会动用他所有的军队——而且不会像去年夏天那样仁慈克制——不仅要消灭那些不忠实的人，还要用火与剑摧毁他们的庄园和臣民。"[6]

他密切关注亚诺什与费迪南大公各自的代表在波兰进行的停战谈判。依据协议，费迪南可能会将达尔马提亚小城克利萨拱手让给亚诺什，这相当于将这座小城间接交给了阿尔韦塞。不光是克利萨，还有波兰国王西吉斯蒙德（Sigismund）的女儿伊莎贝拉，阿尔韦塞可以想象她在自己身边，成为未来那不勒斯王后的样子。随后，他动身前往波兰，亲自负责和平谈判。

出发不久后，他得知在冯·萨尔姆保卫维也纳的战役中表现出色的冯·罗根多夫（von Roggendorf）将军率领的哈布斯堡军队正在逼近布达。冯·罗根多夫为活捉亚诺什出价 1 万达克特，为他的尸体出价 1000 达克特。阿尔韦塞只得折回，在敌人完成包围前与亚诺什在大本营会师。

130　哈布斯堡的信使们正骑马外出散播消息，说特兰西瓦尼亚省长是个被革出教会的叛徒，总督的私生子也是个叛教者，他们现在被围困在布达城堡，根本没有机会逃脱。帝国驻罗马教廷大使报告说："罗马方面收到这一情报非常高兴，因为他们认为，如果上述二人落入匈牙利国王之手，所有的警报都将永远消失。在罗马，人们更希望抓获阿尔韦塞·古利提，而不是省长，因为他们认为前者更危险，他对易卜拉欣帕夏有着极大的影响力，如果抓获了他，就该放干他的血，然后剁成四截。"大使所说的"匈牙利国王"指的是费迪南。

不久之后，威尼斯方面收到消息，称费迪南的部下攻占了布达城堡，并将城堡里的所有人屠杀殆尽，包括阿尔韦塞。另一份报告称，他在屠杀中幸免于难，只是被俘虏了。总督对此一无所知，他说："让上帝实现他的旨意吧。"然后就去做别的事情了。[7]

让阿尔韦塞丧命并非上帝的旨意。这位古利提是个斗士，就像他的父亲安德烈在维琴察战役中一样，就像 1453 年他的曾叔父巴蒂斯塔昂首站立在君士坦丁堡的城墙上一样。

　　他是布达保卫战的灵魂人物，在城墙上支起帐篷，分发金币，以此分散部下对悬赏主人头颅的 1 万达克特的注意力。当奥地利人试图冲击城堡时，他亲临第一线，与土耳其人和塞尔维亚人并肩作战。

　　一名刺客隐藏在一队出击归来的守军中，他悄悄潜入城堡，袖子里藏着一把匕首。在他靠近国王的房间时，一只匍匐在门前的狗突然开始狂吠。他被暴露了，被制服后被认出是亚诺什·哈巴尔达内茨，他两年前才作为费迪南的使节团成员出访君士坦丁堡。哈巴达内茨被装进麻袋，扔进了多瑙河。[8]

　　到了 12 月中旬，城墙已是一片瓦砾，守军不得已只能开始吃马肉。但围攻者却也因疾病和寒冷而士气大跌。塞尔维亚斯梅代雷沃（Smederevo）的奥斯曼帝国总督穆罕默德（Mehmet）贝伊正率领一支救援部队逼近这座城市。冯·罗根多夫得知穆罕默德即将到来，便收拾好大炮和攻城器械撤离了。

　　在胜利后的日子里，亚诺什国王一直在寻找新的方式来奖赏阿尔韦塞。阿尔韦塞被授予"匈牙利的守卫者和拯救者"称号，并被授权在自己的盾徽中加入一只狮子。12 月 23 日，在写给波兰国王西吉斯蒙德的信上，他签署了自己新职务的首字母缩写"GR"，意为"国王的督导"（*Gubernator Regius*）。[9]这是专门为他设立的职位。对此，贵族们却不以为意。比如拥有马拉穆列什（Maramures）地区食盐专卖权的帕尔·阿尔坦迪（Pal Artandy）和巴拉兹·阿尔坦迪（Balazs Artandy）兄弟，以及奥拉迪亚（Oradea）主教伊姆雷·齐巴克（Imre Czibak）。齐巴克在过去抗击土耳其人的战争中同样表现出色。他认为，"贝伊奥卢"既不完全是基督徒，也不完全是土耳其人，那么一定是异教徒。

让这些人无法接受的是，马蒂亚斯·科维努斯的国家拥有大量的人口和马匹，土地肥沃，却必须逆来顺受地屈从于外国人的奴役。难道亚诺什还是个孩子，必须得有一个督导来教他如何做国王吗？这个国家已经有两个国王了，还需要第三个吗？如果需要，这个人怎么可以是一个受雇于土耳其苏丹的意大利人呢？

1531年1月25日，阿尔坦迪兄弟被捕，阿尔韦塞下令砍下他们的脑袋，而国王亚诺什却"不凑巧地"外出游猎。阿尔韦塞将他们的家族头衔——马拉穆列什伯爵——和盐矿一并收入囊中。于他而言，埃格尔主教职务已经沦为家务活，因此他将其交给了14岁的儿子安东尼奥（Antonio）。

一座城堡接着一座城堡，一座矿山接着一座矿山，阿尔韦塞·古利提的人马正在掌控一切。这些人就是所谓的"古利提帮"（Grittiani），他们大部分都是受过意大利教育、效忠对象暧昧不明的无名小卒。

当亚诺什问苏丹他能否留住古利提时，他心中所想的苏丹是不是一个暴君？但亚诺什别无选择。如果他臣服于费迪南，匈牙利就会沦为哈布斯堡王朝史书上的一个条目。如果疏远阿尔韦塞，匈牙利就会迅速被苏丹吞并，并被正式并入帝国之中。在这两种情况下，亚诺什这个"堕落的叛徒"都不能指望逃脱惨死在同胞手中的命运。贵族们警告他，阿尔韦塞对王位有所图谋。但除了追随阿尔韦塞，他还有什么别的选择呢？

在解救了布达之后，阿尔韦塞写信给查理五世，建议陛下不要相信任何涉及他宗教信仰的谣言。他的信仰坚定不移，而且考虑到他身处苏丹的阵营，这理应更受世人的钦佩。事实上，他独一无二的地位意味着他是唯一能够拯救基督教世界的人。他还警告皇帝要非常认真地对待"苏丹治海陆两线正在展开的备战，其规模之巨，在我们这个时代前所未见"。谈到可

能的解决方案，他建议皇帝说服自己的弟弟放弃对匈牙利的领
土主张。这样一来，土耳其人就没有入侵的必要了，同时匈牙
利也可以安全地留在基督教统治者的手中。阿尔韦塞最后轻佻
地总结道，如果皇帝表现出这样的意愿，他将"承诺在这件事
上采取任何适当的行动"。[10]

"贝伊奥卢"游走于宿敌之间，什么都答应，又什么都不
答应，表现出一种批评者所说的过于愿意为任何寻求服务的人
提供服务的倾向。[11] 但这一评价并不全面。阿尔韦塞正是通过
为他人提供服务来为自己服务的。

他已经是奥斯曼帝国最富裕的人了。每年，他可以从途
经包括加利波利在内的三个色雷斯港口的货物中收取 4 万达克
特的货物税，从匈牙利的矿山中获得 8000 达克特的收入。此
外，他还从匈牙利的各个主教辖区获得收入，同时负责收取拉
古萨人每年向奥斯曼帝国国库缴纳的贡金。别忘了，还有他
在佩拉的奢侈品仓库，他的秘密宝石店铺，还有由佐尔佐指
挥的私人舰队。找他借钱的人包括易卜拉欣帕夏、海盗海雷丁
（Hayreddin）以及为笃信王效力的西班牙人安东尼奥·林孔
（Antonio Rincon）。

亚诺什国王本应该是他的雇主，但事实上他也欠阿尔韦塞
的钱。由于王国破产，国王处于窘迫的境地，不得不向自己的
财务大臣借款 30 万达克特。他还以 15000 弗罗林的价格将塞
格德城（Szeged）抵押给了他。[12]

在伊斯坦布尔，如果国王的使者在某个非常规的时间来敲
门，主管大臣就会低下头，乖乖地赴死。但布达不是伊斯坦布
尔。1526 年，这座城市被夷为平地，任人宰割。王国在六年
内迎来了它的第三位国王。亚诺什并非由同僚选举出来，因而
他只需对一个人负责，他欠这个人的钱相当于埃及三分之一以
上的财政收入。他别无选择，只能任由阿尔韦塞按照他认为合

133

适的方式来决定"国王的督导"所拥有的特权。

＊

1532年春，阿尔韦塞派另一名威尼斯私生子尼科洛·奎里尼（Nicolo Querini）从哈布斯堡家族手中夺取克利萨和其他达尔马提亚领地。听说奎里尼已经动身，总督因自己的儿子而感到极为痛苦，甚至无法参加元老院关于土耳其事务的会议，[13] 虽然他并未真正将阿尔韦塞当作自己的儿子，因为不服从父亲的人不能被视为儿子。

一天晚上，查理五世的大使前来拜访总督。他问，现在阿尔韦塞麾下的土耳其军队和威尼斯雇佣军正在向克利萨逼近，威尼斯会施以援手吗？总督会痛击儿子的背叛，捍卫盟友的领地吗？大使告诉总督，威尼斯自称是帝国的盟友，但皇帝最近寄往这座围城的一封信被阿尔韦塞的一艘船截去了，这种做法很难说是出自朋友之手。总督重申了威尼斯神圣不可侵犯的中立立场，并承诺会调查拦截信件的事。随后大使离开了，留下总督独自面对他的贵族同胞。

总督非常生气，面对这种事情，任何父亲都会生气。但他对儿子的爱胜过了对阿尔韦塞不负责任行为的反感。他承认，阿尔韦塞确实从未在威尼斯人的麾下战斗，但他曾以许多其他的方式为威尼斯人效力。即使是现在，他仍在君士坦丁堡为威尼斯提供至关重要的服务——这与安东尼奥·格里曼尼在流亡罗马期间依然为威尼斯游说的情形并无二致。[14] 一些贵族看穿了古利提因家族裙带关系所做的狡辩。对他们来说，判处诈骗犯吉利亚科的伊西多鲁的死刑，如果加诸"贝伊奥卢"身上，那只能说是太便宜他了。

马里诺·萨努托评论道，总督从未如此痛苦过。自从这头

134

狮子被关押在君士坦丁堡的"七塔"以来，马里诺就一直在关注它的动态，他发现它的鬃毛正成簇地脱落，就像一位精神崩溃的王者。"总督已经无能为力了，"这位日记作家以同为父亲的口吻语重心长地写道，"他的儿子为所欲为，没有人管得了。一边是土耳其苏丹，另一边是皇帝、罗马人的国王；两强相争，他的儿子只能在夹缝中求生。"

＊

他为掌权做好了准备。他有权统治大片的土地和数不清的牲畜，包括那些两条腿的动物。他有权执行上帝的旨意，也可以违背上帝的旨意，这要视具体的情况而定。阿尔韦塞·古利提与造物主的关系比普通人更为自由随意。

当奎里尼出发前往克利萨时，阿尔韦塞正率领自己的军队骑马穿过瓦拉几亚和特兰西瓦尼亚。他沿途召集会议，征募军队，并将征税权授予任何取悦他的人。他现在的秘书是一个名叫特兰昆鲁斯·安德洛尼克斯的达尔马提亚人，此人极具语言天赋。阿尔韦塞向他口授写给教宗、皇帝和罗马人的国王的信，提醒他们抵抗苏丹是徒劳无益的。在前往布达的途中，他受到了奥拉迪亚主教伊姆雷·齐巴克的盛情款待。考虑到齐巴克过去的抵抗姿态以及他那极具侮辱性的"异教徒"玩笑，这一点尤其让他满意。

每到一站，不管他是收到了银制礼物，还是（的确也发生过）差点遭遇谋杀，所传达的信息都是一样的：他最好赶紧走人。

当他骑着一匹带镀金马具的俊俏栗色战马，披着一件印有金月环绕金星图案的深红色斗篷进入首都时，布达的市议员、地方行政官和主教都出动了。与他并排骑行的是亚诺什·多

135

奇，他是"古利提帮"的非正式指挥官，曾经是一名法官，后来在国王那里失宠，是"贝伊奥卢"的庇护帮他摆脱了寂寂无名的状态。阿尔韦塞与亚诺什国王会面后，以总指挥的身份从王宫中走出来，手握元帅的指挥棒。他用意大利语——因为并不擅长匈牙利语——在市议会上发表讲话，宣布对贵族、城市居民和教士征收惩罚性的税收，数额相当于他们一半的资产。他许诺将他从矿山中发现的巨额财富赠与所有人，随后，他再一次被他的小圈子亲信团团围住。

当阿尔韦塞离开去往内地之后，在布达，一群位高权重的匈牙利人在午宴上观看表演，演员们拿阿尔韦塞意大利式的行为举止和穿衣风格开涮，把他说成是犯罪和不端行为的始作俑者。大约在同一时间，不知是谁散布了一条恶意的谣言，说奉苏丹之命，"贝伊奥卢"已经被处死，他的尸体里被塞满稻草，吊在塔楼之上。

阿尔韦塞回到布达后，得知了这些令人不快的事情。不久之后，当天参加午宴的一位客人就吊死在自己家中。另一位客人——之前是某个声名显赫的枢机主教的首席管家——则丢掉了自己的职位。第三位客人的未婚妻则替他遭受了惩罚。他的未婚妻来自杰出的卡尼塞家族（Kanizsai family）。某天，一个冒名顶替者来到她家，自称是失散多年的卡尼塞家族成员，然后闯入深闺对其施暴，直到这位准新娘被剥夺了继承权才肯罢休。[15]

第十章

5月10日，当阿尔韦塞还在特兰西瓦尼亚时，苏莱曼去了阿亚索菲亚。[1]走在他前面的，有50名骑马的执杖侍卫，数千名禁卫军、西帕希骑兵和弓箭手，以及15到20匹马，这些马被人牵着，都佩戴着华丽的头饰，身上镶嵌着红宝石、钻石、蓝宝石、绿松石和大珍珠，穿着鲜红色的天鹅绒外罩马衣，马衣遮住了它们身上的马鞍。除非他叫某位帕夏或官员靠近一些以便交谈，苏丹周围没有人骑马，只有四名马夫走在两侧一矛远的地方，以阻拦街边的人群。

除了脚步声和马蹄声，再也听不到其他的声音。沿途有数不清的民众，他们来自伊斯坦布尔的不同民族——土耳其人、希腊人、亚美尼亚人和犹太人，并保持肃静，以示尊重和敬意。他们在苏丹经过时向他鞠躬，而苏丹则非常愉快和善意地回礼，他微微颔首，动作尽管很小，却清晰可辨。[2]

在庭院里，人们为他在欧洲即将开展的事业的成功而热血沸腾。这次战役的目标一如既往地含糊不清，但众所周知的是，苏丹指示皇帝的外交官转告他们的主人，为奥斯曼军队的宣战做好准备。期待已久世界上最强大的君主之间的决战已经从遥不可及的偶发事件变成了大概率事件。基督教世界的未来也因此悬而未决。

献祭仪式过后，苏丹用金瓶中的香水沐浴。然后，他走进清真寺，官员们走上前，把某个蜷缩在柱子后面衣衫不整的流浪汉从他面前赶走。天顶上是"征服者"以倾斜的角度安装在内凹处的瓷砖壁龛，两侧是他亲自从布达带回的灯台，苏丹面朝壁龛，念了一句"以真主之名"。然后，他朝着麦加的方向跪拜，额头轻叩地面厚厚的栽绒。在半圆形天顶的石膏后面，圣母和圣婴被遮挡了起来。

五天后，他前往旧宫告辞。怀着无比崇敬的心情，他亲吻了母亲哈芙莎。哈芙莎哭泣着，流下了年迈的泪水，仿佛不知是否还能相见。她还告诉他，说她不止一次看到这样的幻象：如果继续四处征战，他的生命将面临巨大的危险，几乎必死无疑。他听后哈哈大笑，亲吻了她几下，然后又离开了。当晚，他给自己的床笫之欢增添了一点新花样——和一个极为美丽的马其顿女人睡觉。[3] 接着，他又继续投入工作之中。

*

6月9日，财团的运输专员马可·安东尼奥抵达了埃迪尔内，恰逢苏丹的军队在此集结。第二天，他与易卜拉欣会面。帕夏对他的产品非常满意，只是觉得价格有点高。具体以什么为标准呢？安德烈·多利亚在热那亚花了15万达克特打造了一支舰队。[4]40个达克特就可以买一个奴隶。而世界之王的冠冕，其合理的价格又该是多少呢？

伊斯坎德尔·切莱比是易卜拉欣之前的导师，也是现任的首席财务官兼军需官。他毫不掩饰自己内心的不快，因为就在军队准备开启一场耗资巨大的战争的时候，易卜拉欣却在考虑一笔如此巨大的开销。从阿勒颇（Aleppo）和的黎波里（Tripoli）征收的税款尚未到账，八座穹顶下装着的钱袋子也比往常更少、更干瘪。法学博士中间也出现了令人不安的杂音。国库充裕是一种状态，只有维持这种状态，苏丹才能从中

139

受益。退一步说，模仿基督教国王只会让伊斯兰教哈里发的形象变得模糊不清。不过，既然已经走到了这一步，大维齐尔如果还在为一件旨在宣扬他主人财富的物品讨价还价，那就太不正常了。这一点，就连伊斯坎德尔也看出来了。

财团已经意识到了其中的微妙之处，马可·安东尼奥也得到了降价的许可。这并不是说会出现另一个买家。买家恰恰只有一个。经过友好的商谈，双方最终以 116000 达克特的价格成交，马可·安东尼奥前往伊斯坦布尔，先从伊斯坎德尔手中拿到 10 万达克特，等叙利亚的税款到账后再拿剩余的钱。财务官释放了三个基督徒奴隶，两男一女，以示友好。彼得罗·赞恩的儿子和财团的其他成员则获得了高达 100% 的投资回报。这位自豪的父亲宣称，在当时的情况下，这是一个相当理想的结果。

*

在埃迪尔内，一些畜牧养殖户违反禁奢法给仆人穿上了天鹅绒材质的衣服，还违抗军队的征用令。苏丹对他们进行了惩罚。[5] 他们的头目被马匹拖至瘫痪，另有 2 人被绞死，4 人被斩首，2 人各被砍掉了一只手。15 人被打脚掌，最终侥幸逃脱。

在开斋节宴请市民后，苏丹经过 16 天的旅程，经由菲利波波利和鞑靼帕扎尔吉克来到索非亚。他的军队现在包括安纳托利亚军团、鲁米利亚军团、色雷斯军团、塞尔维亚军团、波斯尼亚军团和达尔马提亚军团。他亲自统领 10 万名士兵。此外，鲁米利亚高级总督麾下有 9 万人，易卜拉欣麾下有 5 万人；卡西姆和阿亚斯麾下另有 5 万人，安纳托利亚高级总督麾下有 1.4 万人。

苏丹私人营地的物资由两支各由 200 头骆驼组成的大篷车

队运送，这两支车队就像人的两条腿，轮流负重前行。在任何时候，都有"一条腿"与苏丹同行，而"另一条腿"则先行一步。这样一来，当御驾到达下一处停留地点时，帐篷和亭子早已经搭好了。[6]

对于那些可能很快就会失去或被交易掉的边缘土地，苏莱曼并没有倾注太多的注意力。他正在悠闲地巡视着帝国的核心区域，确保一切井然有序，总督们各司其职，就像他小时候学习的书信中所建议的那样。城镇里正在修建清真寺、浴室和大型集市。向北延伸的古罗马大道状况良好，当地人为了减税，重修了破损的路段。

当他带着大臣和大包小包的银子，带着一个移动中的国家，从每座城镇的南门进入时，军队在山坡上展开队形，然后又聚拢起来，凝视他的那些面孔并没有表现出叛乱者那种受伤且毫不遮掩的厌恶。对于这些东正教基督徒、犹太教徒、萨满信徒和越来越多的穆斯林（他们是由来自安纳托利亚的新移民和当地皈依者组成的混合体）来说，苏丹——他的驻军、他的法官、他的工程师——是一个让人安心的存在。在亚诺什和费迪南相互争夺的边境地区，战争和苦难横行肆虐，而苏丹则成了对抗这一切的大堡垒。夹在两强之间是一种诅咒。但在这里，每个人都知道谁是主人，贸易也在蓬勃发展。

一种常见的观点认为，人们决定是否效忠领主，有时是基于一种偏见，有时则是出于某种原则。其实则不然。他们会寻找弱点，如果找不到，令人信服的效忠理由就会自动跳出来。异议其实是一种警报，表明彼此之间的衔接已经断开。苏莱曼从未遇到过大规模的反对意见，也不希望出现这样的局面。除了上战场这个直接目标之外，他还希望让臣民相信奥斯曼家族的力量，相信他们永远都不会被赶下台。

*

尼什是塞尔维亚的一个小镇,到处都是拜占庭时期遗留下来的残垣断壁。1385 年,穆拉德苏丹为奥斯曼人夺下了它。在这个 6 月的日子里,苏莱曼将率领大军穿越尼什,以震慑当地的民众。他无须全军出动,那样的话,尼什会被踩沉到地下。但他带来了足够多的军队。

两个穿着德意志样式衣服的人不情愿地站在一座宣礼塔的阳台上,俯瞰着整个小镇。他们的名字分别是伦纳德·冯·诺加罗拉(Leonard von Nogarola)和约瑟夫·冯·兰伯格(Joseph von Lamberg)。去年,兰伯格曾在君士坦丁堡与土耳其人进行和平谈判,但因其他地方的背叛而宣告失败。就在易卜拉欣和兰伯格会谈的同一天,后者在奥地利外交使团中的同僚亚诺什·哈巴达内茨偷偷潜入布达城堡,企图暗杀国王。高门本身也没有期待外交努力能够取得成功。当兰伯格进入新宫觐见苏丹时,迎接他的是 10 只被锁住的狮子和 2 只豹子,它们显然是饿坏了。

尼什标志着一个全新的开始。兰伯格和诺加罗拉奉命延长停战期限,并打算每年向苏丹提供一笔补偿金来换取匈牙利的控制权。谈判以 2 万达克特的乐观价格起步,但在必要的情况下,大使可以将价格开到 10 万达克特。如果苏丹拒绝,他们将提议允许亚诺什保留匈牙利王位,条件是他必须在统治期间一直保持独身,到时候匈牙利将自动归费迪南和他的继承人所有。作为附带交易,奥地利人每年可以向易卜拉欣支付 1 万达克特的费用。

帕夏一直在让大使们等待。他们的安全通行证花了几个星期才签发下来。而现在,在近乎监禁的状态下度过了数天之后,他们也没有被恭恭敬敬地带到帕夏面前……这座

"尖塔"！ [7]

在他们看来，奥斯曼帝国的军队就像一条巨蛇，蛇头和蛇尾相距几英里，它蜿蜒前行，巡视着巢穴的某个角落。

142　　50辆马车正被拉着穿过尼什。[8]这些马车装饰得如此华丽，以至于路边围观的居民以为车上坐着的是苏丹的后宫佳丽。人们就是这么愚蠢，任凭自己的想象力压倒理性。后宫可不是什么巡游马戏团。在马车后面，男人们并排走着，猎鹰伫立在他们的臂铠之上。饲养员牵着的凶猛的猎狗像羔羊一样听话。数以千计的骆驼拉着大炮和装满火药、炮弹和弩箭的马车。游行队伍穿过特意搭建的凯旋拱门，似乎有意与查理五世在博洛尼亚的加冕礼一较高低。

骆驼的脚步声和磨牙声，马的放屁声，军旗在风中猎猎作响，马的头饰相互碰撞。旁观者呢喃低语：这是何等的荣光。

接着，各省总督带着他们的人马出场，不同颜色的旗帜迎风招展（代表着他们所属的部队），每面旗帜上都绣有一弯新月。队伍如此整齐划一，如此连绵不绝。阿亚斯帕夏身后跟着25000名手持长枪的骑兵。苏丹的弓箭手身材高大，在长长的绿松石绸缎外套和高高的帽子的衬托下，显得越发高大威猛。这种帽子与威尼斯总督戴的帽子并无二致，帽子中间竖着一根高高的鹤羽，使他们的头顶看起来像积雪了一样。苏丹的侍童为他携带着随身之物，包括满满一皮囊的水，取自2000英里之外麦加沙漠中的一口井，据说为了拯救濒临渴死的先知伊斯玛仪和他的母亲哈吉尔（Hagar），真主让井水喷涌而出。

苏莱曼在位已经12年了，比起12年前在皇宫码头登岸的那一天，现在的他岁数增长，也更加沉着自信，他的腰身和弓臂已经向世人证明了这一点。他爱过，也惩罚过；他裁决过，也宽恕过；他失去过女儿，也失去过儿子。他思考过真主赋予他的重担。但是，普通人却很难有机会去感受他作为常人的那一面，尽管他们对某些事物的重视程度有所不同，但恰恰是这些方面，让普通人与苏丹成为同类。

帕尔加的易卜拉欣是让尼什街头上演的这出戏码的导演，他的意图并不是让苏丹更加亲近他的臣民，而是让他离臣民更远。人们的目光紧盯着苏莱曼的长袍，长袍是用质地紧密的深红色布料制成的，上面绣有金线并镶嵌着珍珠和蓝宝石。他们目不转睛地盯着他那镶满钻石的头巾、珠光宝气的马鞍、镶着鸡蛋大小绿松石的宝石环绕的马头带，还有他的那把宝剑，光是剑上的珠宝就价值 8 万达克特。[9] 然而，他们看不到苏莱曼本人。他如同一尊圣像，其神圣程度堪比阿亚索菲亚清真寺，高大无比，令人费解，以至于没有人注意到他。

这出戏的高潮还在后面。

走在苏丹身后的是他精心挑选的漂亮侍童，他们的头发被编成长长的辫子，从红色的帽子上垂下来，每个人都拿着一只翡翠绿色的青瓷花瓶。在他们身后，最漂亮的那一位侍童拿着一只垫子，垫子上放着一只金色的"甜筒"，"甜筒"上装点着不同颜色的"果脯"。

这只不过是小孩子的理解。事实上，这是一项用纯金打造的巨型头盔。这顶纯金头盔又大又重，谁也戴不上。那些"果脯"其实是宝石。

从表面上看，它很像教宗克雷芒的头冠。但教宗的冠冕只有三层，而苏丹的则有四层。头盔在金冠的下方。头盔的表面、圆环、护颈以及金冠本身都镶满了珠宝。它的一个显著特征是，在一般放十字架的位置——例如查理的八角斜顶皇冠就有类似的设计——是一个新月形的金质底座。底座上有一束柔软的变色龙羽毛，这是一种印度本土生物，据说生活在空中。

关于头盔的存在早有传言。它从威尼斯被运到色雷斯，大维齐尔以叙利亚的税款结付。然而，它竟然如此巨大和美丽，着实令人吃惊。

144 自从苏丹帮他的封臣亚诺什·扎波利亚夺取了圣斯蒂芬王冠后，他在给欧洲统治者的信中就一直称自己为"世界诸君主王冠的分配者"。[10] 现在，他也有了自己的皇冠。

至少可以说，奥斯曼帝国以一种世界主义的精神来设计皇冠。巴格达阿拔斯王朝的哈里发采用了波斯人佩戴"塔吉"（taj，即王冠）的做法，对他们来说，"塔吉"就是镶满宝石的头巾。苏莱曼的皇座被装在一辆彩车上穿越尼什，其灵感也源自波斯。与头盔配套的来自威尼斯的镜子则借用了亚历山大大帝关于镜子的典故，镜子里映照着曾经属于他、现在属于苏丹的整个世界。

苏丹如此不拘一格地装扮自己，揭示了伊斯坦布尔－君士坦丁堡文明的某种特性。是的，只用一个名字来称呼这座全世界瞩目的城市会具有误导性，因为它有两个自我。它既是麦加，也是罗马；既是波斯波利斯（Persepolis），也是科林斯；既是东方，也是西方。而且，它的这两个自我都非常健康，就像桶里的两只螃蟹一样，总是相互爬向对方。

*

费迪南大公声称希望和平。但他仍在密谋夺回布达，并一直在与伊斯玛仪的儿子和继承人、伊朗沙阿塔赫马斯普商讨可能的反土耳其联盟。哥哥查理则正在德意志组建一支庞大的军队。这支军队将包括路德派信徒，查理对异端采取了更为灵活的新态度，这是对他们的奖励，本质上是一种以牺牲换取宽容的政策。与此同时，苏莱曼也在尼什扎营，他总是说"向罗马进军！向罗马进军！"，他憎恶皇帝，渴望获得"恺撒"的称号。他的这支军队是奥斯曼苏丹有史以来最为庞大的一支。几周后，争夺欧洲控制权的战斗就要打响。尽管如此，诺加罗拉和兰贝格还是奉旨前来觐见苏丹。[11]

易卜拉欣帕夏从来就不喜欢与大公的代表们打交道。他们表现得好像自己的主人可以与苏丹平起平坐；他们粗鲁无礼，自以为是，还试图暗杀土耳其人在布达的盟友。如果易卜拉欣是费迪南，他会不好意思称自己为匈牙利国王和"罗马人的国王"，因为这两个地方现在都不属于他。

145

外交既要赢得朋友，也要制造不安。必须让查理和费迪南充分认识到土耳其人对哈布斯堡军队的蔑视以及他们必胜的信心，而兰伯格和诺加罗拉会很好地向他们的主人转达这些情绪。

尼什大阅兵后的第二天早上，这两位奥地利人正在等着与易卜拉欣帕夏会谈。大维齐尔并不像往常那样健谈。他沉默寡言，皱着眉头。作为礼物，奥地利人带来了6只镀金高脚杯，他几乎都没有看一眼。过了很久，他才开口讲话。

作为一名外交官，法兰克人讲话有两种口吻：争取朋友，抑或嘲笑敌人。而奥地利人面对的永远是第二种，从未有过第一种。易卜拉欣开宗明义地说："我们的皇帝听说，在三四年前，有一位西班牙国王从海上来，一度来回穿梭，给所到之处造成了巨大的伤害，并与许多国家为敌；他希望将基督教世界团结起来，但从未成功；他还派信使往来于各地的修道院和大牧首之间，试图向他们勒索钱财，并宣称要向土耳其人发动进攻。"

诸如此类，就像一个人在向智力有限的人陈述显而易见的事实一样，他为自己的时间被浪费而感到遗憾。易卜拉欣最后终于进入正题，他告诉奥地利人，这是苏丹与西班牙国王之间的恩怨，和费迪南不相干，苏丹认为费迪南并非国王，只是一个言而无信的低级的家伙。接着，易卜拉欣又问：教宗用脚给查理加冕，这件事是真的吗？奥地利人因帕夏的侮辱而痛苦不堪、惊愕不已，就在他们竭力不让自己爆发的时候，帕夏将他们打发走了。

第二天，兰伯格和诺加罗拉将费迪南的提议转告给了苏丹。他们还送给苏丹 2 只甚至都不是用金子做的酒壶——只是镀金的银壶，另有 2 个大碗和 6 只杯子。把两人打发走后，苏丹又接见了来自拉古萨的外交官，他们带来的礼物需要二十几个壮汉才能搬完。苏莱曼观察到，一个痘痘大小的地方给他送来的礼物又精美又丰富，而所谓的两个大国的国王却只送来了如此平平无奇的东西，这真是有些奇怪。他该拿这些垃圾怎么办呢？易卜拉欣帕夏则一头扎进拉古萨人送来的甜茄子篮子里，都没让侍卫先试尝一下，就狼吞虎咽地吃掉了至少 10 个。[12]

7 月 12 日，苏丹写信给费迪南。"西班牙国王长期以来一直宣称要对土耳其人采取行动，但蒙真主恩典，现在率领军队向他进发的人是我。如果他还算个勇士，就让他在战场上等着我吧。"苏丹承认，他对皇帝的男子气概有所怀疑。他继续写道："当我们到达德意志边境时，他要是把各省和王国丢给我们，然后逃走，未免也太不合适了，因为这些省份就像国王的妻子一样。如果逃亡的丈夫抛下她们，任外族肆意妄为，那就太不体面了。"[13]

一位使者的仆人来到诺加罗拉和兰伯格的住所，告诉他们苏丹已经启程前往贝尔格莱德。他们需要立即跟上。使者没有亲自传达这一消息，这是对他们的又一次侮辱。特使们缩短了午餐时间，心有不甘地收拾好行李，在接下来的几天里拖着疲惫的身躯赶往贝尔格莱德。苏丹在那里又举行了一场漫长的阅兵仪式。他们被安排住在城堡下面的一间房子里，房子的主人是一名拥有近 10 位妻子的土耳其商人。特使们在那里被人遗忘了。

两周后，苏丹给他们每人送去了一件内裙和一件大衣，以及另外几件带有土耳其风格图案和颜色的天鹅绒制品及丝绸制品。他们还收到了6只银碗和4个酒壶。如果把这些破烂放到一起卖，也卖不到200达克特。说到通过送礼物来进行侮辱，土耳其人可谓独树一帜。为了最终能见苏丹一面，诺加罗和兰伯格要穿上土耳其式的奇装异服。易卜拉欣为他们安排了一场折磨。

8月5日，一名使者护送兰贝格和诺加罗穿过一座横跨在萨瓦河上的浮桥。登上远处的山顶，俯瞰平原缓缓向远方延伸，他们看到了一幅令人惊讶的景象。土耳其的军队排列在他们面前，军容齐整，狼牙棒、长剑、长矛和斧头在阳光下闪闪发光。使者护送他们从来自鲁米利亚、安纳托利亚和波斯尼亚的军团中穿过，沿着由重炮、军械车、纯种战马和数千名鞑靼骑兵组成的队列前行，骑兵们时刻准备战斗，手握用老柳干制成的弓。

兰伯格和诺加罗从一片由帽子、马尾辫和羽饰组成的森林中走出来，沿着一条由禁卫军组成的狭长走廊，慢慢走近苏丹的帐篷。沿途的禁卫军在大声辱骂他们。当军乐团的笛声和鼓声混成一阵难分彼此的轰鸣声时，禁卫军手中的火绳枪向空中开火，[14] 火光闪烁，烟雾弥漫。

随着某个微不可察的信号，最后一波声浪划过远方的山峦，喧闹声停下来了。

在御帐里，苏莱曼苏丹坐在一个金色的宝座上，宝座的周围有四根柱子。最前面的两根柱子上各悬挂着一把金剑、一张金弓和一个装满箭的箭筒。柱子上镶满了宝石和珍珠，颗颗珠宝之间相距不过拇指宽，箭筒和金剑上也是如此。苏丹身旁的架子上放着他的金头盔。

只有虐待狂才不会同情此刻的兰伯格和诺加罗拉。过去的几周是一场考验。甚至比考验还要糟糕，他们仿佛被钉在十字架上受难。而现在，无论是因为疲惫不堪，还是因为对眼前过分的奢华感到恶心，抑或是知道外面一直在辱骂他们的士兵即将占领他们的家园和他们所珍爱的一切，这两名外交官在面对挑衅时失去了保持冷静的能力。有那么一瞬间，他们失去了所有言语和行动的能力，就像是一具行尸走肉，仿佛已经灵魂出窍，去往地狱中遭受折磨。[15]

觐见完苏丹后，易卜拉欣让他们将一封密信带回去，并称这封信便是对他们主人的答复。诺加罗拉和兰伯格极力表示反对，说"罗马人的国王"已经授予他们全权，无法知道信的内容让他们非常痛苦。易卜拉欣只是笑着说，好吧，好吧，其实你们已经知道苏丹的答复了。而就在这两名奥地利人离开后不足数日，阿尔韦塞·古利提开始围攻位于布达以北由哈布斯堡军队把守的要塞埃斯泰尔戈姆（Esztergom），以分散对方对奥斯曼帝国主力进一步向西挺进的注意力。

*

冈什城（Guns），匈牙利西北部距维也纳不到 6 里格 ① 的一个无名之地，其具体名字存疑。或者它是叫贝尔什（Bers）、科泽格（Koszeg）、金什（Gins）、格里纳什（Grinas）、还是施里普什（Schrips）呢？翻过这座无足轻重的小要塞，然后就能到达奥地利大草原，苏丹将在那里与西班牙国王及其弟

---

① 里格（League）是欧洲和拉丁美洲一个古老的长度单位，通常被定义为 3 英里（约 4.828 公里，仅适用于陆上），大约等同一个人步行一小时的距离；若用于海上，则为 3 海里（约 5.556 公里）。

弟交战。

守军由克罗地亚人尼古拉斯·尤里西奇（Nicholas Jurisic）率领。他写信给他的主人费迪南说："我主动请缨与土耳其皇帝及其军队作战。我之所以战斗，并不是因为我妄想与他的军队势均力敌，而只是为了拖延一点时间，让陛下有时间与基督教神圣罗马帝国皇帝联合起来。"尼古拉斯麾下的职业军人包括10名骑士和28名轻骑兵。他的其他"资产"包括1000名当地的兵役适龄男性、一道低矮的城墙和一条护城河。

尼古拉斯·尤里西奇并不是那种会轻易交出堡垒钥匙然后听天由命的指挥官。土耳其人在北上途中遇到过好几位这样的"战术家"。他们是像罗德岛战役中腓力·德·维耶·德·利勒-亚当和维也纳之战中尼古拉斯·冯·萨尔姆那样的斗士。当苏丹和易卜拉欣率领7万远征军抵达冈什城外时，他们发现田野里漆黑一片，浓烟滚滚，水井被投了毒，邻近的村庄燃起了熊熊大火。

保卫城堡的关键在于城墙：要么守住它，要么推倒它。土耳其一方的兵力多寡并不重要，重要的是大炮的口径有多大。就这方面而言，尤里西奇相当幸运。在向北推进的过程中，土耳其人的辎重车队拐错了弯，陷入巴拉顿湖（Lake Balaton）附近的泥沼中。在贝尔格莱德平原上威风凛凛的重炮深陷泥潭，不得不被遗弃。

战斗一如既往地以炮击开始。土耳其人尽管失去了他们的重炮，却调来了小炮，在城墙上射出鹅蛋大小的火药弹。尼古拉斯的部下训练有素。每当土耳其人在某段城墙下挖坑道时，守军就会立即用反地道手段将其破坏。[16] 土耳其人使用的攻城器械就像一座座"柴塔"，俯视着守军。但尼古拉斯的部下早有准备，他们在木桶里装满硫黄、焦油和牛油，将其倾倒在那些攻城器械上并点燃，"柴塔"变成了地狱。城堡内的补给越

149

来越少，而土耳其人伤亡惨重，他们的干粮也快吃完了。[17] 此外，天公不作美，还下起了雨。

他们在苏丹的帐中琢磨着这一切，这也太荒唐了，比维也纳那时候还糟糕：一条巨流被一根拇指挡住了去路。

在进攻两周无果之后，土耳其使团前来告诉尼古拉斯，称易卜拉欣帕夏决定大发慈悲，如果每户每年缴纳 1 弗罗林的贡金，或者一次性向禁卫军缴纳 2000 达克特，冈什城就可以幸免于难。尼古拉斯回答说没有钱，而且他的城堡绝不投降。于是攻城战重启，土耳其人终于在城墙上立起一面旗帜，但随后又被守军击退。守军的人口结构正在发生变化，越来越多的男人阵亡，取而代之的是女人和儿童。当战斗进行到白热化时，一名骑士出现在城墙上，他手中的长剑燃烧着烈焰，刺向土耳其人。此人正是圣马丁（St Martin），他是附近松博特海伊（Szombathely）的主保圣人，他曾将自己的斗篷分给一个乞丐，现在他所挥舞的正是当初那把将斗篷劈成两半的宝剑。禁卫军在一片惊恐中四下奔逃，城里的被困者欣喜若狂。

土耳其使团再次前来，他们此次带来的消息是冈什城将不再受到侵扰，但其指挥官必须走出城堡，商讨停火事宜。尼古拉斯看着幸存的部下，他们的火药已经耗尽，筋疲力尽，他意识到没办法再多坚持哪怕是一个小时。他自己也因伤势过重几近瘫倒在地。[18] 禁卫军首领和他的部下将他带到帕夏的帐中，他们仍坚持要价 2000 达克特。

尼古拉斯一年前曾与兰伯格一起执行任务，当时他在君士坦丁堡病倒了。易卜拉欣也知晓此事；于是，当克罗地亚人进入他的帐中之后，帕夏第一件事就是询问他是否已经完全康复。随后，在对他的伤口表示同情后，大维齐尔告诉尼古拉斯，称他已经说服苏丹将冈什城赐给他。苏丹会给他一次见面的机会。

这位易卜拉欣有某些特别的地方。在他自己的描述中，他对自己严厉的主人施加了某种柔化的影响。也许他的确这样做了。当然，这也是他喜欢传递给外界的印象。一年前在君士坦丁堡，尼古拉斯还听到传言，说法兰克人对他的基督徒同胞——或许应该说是以前的基督徒同胞——心存偏袒。

即使身体虚弱，尼古拉斯依然对此保持警惕，这或许将使他威信全无。如果他去了苏莱曼的帐中，土耳其人就会向全世界宣布：苏丹接受了冈什的投降，并对其指挥官宽宏大量。但尼古拉斯对他眼前的这个人很有把握。他跪倒在地上，亲吻易卜拉欣的长袍下摆，说："我知道你在苏丹那里享有多大的权力和信任。"然后，他以受伤为由，请求免去与苏丹见面。没问题，帕夏如此答复他。尼古拉斯意识到，自己不愿去见苏丹，并对帕夏表现出十足的敬意，这些都让易卜拉欣非常受用。

*

后来，尼古拉斯在向费迪南汇报此次大捷时写道："就连土耳其人自己也说，自苏莱曼登基以来，他们还从未在如此卑贱的地方遭受过这样的打击。"[19] 而且，胜利所带来的收益确实远比双方战损比——土耳其人阵亡 2000 人，守军阵亡 400 人——所显示的要大得多。[20]

双方统帅曾约定让这两支强大的军队在贝尔格莱德平原上进行最终的决战，结果却是尼古拉斯·尤里西奇在冈什城阻击土耳其人三个半星期。

现在已经入秋了。随着霜冻季节的临近，谁会在没有粮食又没有大炮的情况下围攻维也纳呢？与三年前土耳其人最后一次进入该地区时相比，通往西欧的门户现在拥有更为坚固的防御工事，守军也更加强大；在冈什的经历让土耳其人对围城战心有余悸。

至于查理，他很清楚，城堡、焦土和寒冬是他最有效的武器。他相信自己有能力在城墙内的阵地上羞辱苏莱曼。但若是在一场胜者为王的决战中与苏丹一决雌雄……

对基督教世界的领袖而言，那只是一场没有意义的豪赌。

整个9月，查理都在处心积虑地避开土耳其人，任由苏莱曼的部下将怒火发泄在不幸的施蒂利亚（Styria）省。而施蒂利亚并不在通往维也纳的方向上，它离维也纳更远，这证明苏莱曼和查理一样，并不愿意按照敌方的设计进行战斗。最终，在下奥地利（Lower Austria）峡谷中损失了数千士兵之后，苏莱曼最终决定打道回府，但一直对皇帝的实力表示怀疑。

他回到伊斯坦布尔时，城里照例举行了庆祝活动和灯会，但事实上，北方前线的局势又一次打乱了奥斯曼帝国的计划。只是高门中没有多少人愿意承认这一点罢了。

第十一章

　　管理国家的大臣绝不能考虑自己，而应当只考虑统治者，并应专注于统治者的事务。为了确保他能做到这一点，统治者则必须关心大臣，赐予他财富和尊重，施恩惠于他，并与他分享荣誉和职位。这样大臣就会明白，没有统治者，他就无法生存。他将拥有如此之多的荣誉，以至于他无须再寻求更多的荣誉；他将拥有如此之多的财富，以至于他无须再贪求更多的财富；他将拥有如此之多的职务，以至于他会提防任何对现状的改变。统治者和大臣如果能这样安排他们之间的关系，他们就可以做到相互信任。[1]

　　正如马基雅维利所解释的那样，统治者不应追求道德上的善，至少不应该总是如此，因为这意味着他要遵循与对手不同的标准。他必须看起来十分富有同情心、十分忠诚、十分仁慈、十分诚实以及十分虔诚，而他实际上绝不能是这样的人。如果他真的是这样，他就会将自己置于危险之中。马基雅维利称自己为现实主义者，而非犬儒主义者。他研究的是人们实际的行为方式，而不是他们应该有的行为方式。他说，统治者应该既是狐狸又是狮子，因为狮子无法避开陷阱，而狐狸则无法抵御狼群。[2]

　　马基雅维利生活在一个比奥斯曼帝国阶层分化程度更深的社会里，可能没有考虑过当一个穷人爬到了大臣的位置时，这件事会如何冲昏他的头脑。看一看帕尔加的易卜拉欣的例子，就会发现它暴露了佛罗伦萨人理论中的一个缺陷。如果某位大臣拥有大量的特权，可能并不会产生马基雅维利所预见的那种安抚效果。相反，它可能会助长一种危险的情绪，这种情绪对统治者的危害不亚于他最初想要防范的那种怨恨和嫉妒。

易卜拉欣帕夏也有一套狮子理论，与马基雅维利世界观中不可或缺的等级制度不大一样。易卜拉欣认为，狮子并不对自己的行为负全部责任。责任在于狮子楼中的饲养员。饲养员给了狮子很多肉吃，但他手边也有一根棍子，用来吓唬狮子，让它畏缩不前，必要时还可以作为自卫的武器。在易卜拉欣构建的方案中，狮子就是苏莱曼苏丹，驯兽师则是他自己，而奥斯曼帝国的宫廷就是那座狮子楼。[3]

*

易卜拉欣正沿着第二庭院的一条石板路走向议事厅。

他从门廊进入，坐在两名军事法官和几名行省总督中间。出席会议的还有首席财务官伊斯坎德尔·切莱比和执掌皇家花押字的官员。秘书们正在准备做会议记录。

被告是穆拉·卡比兹（Mulla Kabiz），他自称是一个有宗教信仰的人，但他花在咖啡馆的时间比与合格的伊斯兰教法博士在一起的时间还要多。最近，卡比兹依据自己对《古兰经》和先知穆罕默德圣训的错误解读做出了一个论断，并传到了议会的耳朵里。卡比兹认为，耶稣基督的精神地位高于穆罕默德。[4]

现任苏丹的父亲曾经为了更不起眼的事情发动战争。在东方，伊斯兰异端波斯人不尊重真主的使者，给伊斯玛仪沙阿戴上了伪神的帽子，塞利姆有义务通过战争消灭他们。虽然并不是叛乱，但某位先知自称与真主的关系尤为特别，被那些轻信者誉为救世主。真信仰与歪理邪说之间必须保持距离。伊斯兰教之前的希伯来一神教尤其如此。允许基督徒和犹太人繁荣兴旺是一回事，但放任他们的异端邪说会给苏丹、给社会甚至给整个世界带来混乱。

今天，议事厅里的军事法官是愚蠢至极的穆希丁（Muhiddin）和既愚蠢又腐败的卡德里（Kadri）。[5] 在听到卡比兹歪曲先知圣训的言论后，他们竭尽全力驳斥他。但他们并不是神学大师，也无法将令人信服的经文或圣训信手拈来，最后，他们无话可说，只好大声宣判卡比兹死刑。一个江湖骗子辩倒了两位帝国杰出的法学家，这不是一个令人振奋的场景，好在他们最终的宣判是正确的。

但对大维齐尔来说并非如此，这一点现在已经很清楚了。介入诉讼程序后，他并没有对法官们的裁决表示认可并敦促其尽快执行，而是斥责他们缺乏可靠的证据，并说这会让人蔑视司法部门。从法兰克人讲话的方式来看，人们不禁会认为，这根本就不是一场审判，而更像一场人文主义者之间的辩论，而且，卡比兹已经赢了这场辩论。大维齐尔告诉这位叛教者，他可以走了。

易卜拉欣此举扰乱了议事厅的章程，但其实并不算出格。他从布达带回了三尊铜制希腊神像，并将其供奉在竞技场，此举显然冒犯了禁止艺术家仿制人形的伊斯兰教。最近，还有几名佛兰德织工来到城里，希望通过一系列以国王狩猎为主题的史诗挂毯引起苏丹的兴趣，但他们却被告知伊斯兰教禁止此类题材，于是只能失望而归。[6] 难道大维齐尔认为，自己可以不受连苏丹都必须遵守的规则的约束吗？

还有帕夏的酗酒问题，以及他对天主教威尼斯共和国的公开好感。他的父亲是个臭名昭著的酒鬼，这已经让帕尔加总督一职蒙羞。而且，每当这位老人想要强调什么的时候，他不是对着《古兰经》发誓，而是对着圣母玛利亚发誓！[7]

议事厅的上方悬挂着一个金色的地球仪，上面有一条链子垂下来。这是在暗指阿努希尔万国王：受害的臣民只需拉一下他的"正义之链"，他就会坚定不移地惩治犯人所犯下的罪行。在法兰克人头顶与地球仪同高的墙壁上，有一块窗帘遮住了一扇格子窗。在帘子和窗户的后面，苏丹正坐在那里，听取对卡比兹的审判。

这一扇扇窗户不就是一双双望向整个世界、观看各种仪式和奇观的眼睛吗？每一座高塔，又何尝不是从头到脚都在赞美和讴歌明君的舌头呢？[8]"征服者"的御用诗人曾如此写道。

对于那些在议事厅里的人来说，苏丹就像颈背上的针刺、从上唇滑落的汗泡。他既在那里，又不在那里。

苏丹可以随时拉开帷幕，向那个地球仪射出一箭，将他的正义传遍整个世界。现在，这支箭仿佛已经射出。星辰相合的主人从窗前的座位上走下，来到议事厅里。

在一片目瞪口呆的肃静中，他向易卜拉欣问话。

"为什么那个胆敢将耶稣置于先知之上的异端分子没有受到惩罚？"

易卜拉欣轻松地回答道："军事法官定他的罪，是出于愤怒而非合理的推论。这就是我撤销此案的原因。"[9]

不行。苏丹纠正了他的宠臣，这本身就是一起没有先例的案件。他下令第二天将由一位身份更高的宗教权威重审此案。负责重审的是梅夫拉纳·塞姆塞廷·艾哈迈德（Mevlana Semsettin Ahmet），他是已故的凯末尔（Kemal）帕夏的儿子，学识渊博。

第二天，卡比兹再次解释了为什么耶稣的地位高于穆罕默德，然后，梅夫拉纳·塞姆塞廷非常平静、非常礼貌地驳斥了卡比兹的说法。塞姆塞廷再次非常和蔼地问卡比兹是否愿意回到纯正信仰的道路上来。但他回答说不会。审判结束后，卡比兹的头被一剑砍下。[10]

*

诗人菲加尼因在割礼仪式上向苏丹献上的颂词而一直被人们奉为座上宾。这首诗至今仍被引用，这也是理所当然的，因为它是用诗行向君主献媚的最佳范例。

那次御前朗诵让菲加尼声名鹊起。此后，他又为一些国之栋梁献诗，但在委托创作和收入方面却收获不大。财务大臣伊斯坎德尔是他唯一的固定赞助人，他既有热爱诗歌的灵魂，也有丰厚的财力。

没有人否认菲加尼的才华。据他的诗友拉蒂菲（Latifi）所说，无论菲加尼读的是阿拉伯语还是波斯语，其内容都印在了他灵魂的内页上。但由于收入不稳定，他不得不接受税务局文员的工作，这份苦差事让他远离了自己的内心，也未能让他过上富裕舒适的生活。

他还容易沉迷于其他的消遣之中。对他来说，酒馆、酒保和酒壶不仅仅是神圣之物的诗歌意象，而且也是完全的物质现实。人们经常可以看到菲加尼和他的伙伴们在竞技场附近寻花问柳，或者乘船渡过金角湾前往加拉塔（Galata）的旅店，他们在那里彻夜谈论诗歌的押韵和格律，高声叫酒。在踉踉跄跄地回到住处——它位于塔赫塔卡莱（Tahtakale）阴森恐怖的港口街区——后，诗人磨尖了他的芦苇笔，写下哀叹自己缺钱的诗行。[11]

不知道是谁在造谣，说他写下了下面的对句。由于他喜欢公开炫耀自己与皇室的关系，又爱在那些罪恶的夜晚放浪形骸，有很多人对他心存不满。菲加尼的厄运终于还是来了：整个伊斯坦布尔都在为这两行诗窃窃私语，这两行诗句虽然形式简单，却闪烁着蔑视权威的傲慢。

> 在这个世界的庙宇里有两个易卜拉欣，
> 一个破坏了偶像，另一个则将其立起。
> *Do Ebrahim amad be deyr-i jahan,*
> *Yeki bot-shekan u yeki bot-neshan.*

从前，在伊斯兰教诞生之前的沙漠中，先知易卜拉欣——当地人称他为"亚伯拉罕"——因厌恶其族人进行的偶像崇拜活动而闯入神庙中将神像砸得粉碎。这就是那位"破坏了偶像"的易卜拉欣。

而将偶像重新"立起"的那位易卜拉欣就在这座城市里。

一天晚上，一群文人聚在一起。菲加尼失去了往日的欢快，但在黎明时分，他仍然陪着其他聚会成员到博斯普鲁斯海峡继续畅饮。菲加尼的房东问他为何有些失魂落魄。菲加尼回答说，昨天，他梦见自己站在这个码头边上的尖塔顶上，高唱着祈祷的经文，[12] 但当他醒来，却被一种莫名的恐惧攫住了。

几天后，衙役们来到塔赫塔卡莱逮捕他。他们先把他绑起来，然后让他骑在驴背上在城里游街示众，这样人们就可以谩骂他，并从中吸取恰当的教训。然后，他们把他带到尖塔脚下的码头，吊死了他。

*

公共外交就是作秀。私人外交则在于送礼。最好的礼物通常是会让人期待很久，能让收礼人得到实实在在的好处，并且非常珍贵。

必须谨防赝品。只有真正的独角兽角才能测毒治病。在市场上所宣称的"动物角粉"中，只有极少一部分是真品。而经过认证的整只角才配得上送给国王。

威尼斯送来的兽角随彼得罗·赞恩的行李一起到达，这让大维齐尔心情极好。彼得罗从箱子里取出兽角递给帕夏，帕夏对着光，欣赏着它的色泽和弧度，赞叹道："这真是太美了，非常珍贵！""你知道吗，"他接着说，"'征服者'本人曾买过一只兽角，卖家是一个基督徒海员，后者刚从印度回来。同时他还买了一本用蜡封着的古书，书上解释了独角兽的起源。那只兽角现在已经支离破碎了，被用来制作匕首柄、皮带扣和弓环。"

易卜拉欣说，"征服者"的那只珍品比这只要大，肯定属于某头体型更大的独角兽。他顺势向客人保证，他这样说绝不是要贬低威尼斯的礼物。"恰恰相反，这是总督阁下对苏丹至高无上的善意的最好体现和证明，尤其是考虑到这只兽角长期以来一直是威尼斯最珍贵的国宝之一。而这份礼物之所以更有价值，是因为从未有人听说过哪位君主曾送出过如此珍贵的礼物。苏丹陛下希望在他的编年史中注明，威尼斯的贵族送给他的是一只无比美丽、价值连城的兽角，此举将会被后世铭记。"最后，他还讲出了一句箴言（作为奥斯曼帝国的大维齐尔，他当然有权时不时地编上几句）："衣服和食物就像人的肉体一样，很快就会被磨损，而某些礼物却能留下属于自己的永恒记忆。"

面对帕夏的滔滔不绝，彼得罗亲切地宣布，威尼斯很高兴能向苏丹赠送这样一份能与"万王之王"的身份相匹配的礼物。"他是至高无上的皇帝，是世界的主宰，正如他的力量无穷无尽，威尼斯对他的崇敬也会绵延不绝。"随后，威尼斯人被使者领到新宫，将独角兽角献给了苏丹。彼得罗亲吻了

159

苏丹的手，苏丹在端详这只兽角的时候，脸上露出了满意的笑容。[13]

这个小插曲是弱者通过送礼赢得强者好感的一个范例。虽然没有人会乐意送出独角兽角这种象征着吉祥的宝物，但易卜拉欣帕夏坚持要把它送给苏丹，这就把一件小事变成了关乎外交礼节的大事，总督别无选择，只能把它当作礼物送出。一旦做出了这样的决定，再吝啬后面的赞誉之词就毫无益处了，因为这种赞美会让苏丹对赠予者留下最美好的回忆。毕竟，称某人为"世界之王"并不需要付出任何代价。

虽然《博洛尼亚协议》使高门与执政团之间曾经的信任关系产生了一道裂痕，但这只兽角就像石灰膏一样被弥合了它。石灰膏还能维持多久，现在无法断言。只要礼物是诚心诚意送出的，其效果也不会被某些不符合双方利益的举动破坏，那么它就能赢得时间。

费尔哈特帕夏曾经无视这些细节，送给苏丹一只由黄金和水晶打造的精美盒子，仅在半小时后就丢了脑袋。他的礼物并没有帮到他，因为那是带着敌意和不信任送出的。带着这种情绪送出礼物，还不如不送。

*

大维齐尔有一颗钻石，是克莱芒教宗在被关押于圣天使堡期间从自己的头冠上摘下来的。他花了 6 万达克特买下了它。而如今镶在他戒指上的红宝石，之前则一直戴在弗朗索瓦的手指上，那时候笃信王已在帕维亚沦为阶下囚。易卜拉欣的权势是如此之大，以至于他可以买到世界上许多王公的贴身宝物。他的关系网是如此之发达，以至于这些战利品一流入市场，他就能得到消息。

但是，如果做人不慷慨，那么富有也毫无意义。今天他为法学博士们举行宴会，下周豪华的宴会就会轮到宫廷里所有的女眷，再过两天，他又会出资请整个宫廷用餐。而这些都是为了庆祝即将为他的侄子举行的割礼。[14]

他和妻子在伊斯坦布尔、麦加和其他地方捐助宗教慈善机构。这一点也许是受了穆赫辛的影响，她或许已经警告过他，低估宗教的力量将会非常危险。

*

前来参加停战谈判的奥地利外交官们分开人群，穿过尖木栅栏上的一道门，栅栏从苏丹会客厅的一端延伸到另一端。鞠躬一次后，他们又鞠了一次，脚尖站在华丽的地毯上，等待坐着的人讲话。[15]

听法兰克人讲话，就好比在用轻巧简便的步骤解决世界上的难题。他说，他有能力召开一次基督教大会，来结束教会的四分五裂。"我立马就能让教宗和路德共处一室，一个在这边，另一个在那边。"

他是否相信自己夸下的海口我们不得而知。当然，与当初爬上大维齐尔的位置相比，他有着同等的把握来促成基督教内部的和平。他这样的人相信任何可能发生的事。正因为如此，他们永远不会因他的话感到惊讶。

他拿着外交官从查理五世那里带给苏丹的一封信，仔细检查了信上的印章，然后说："我的主人有一枚随身携带的印章。我也随身携带着一枚与之相似的印章，因为他并不想让我们之间有任何的区别。"

他可以入侵意大利，也可以不入侵，这取决于他当时的心情。"我手下有 4 万鞑靼人供我差遣，"他气定神闲地说，"他们足以摧毁整个世界，而这还只是我们30万总兵力中的一小部分，但我并没有把他们派往意大利，去破坏并摧毁那里的一切。"他并不特别热衷于暴力。冈什之战过后，当那些被招募来的骑兵在施蒂利亚大肆破坏时，易卜拉欣的队伍却十分克制地向南进军，沿途并未犯下什么臭名昭著的暴行。[16]

事实上，他的将才永远都算不上一流，因为真正让他感兴趣的是嘴皮子上的针尖对麦芒。他身上透露着一种反讽的意味、一种热情、一种想要在世界事务中呼风唤雨的欲望。

*

162 "就拿我来说吧，"他继续说道（他的舌头从不会在说话的时候打结），"我是他的奴隶，但他把所有的领地和帝国都交给了我，我一个人打理着所有的事情。我的地位凌驾于所有的总督、高级总督和帕夏之上，我想做什么就做什么，我可以把马夫变成帕夏，把领土和行省分给我喜欢的任何人，而他一个字都不会多说。无论他有多么想，只要我不同意，事情就做不成。如果他的命令和我的命令背道而驰，那么被执行的会是我的命令。我可以媾和，也可以开战，我可以卖掉国库里的任何东西。他的衣着并不比我的更考究，我们俩的衣着同样讲究。"

当奥地利人告诉他，费迪南只想和他称兄道弟时，他自然是很高兴；但是他，易卜拉欣，愿意赏脸做费迪南的兄长吗？[17]曾经的小皮耶罗一路走来已经功成名就了，不是吗？

外交官之间会相互学习，即使是奥地利外交官也不例外。这些外交官从他们的前辈那里学到，当易卜拉欣对他们的主人无礼时，最好还是忍住不要发作；送他红宝石做礼物会让他心情大好；如果他们遵从他的教导，他不仅会请他们吃一顿午餐（用小木勺吃各种禽类的肉和加了糖的米饭），还会告诉他们在觐见苏丹时哪些词该用，哪些词应当避免。最后，他会满怀善意地感叹道："既然我们都在一起吃面包和盐了，就不能相互为敌了！"[18]

*

前往皇宫。苏丹年届四十，身材高大，肤色黝黑，体态匀称，椭圆形的脸庞赏心悦目，鹰钩鼻，上唇狭长，脸颊上的胡须很少泛白，目光犀利，还有一双修长的手。他会和蔼可亲地告诉你，他会将和平赐予你的主人，而此前至少有六次使节前来求和都遭到了拒绝。只要费迪南——他视费迪南为自己的"儿子"——不破坏和平，它能持续的时间就不是七年或二十五年，也不是一百年，而是两三个世纪或直到永远。

将所有这些传达给奥地利使节的是翻译尤努斯贝伊，他的父亲名叫莫多纳的乔治·塔罗尼提（George Taroniti of Modone）。至于翻译准确到什么程度，我们无法确定。此外，大维齐尔站在一旁随时待命，苏丹讲的话还需要他居中不断进行解释、润色。

苏莱曼和易卜拉欣都不再是年轻人了，也不再通过聋哑信使来互诉衷肠了。他们现在是腰缠万贯、脚踏世界的强人。尽管苏丹因自己位高权重而傲慢自大，但他依然很容易受到他人的影响。他的朋友也仍然遭人憎恨。

帕尔加的易卜拉欣并不嗜血，但他也并非不称职。他有足够的技巧说服"罗马人的国王"用匈牙利交换一个父亲般的角色。然而，普罗大众、奥斯曼帝国的妻子和士兵们却并没有因为他的功绩而爱戴他。他们的感受与菲加尼的死无关。他们明白什么时候需要采取严厉的措施来捍卫国家的尊严。不过，之前的那两句诗既是在咒骂，也揭露了问题。它暴露了大维齐

163

尔对民众、对他们的传统和先知的蔑视。这就是他们憎恨他的原因。

*

通常的情况是，在涉及内部功能失调的敏感问题时，局外人可能是头脑最清醒的。不过，局外人了解得更少，他们得出结论所依据的信息有限，而且无法保证他们的分析不带偏见。

元老院秘书达尼埃洛·德·卢多维西（Daniello de Ludovisi）所担任的职务使他经常与总督接触，总督非常重视他的意见。而且，卢多维西非常了解土耳其人，他曾在伊斯坦布尔和开罗会见过他们。不过，他并非威尼斯共和国的"亲土耳其派"。

卢多维西对奥斯曼局势的解读之所以新颖，部分原因在于他对易卜拉欣帕夏魅力的无动于衷。这个世界上有许多像彼得罗·赞恩那样的人，他们陶醉于帕夏朝威尼斯方向吹来的飞吻，被他讲的一口意大利语所俘获，并沉迷于他的财富。但易卜拉欣装出的那种意大利情结却未能打动卢多维西。他对日耳曼民族的秩序感情有独钟，认为这一点对德意志士兵来说至关重要，因为他们打娘胎里就接受了这种熏陶。

早在1517年，那时卢多维西还在开罗担任驻塞利姆的使臣，就与被视为已故苏丹"第二生命"的艾哈迈德帕夏打过交道——此人后来被苏莱曼任命为同一行省的总督，并因发动叛乱而遭斩首。卢多维西认为艾哈迈德没有能力发动有预谋的叛变，他坚持一种修正主义的解释，即总督只是在得知高门计划暗杀他之后才反抗苏丹的。苏莱曼接着又处死了他最为得力的干将费尔哈特帕夏。卢多维西将这两件事都归咎于易卜拉欣的阴谋。与已故的父亲相比，苏莱曼对待极刑的态度总的来说更加学院派，因为他的父亲不需要帮手就能砍下别人的脑袋！但苏莱曼生性比他的父亲更加温和。

最重要的是，人们普遍认为最近去世的皮里帕夏死于中毒。"（易卜拉欣）究竟用什么手段崛起的！"威尼斯人感叹道，"他又用了什么手段来维持自己的地位！"

在卢多维西看来，共和国对一个双重凶手——甚至可能是三重凶手——寄予厚望是错误的。

大维齐尔的确对任何天赋异禀并足以成为他对手的人都怀有戒心。他为保护自己而采取的措施解释了为什么军队里没有诞生新的杰出的领导人，宫廷里也没有出现大有前途的新官僚。不管是谁，只要有才能就会收起锋芒，生怕引起易卜拉欣的疑心。在他麾下，阿亚斯和卡西姆能够高枕无忧，这并不能说明他有多宽厚仁慈，这只能证明这两位帕夏本身庸碌无能。

法兰克人喜欢在他可以支配的弱者中间唯我独尊，而不愿意与其他有能力和手段的人分享权力。或许他对权力和机会的本能追求巩固了他的地位，但也破坏了国家的稳定。表面上看，国家就像大米布丁一样光鲜可口，然而，如果用勺子挖进去，你会发现里面的食材是半生不熟的，根本就没有融合在一起。

165

*

卢多维西是那种对国家利益有着敏锐洞察力的威尼斯人。而他在冈什一役后为元老院撰写的备忘录，则是一份出自一名怀疑论者之手的危险评估。[19]

首先是双方的差异。我们意大利人总是因雇佣军而负债累累。意大利所有军队的声誉都非常糟糕，这可能要归咎于雇佣兵意志薄弱并习惯背信弃义，他们使各个城邦丧失了它们最优秀的战士，并表现得好像他们才是国家的仲裁者。他们给所到之处带来了毁灭、荒凉和奴役。

相比之下，土耳其苏丹的部下都是他自己的人，他们从小就从各种渠道被招募而来。军饷不断，军纪严明，这必然能造就他们的服从意识，而统帅和部下之间则形成了忠诚的纽带。此外，所有人都被同一种语言凝聚在一起。来自不同语言背景的士兵都使用土耳其语，甚至在面临致命危险时也使用土耳其语求救，这无疑是奥斯曼军事体制的一个显著特点，但并未得到我们足够的重视。

尽管如此，卢多维西尚未看到太多关于土耳其人军事才能的著名例证。面对相当原始的伊朗人和马穆鲁克人，他们所取得的胜利并不能为他们未来在面对欧洲一流对手时的表现提供指南。贝尔格莱德以及罗德岛之战也没有什么说服力。这些战役并没有证明土耳其武器的优越性，只证明了土耳其军队在数量上的优势。

奥斯曼帝国军队仍然是一支草原部队，绝大多数都是骑兵，步兵和炮手其实是后来才加进去的。他们注重对弓箭、长矛和狼牙棒的使用，而卢多维西怀疑这样一支军队是否有能力充分利用火绳枪所带来的机会，这种武器被视为现代步兵的精髓。他写道："基督教军队比过去任何时候都更像步兵军队。而最尊贵的土耳其王的军队却完全不是这种军队。我强调'完全'，是因为苏丹禁卫军既没有基督教军队的秩序和纪律，也没有他们的那种狡猾。"

应该谨慎地看待卢多维西对禁卫军的评价。他并没有亲眼见证他们在莫哈奇歼灭匈牙利人时的情景，也没有参观过他们的军营，那里就像加尔都西会（Carthusian）的修道院一样寂静。但事实是，禁卫军只有12000人，并不能代表整支军队。此外，易卜拉欣帕夏一直在努力削弱他们的战斗力，将他们分散到帝国各地。原因不言自明。他们捣毁了他的府邸，他们对他宣称的皈依持怀疑态度，冈什之战后他还欠他们2000达克特。总而言之，如果总司令将某支精锐步兵视为威胁，他们就很难有效地开展行动。

苏莱曼最近对哈布斯堡王朝发起的进攻以失败告终，这进一步加剧了威尼斯人的疑虑。当他把皇帝、"罗马人的国王"以及其他德意志邦国的兵力归总在一起时，他发现，这一数字远远超过了苏丹所能指挥的兵力。

尽管德意志的王公们不准备帮助费迪南收回匈牙利的领土，但他们同时也不能失去奥地利。而苏丹虽然可以没有奥地利，但他绝不会放弃匈牙利。和平的萌芽可能就蕴藏在这些区分之中。

卢多维西的备忘录还有两点附带信息。第一，土耳其人向北的推进已经结束。第二，为了继续表达他们彼此对对方的憎恶，苏丹和皇帝需要寻找新的战场。[20]

第四幕
陆地与海洋之主

第十二章

就在苏丹陷入冈什之战的僵局时，一个不受欢迎的消息从海上传到了他的耳中。安德烈·多利亚——尽管66岁高龄但仍然雄心勃勃——率领他的舰队南下，从陆上和海上两个方向围攻港口城市科罗内（Corone）。摩里亚半岛如果是一根手指，科罗内就是手指上的疣子，它曾经是威尼斯的殖民地、转口港以及位于爱奥尼亚海和地中海上的一个有利据点。这种状态在1500年被终结了，那一年土耳其人在勒班陀击败了安东尼奥·格里曼尼，并利用这场胜利夺取了科罗内。现在，多利亚想要夺回它，但不是为了威尼斯。如果说有某个共和国是热那亚人最不能容忍的，那么它一定是威尼斯。不，他想要为整个基督教世界和查理夺回它。

多利亚的大炮开火5天后，城堡就归他所有了，帝国和教宗的旗帜在城垛上飘扬。他在留下一支守军后，再次向北航行，夺取了帕特雷港（port of Patras）和两个扼守着科林斯湾狭窄入口的土耳其要塞。在整个行动过程中，他从未与土耳其舰队司令、另一位艾哈迈德帕夏交战，后者的20多艘战船在科罗内城陷落后才抵达当地。随后，多利亚又突破了艾哈迈德的封锁，为城里的居民提供补给。然后，他沿海岸线一路劫掠。他带回热那亚的战利品中有一些土耳其大炮，他把这些大炮陈列在一座教堂里，这座教堂是用之前战役获胜的赏金建造的。

170　　科罗内陷落和多利亚随后劫掠的消息引起了高门的不安。他们担心西班牙人会利用科罗内作为桥头堡，威胁帝国在鲁米利亚的领土。艾哈迈德帕夏经常出入酒馆，酗酒成性，因而遭到了更多批评。科罗内城投降的速度之快，显得他既懦弱畏战又没有骨气。[1]

＊

　　问题不在于资源。有充足的比提尼亚橡树（Bithynian Oak）做木材，色雷斯沥青做甲板缝隙的填充物，尼罗河亚麻布做三角船帆。安纳托利亚出产铁，可以用来制作锚和铁索；俄罗斯提供麻，可以用来制作绳索。虽然装备一支舰队耗资巨大，但苏丹拥有海量的财富，这种规模的开支无足轻重。

　　此事关乎威望。每年春天，宫廷侍童都会目送苏丹和帕夏们从陆地上出征各地。他所接受的军事训练偏重于弯刀的使用和攻城的技艺，而轻视北风和航海。他的梦想自然是成为禁卫军首领，而不是舰队统帅。尽管对于像安德烈·多利亚这样出身良好的热那亚人来说，从事海上职业也是一件值得骄傲的事情——几个世纪以来，多利亚家族已经有6位成员加入了这一行列——但对于奥斯曼人却必须通过强制措施，迫使他们的统帅远离陆地。他们只能让加利波利总督兼任统帅帕夏或海军司令，原因很简单，加利波利是一座大型海军基地的所在地，而他本人是否拥有海上作战的专业技能并不重要。[2]

　　更成熟的海军会采取措施，确保在战斗间隙战斗技巧和经验得到提升。威尼斯造船厂的工匠们持续工作，改装旧船、建造新船，这反过来又促进了创新和团队协作。相比之下，他们在金角湾上的同行则是根据战争与和平的即时需求，时干时停。只要不急需新船，船工和敛缝工就会回家，回到自家的破船上去。而当新船的订单到来时，船厂就会派人去希腊诸岛招募工匠，而这些工匠要几周后才能匆匆赶到城里。

在恐慌情绪蔓延的间隙，如果你溜进船坞——这并不难，因为安保状况非常糟糕——你会发现几十艘宽体大船正处于不同程度的年久失修的状态，不是没有配备划艇，就是没有大炮。[3] 你还会发现，在鸬鹚和鲱鸥的簇拥下，几十名工人正在敲敲打打，其中有一个名叫弗朗切斯科·朱斯蒂尼亚诺（Francesco Giustiniano）的威尼斯人，尽管思乡心切，也只能锯着准备运往红海的木板，它们将在那里被组装成战舰，用来对付葡萄牙人。在这里，你根本感受不到那种目标感、紧迫感或自豪感。[4]

在欧洲海洋国家，专业人才往往会从商船流向军队。随着战争的临近，人们期待着随之而来的劫掠或是类似的娱乐活动，人员也会从商船流向军队。西班牙海军舰长可以召唤成千上万的商业水手。威尼斯共和国也是如此。但奥斯曼人的海上贸易却是由帝国的希腊臣民来进行的，他们很难要求这些希腊人出海去对付他们的基督徒兄弟。为了弥补兵源不足，海军当局在山区大肆劫掠。因此，土耳其军舰的甲板上站满了牧羊人，他们甚至无法在大风中站稳。

既然土耳其人和奥地利人能够和平相处，帝国的北部边境也就相对稳定，冲突的漩涡确实正在转移，正如卢多维西所预测的那样。白海周围所有具有战略价值地区正是问题所在：摩里亚、米诺卡（Minorca）、北非，甚至你能想到的任何地方，如果不改进海军，苏丹将无法与查理五世打这场新的恶仗，他也无法掩护自己的地面部队。对他来说，好消息是，虽然奥斯曼帝国海军的结构性缺陷都不是一朝一夕就能解决的，但这些问题可以得到大幅缓解，并通过某些措施永久性地加以纠正。资金已经准备就位。缺的只是一个领导者。

*

希腊的莱斯博斯岛（Lesbos）距离土耳其本土如此之近，又是基督教海盗的一处基地，因此在 15 世纪 60 年代"征服者"开疆拓土的行动中，这座岛屿不可避免地成了牺牲品。一名来自萨洛尼卡（Salonika）附近的西帕希骑兵（Sipahi），名叫雅库布（Yakub），参加了那次入侵行动，并被奖励了土地，最终定居下来。雅库布与该岛首府米蒂利尼（Mytiline）一位东正教牧师的遗孀结婚后生了四个儿子。他给他们分别取名为伊沙克（Ishak）、奥鲁克（Oruc）、伊利亚斯（Ilyas）和赫齐尔（Hizir）。伊利亚斯在与医院骑士团（Hospitallers）作战时阵亡。奥鲁克在同一场交战中被俘，做了一段时间的船奴后被赎回。随着白海东部逐渐变成奥斯曼帝国的"内湖"，这一地域的机会也变得越来越少；毕竟，土耳其人很难去蹂躏自己人。1504 年，奥鲁克和赫齐尔来到北非海岸的突尼斯，那里是通往白海西部盆地的入口，伊沙克后来也适时地加入了他们。

1492 年，费迪南和伊莎贝拉完成了对西班牙失地的"再征服"，许多西班牙穆斯林不愿接受基督教洗礼，离开了自己的家园，在北非定居了下来。他们从那里出发，向他们熟悉的伊比利亚半岛海岸发动袭击。他们的成功吸引了来自地中海东部的冒险家，后者凭借更快的船只和经验更丰富的船员，将流亡者挤到一边，并将劫掠目标的范围扩大到公海上的基督教船只。西班牙人在这一海岸线上建立了多个要塞和保护国，但依然无法根除海盗的问题。

北非尤其适合吃水浅的海盗船航行。这条海岸线上分布着形状各异的海湾和潟湖，既能抵御风暴，又能为海盗提供西班牙重型船只无法进入的藏身之地。而且，白海还是一片充满了诱惑的海域。一次扫荡就能收获一满船的铜制商品和佛兰德斯布匹。在卡拉布里亚（Calabria）登陆一次，就能获得大量的白银和奴隶。走私品市场沿非洲海岸涌现。争夺这些码头的当地统治者通常都会被说服，为某支外国军队提供营地，这些外国军队会获得分成并保护他们免遭西班牙攻击。

莱斯博斯的奥鲁克就是这样一支部队的首领。他有着鲜红色的头发和胡须，基督徒称他为巴巴罗萨（Barbarossa），他在沿海一带勉力维持着一块封地，并得到了弟弟赫齐尔的帮助。1516 年，他收到阿尔及尔穆斯林的请求，希望他帮助他们对付西班牙人。阿尔及尔刚好位于连接西班牙、那不勒斯王国和热那亚的海上通道附近，东部不远处就是撒丁岛、科西嘉岛和西西里岛。奥鲁克并没有等他们第二次开口。在进入阿尔及尔后，他控制了这座城市，杀死了它原先的主人，并以自己的名义铸币。1517 年，他被西班牙人的长矛刺中身亡。

也是在这一年，塞利姆苏丹入侵埃及，成了赫齐尔的近邻。赫齐尔继承了兄长的帝国，也继承了兄长的绰号——对他来说，这个绰号倒不是特别准确，因为赫齐尔的胡须近乎赤褐色——当时伊沙克已经被西班牙人杀死了。塞利姆明白在北非培植一个附庸大有好处，于是授予赫齐尔奥斯曼帝国阿尔及利亚行省高级总督的头衔，但该行省的设立只是理论上的。赫齐尔保留了自治权，同时还收获了 2000 名禁卫军和一位承诺互不干涉的庇护人。在随后的十年里，这位新巴巴罗萨让他的前任黯然失色，他吸纳了敌对阵营中的海盗，抵御了西班牙人的进攻，并沿着海岸线扩大了自己的领地。他的港口运转高效，船只保养良好，不逊于任何国家的舰队。阿尔及尔成了他的临时首府，也是北非最富裕的城市。

驶入港口的私掠船会先发射炮弹，以显示其所装载的"人形货物"的价值。港务长随后登船对其进行初步评估。上岸后，有望被赎回的人会被登记信息。对于不识字的人，会有一名抄写员在一旁给他们的家人写信。其余的人则被送往市场，贩子在前面大声喊出他们的年龄和价格。如果"商品"过剩，一些富有的图阿雷格人（Tuaregs）或犹太人就会出手购买，以维持市场价格，而高门和海雷丁已经预先从奴隶贸易中抽取了丰厚的利润。

"海雷丁"——不是赫齐尔，也不是巴巴罗萨——是他的部下对他的称呼，意为"信仰的恩惠"。他就像萨里·萨尔提克一样，用剑向基督徒表达爱意，不同的是，他的金苹果不在德意志，而是在白海周边。他的水手追逐着基督徒的战利品，他的海墙由基督徒奴隶建造，他的盒子里装满了基督徒的赎金。因为海雷丁，西班牙东部的沿海城镇里空无一人，平民、神职人员和士兵都撤到了山里或是只有卷扬机才能到达的悬崖峭壁上。

早在 1512 年，他的兄弟奥鲁克就失去了一只手臂。它是被西班牙堡垒中的大炮炸断的，而在此之前，他的炮兵已经毁伤了敌人的城墙。他太急躁了，没有等到自己的大炮取得最后的胜利。海雷丁则不会犯这样的错误。有一次，奥鲁克责备他只俘获了 10 艘基督教船队中的落单者，并以此影射他缺乏胆量，海雷丁并没有理会，只是回答说："正如我们海上的先辈所言，追击敌人不可过头，否则就会后悔的。"[5] 即便在那个时候，他也是两个人中不那么冲动、更有心计的那个。

一个兄弟倒在了医院骑士团脚下，还有两个兄弟死在了西班牙人手中，因而他的身上会有某种反基督教情绪，这并不令人感到意外。这种情绪使他在发动圣战时更为坚定。查理五世以恶劣的方式对待继续留在西班牙的穆斯林，而这些穆斯林则指望着海峡对岸的弟兄们，双方都在跳着同样的暴力和复仇之舞。然而，这一切都没有损害海雷丁·巴巴罗萨的利益。正如穆罕默德的同胞在先知死后的几十年里首次踏上西班牙海岸时所发现的那样，最好的圣战就是能带来经济收益的圣战。

*

与海雷丁同船的水手赛义德·穆拉特（Seyyid Murat）文采斐然。穆拉特写道，从查理的教士们规定在西班牙按照穆罕默德的仪式做礼拜是非法的那一刻起，任何人，只要发出了祈祷的呼召，或向麦加行跪拜礼，哪怕只是在祈祷中祝福真主，都会面临巨大的灾难。当西班牙穆斯林听说只要是穆斯林就会被烧死时，他们成千上万地聚集到一座高山上，异教徒随后派兵追捕他们，并极其凶残地向他们发起了可怕的冲锋。穆斯林通过快船向海雷丁通风报信。信使在阿尔及尔靠岸后，来到海雷丁面前，向他详细地讲述了当时的情形。听完汇报后，海雷丁的心仿佛在滴血，他当即下令开动36艘战舰前往救援。

在西班牙海岸登陆后，这群虔诚的信徒登上了高山，击败了他们的敌人并将他们收作奴隶，还剥夺了他们的财产。然后，他们将所有被救出的穆斯林女人和儿童带到海滩上，让尽可能多的人登上船，并将他们带回到阿尔及尔，只留下1000名勇敢能干的同胞保护剩下的人并看守俘虏。海雷丁的船队从阿尔及尔到安达卢西亚（Andalusia）往返七次，共有7万人被从异教徒手中解救出来，他们被带到穆斯林的土地上，混居在那里的穆斯林中间。[6]

这群虔诚的信徒实乃圣战中的勇士，他们口中高喊着"真主伟大"（*Allahu Akbar*）。[7]他们甚至在仲夏的划桨椅上也遵守斋戒。不过，他们也把圣母玛利亚当作后备人选，如果真主在他们危难时无暇看顾，他们就会呼唤她的名字。为了抵御风

175

暴，他们会先转向右舷祈求守护天使的保佑，然后再转向左舷祈求坏事不要发生。随后船上的伊玛目会在烧杯里倒满橄榄油，洒向风中让风平息下来。在岸上，奴隶晚上被关押在监狱里，而他们则在附近的酒馆里随着土耳其喇叭的乐声翩翩起舞，口中含糊不清地说着一种混合了十几种语言的俚语。复活节时，他们在犹太人聚集区里横冲直撞，高喊着"犹太人，你们杀了耶稣！"，并在吉他和梨形琵琶的伴奏下庆祝耶稣复活。是的，他们的所作所为不属于严格意义上的伊斯兰教徒。

*

阿尔及尔的佩尼翁（Peñon）是位于海湾入口处岩石上的一座要塞，驻扎在此的西班牙士兵曾抵御过奥鲁克的进攻，现在他们又要对战他的兄弟了。佩尼翁的补给来自海上。如果有顺风，城墙上的谩骂声就会传到岸上，扰乱正在祈祷的信徒。由于畏惧佩尼翁的大炮，海雷丁的舰长们每次出海时都必须先沿着海岸线向北航行。

176　　海雷丁的舰队先是劫下一艘威尼斯商船上的火药。接着，他们对佩尼翁实施封锁。当守军快要饿死时，巴巴罗萨提出了谈判的条件。要塞指挥官马丁·德·巴尔加斯（Martin de Vargas）坦言自己非常惊讶，这位大海盗王竟然不了解西班牙人的决心。5 月的一个早晨，海雷丁下令炮手开火，打算耗光劫来的威尼斯火药。在长达 10 天的时间里，他们和西班牙炮手用流星般的炮火互相轰击。阿尔及尔火光冲天，一座座宣礼塔被炸塌，双方争夺的小岛上的要塞城墙被炸开了缺口。到了此时，海雷丁和 13000 名装备着火枪和弓弩的士兵才乘坐 14 艘战船渡过海湾，打算结束这项任务。

马丁·德·巴尔加斯在城墙上击退了十几名进攻者，但海雷丁下令要活捉他。互相致意后，海雷丁用似是而非的西班牙语，带着卡斯蒂利亚式的口齿不清，表达了他希望马丁·德·巴尔加斯放下分歧皈依伊斯兰教，为自己辉煌的职业生涯画上一个圆满的句号。巴尔加斯对这一提议反应冷淡，甚至有些轻蔑。双方的交流变了味，海雷丁的态度也由起初的尊重变成了暴怒，很快，巴尔加斯就化为一摊毫无生气的肉泥。[8]

*

　　海盗这一行与击沉船只或赢得战斗无关。它是趁主人外出时进行的入室盗窃。1529年，当安德烈·多利亚和西班牙舰队护送查理前往意大利加冕时，海雷丁派他的副手之一艾丁·雷斯（Aydin Reis）去洗劫巴利阿里群岛（Balearics）。在劫掠了大量财宝并解放了许多西班牙穆斯林后，艾丁的船队在福门特拉岛（Formentera）附近遭遇了西班牙舰队指挥官罗德里戈·德·波图昂多（Rodrigo de Portuondo）率领的8艘战舰。艾丁不顾双方火力悬殊，与西班牙舰队战。他将狡诈和凶猛完美地结合，俘获了8艘战舰中的7艘，包括船上的船员。波图昂多本人被土耳其火绳枪手射中胸部后阵亡。[9]

　　第二年，多利亚趁海雷丁正在围攻加的斯（Cadiz）的时候回敬了他。他洗劫了阿尔及利亚的舍尔沙勒港（Chershell），并解救了正在那里为巴巴罗萨修建堡垒的基督徒奴隶。海雷丁得知这一暴行后，立即驶往舍尔沙勒，但他来不及阻止，只能目送热那亚人消失在地平线上。不过，这也许只是因为运气。

　　这两位水手非常熟悉这片没有潮汐的海域，如果说还有一样东西他们也非常了解，那就是彼此的价值。考虑到他们作为水手的同等地位，以及年龄和经验上的相似性，他们之间任何对抗的结果都只可能由神意决定：例如海面突然的平静以及撒哈拉吹来的沙尘所造成的能见度的降低。就像苏丹和皇帝——他们在奥地利南部紧张地周旋，或者像皇帝和"笃信王"——不知何故双方并没有为大决战做足后勤保障，海雷丁和多利亚都在追击对方，但并没有过于用力。

从巴伦西亚（Valencia）到奥特朗托（Otranto），海雷丁·巴巴罗萨在基督教孩子的噩梦中驰骋，他从福门特拉岛劫持的人质中包括20名优秀的骑士和船长——为什么这个欧洲的怪物要为了私人恩怨而甘愿冒失去自己成就的风险呢？帝国方面，无论是卡斯蒂利亚人还是热那亚人，都不敢阻拦他的舰队，因为他们拥有犹太人锡南（Sinan）和安纳托利亚人图尔古特（Turgut）这样技艺高超的恶棍。锡南之所以被称为"犹太人"，是因为他对星象有着深刻的理解，而图尔古特则在第勒尼安海（Tyrhennian Sea）上散播恐怖。教宗克雷芒本人也不敢离开海岸，只因为害怕海雷丁和他勇猛的部下！

除了苏莱曼，巴巴罗萨就是最著名的土耳其人。关于他的任何一点消息，都足以让欧洲的舆论制造者兴奋不已。弗朗索瓦·拉伯雷（Francois Rabelais）在罗马担任法国大使的秘书，同时为《巨人传》（Pantagruel）做最后的润色，他将一幅巴巴罗萨的肖像画连同一幅突尼斯地图寄给了他之前在法国的修道院院长。每个人都想知道接下来巴巴罗萨会在哪里大开杀戒，又会奸污谁家的姑娘。

巴巴罗萨也没有忘记他的主人，他把敌人的尸体带来，扔在主人脚下。波图昂多将军的裹尸布被海雷丁恭恭敬敬地送到苏丹手中。有一年夏天，一艘装有700桶货物的西班牙货船被拖进伊斯坦布尔港口，船上装满了缴获的饼干。随后是一艘佛兰德船，查理五世的信号旗不光彩地飘在其后，船上的"乘客"中有两头被关在笼子里的狮子。[10]

178

海雷丁体格健壮，身材匀称，胸膛厚实，穿着黑色长袍，系着薄纱腰带。他的脸庞上最引人注目的是他那浓密的眉毛和睫毛，它们像藤蔓一样挂在他的眼睛上。他对任何被他怀疑不忠的人都很少展露同情，但对受宠的下属却显得非常无私。他的一名船长"狂人"穆罕默德（Mad Mehmet）进行了一次劫掠，事后，海雷丁放弃了属于他的那部分俘虏，其中包括一个可爱的热那亚男孩。当意识到这个男孩归自己所有之后，穆罕默德跪下来亲吻海雷丁的手和脚。"我的孩子，"海雷丁不无宠溺地说，"过去我也曾将自己的那份战利品赏赐与你，但你却从未像这样亲吻过我的手和脚。现在有什么特别之处吗，让你这样从头到脚地亲吻我？"[11]

他的每一份战利品都是他计划的一部分，他要成为北非的主宰，然后把它们留给自己的门徒，一个叫做哈桑（Hassan）的男孩。到了1532年，多利亚攻占了科罗内，并将艾哈迈德帕夏羞辱了一番，海雷丁的帝国则在7万名知恩图报、勤勤恳恳的西班牙穆斯林的助力下发展壮大，而他手下的基督徒却在船上、采石场和田间干着苦力。

"海雷丁贝伊阁下的船只正在朝西班牙的方向潜行，"赛义德·穆拉特讲述道，"他们听说卑鄙可憎的西班牙国王已经率领他那支被诅咒的军队从陆路赶去，准备与保护世界的国王阁下作战，并派安德烈·多利亚和他那该被歼灭的舰队前往科罗内城堡——此地是王家保护领地，于是，他们立即把这一消息传达给了尊敬的海雷丁贝伊阁下。贝伊阁下确定消息无误后，立即调派了15艘战舰前往西班牙。船长们到达西班牙后，俘获了大量船只和俘虏，他们烧毁了城堡，在各省发动圣战，为对方带来了巨大的损失。他们从那里攻入安达卢西亚，尽其所能地将安达卢西亚的穆斯林带走。他们给西班牙各省造成了巨大的破坏，沿海的城堡和城镇无一幸免。在长达两个月的时间里，他们以这样的方式在海上和陆上四处劫掠。"[12]

*

因犯如果行为恶劣或试图逃跑，割掉他们的耳朵和鼻子就被视为是一种可接受的做法，但西班牙人将这一酷刑扩大到那些相当无辜的囚犯身上。赛义德·穆拉特写道，西班牙人会割掉所有落入他们手中的穆斯林的耳朵和鼻子。他们甚至会割断囚犯的神经，让他们变成残废，这样他们就无法逃跑了。白海就像米蒂利尼的集市一样小，可以说大家都是一家人，所以每当发生此类暴行时，海雷丁都会知晓。他的解决办法是"以一抵十"：西班牙人每残害一名穆斯林，海雷丁就会残害十名基督徒。

海雷丁的新政策在基督徒抓获萨利赫·雷斯（Salih Reis）后得到了验证。萨利赫·雷斯曾在福门特拉岛任职，深受基督徒鄙视。当萨利赫被绑着带到阿尔及利亚海岸的西班牙港口吉杰勒（Jijel）时，当地的西班牙人聚集在码头上，提出要买下他。他们想要将他慢慢地折磨死。但船长拒绝了他们的提议，他说："如果杀了他，你们知道巴巴罗萨会杀死多少俘虏吗？"赛义德·穆拉特写道，如今，如果某个基督徒肆意地殴打无辜的俘虏，就会有人向他们的领主控诉，说："巴巴罗萨的肚子里吃下了这么多我们的人，毫无疑问他是一个不折不扣的恶魔，无论我们在这里做什么，到了晚上他都会知道，然后他就会杀死我们的俘虏。"

在适当的时候，在福门特拉岛被俘的西班牙骑士和船长的家人将海雷丁要求的2万赎金送到了阿尔及尔。但一想到要释放这么多复仇心切的敌人，他就感到不安。"这些人，"他思忖着，"依然保留着他们的全部力量，如果我把他们卖掉，他们就会找到许多船只，然后四处去伤害穆斯林。"于是他拒绝了赎金，继续关押这些囚犯。

在他身边，有一位来自莱斯博斯的年轻同胞，名叫塞尔柱克（Seljuk）。海雷丁欢迎他来到阿尔及尔，给了他一小块领地，并让他负责看守那些骑士和船长。一天夜里，海雷丁梦见自己和塞尔柱克回到了米蒂利尼的老家，塞尔柱克家的中柱就快要倒塌了，海雷丁不得不亲自撑起它。第二天早上，海雷丁仔细思考着这个梦的含义，他召见了塞尔柱克，说："这些异教徒骑士一定在搞什么鬼。你现在必须假装和他们是一伙的，然后从他们那里套出真相。"[13]

塞尔柱克去找那些被俘虏的船长，告诉他们他是多么的痛恨海雷丁，竟然让他在这里看守监狱，而没有给他一个受人尊重的职位。船长们以为他会支持他们的计划，便告诉他说他们打算越狱并解放所有阿尔及尔的基督徒奴隶。

当塞尔柱克带着这份情报回来时，海雷丁并不着急。在没有证据证明他们密谋叛乱的情况下，他不能随意处决这些基督教反叛者。否则，西班牙人就会指控他滥杀无辜，并会通过杀死萨利赫·雷斯复仇。考虑再三后，他让塞尔柱克回到船长们身边，建议他从他们那里带一封信给贝贾亚（Bejaia）的西班牙指挥官。船长们真的给了塞尔柱克一封信，请求西班牙人提供一艘船和一些人手，帮助他们实施计划。塞尔柱克保留了这封信，但同时还伪造了一个副本，并将副本带给了贝贾亚的指挥官。指挥官回了一封亲笔信，称他会派一艘船和士兵来。海雷丁的手下轻而易举地拦截了这艘船，并抓住了船上的士兵。与此同时，在阿尔及尔，海雷丁让人将船长们带到他面前，并把那封信给他们看，他们根本无法否认。于是他下令将他们处死。他又把指挥官的信送到了关押萨利赫·雷斯的地方，以证明他处死这些船长不是为了取乐，也不是因为他生性残暴，于

181

是萨利赫·雷斯最终毫发无损。

巴巴罗萨现在终于可以出发前往伊斯坦布尔了。

*

现在，土耳其人有了一个新盟友，在各方面都比威尼斯强：忠诚、强大、无所畏惧。这段关系是法国人在帕维亚吃了败仗后开始建立的。当时笃信王还是阶下囚，在他答应支付勒索金以赎回自由之前，苏丹给他写了一封鼓舞士气的信。他在信中说，请鼓起勇气，国王必须预料到，他们会时不时输掉战争并沦为阶下囚，但重要的是不要让它击垮您！请别忘了，我［苏丹在这里列举了他的各种头衔：万王之王，真主在人间的影子，统治着白海和黑海、鲁米利亚和安纳托利亚、苏尔卡德尔（Sulkadr）、迪亚巴克尔（Diyarbakir）、库尔德斯坦（Kurdistan）、阿塞拜疆、伊朗、大马士革、阿勒颇、埃及、麦加、麦地那和耶路撒冷……的皇帝及主宰］……不要忘记我是您的后盾。

1528 年，苏莱曼又给弗朗索瓦写了一封饱含善意的信，他在信中向弗朗索瓦表示歉意，因为他无法遵从弗朗索瓦的要求，将耶路撒冷的某座清真寺重新改建成教堂。但苏丹非常真诚地向他承诺，帝国各地的基督徒都将享有信仰自由，而不仅仅是在耶路撒冷，这样一来，"任何人都不能折磨……他们，哪怕一丁点也不行"。[14]

如果回想起 1099 年十字军攻占耶路撒冷时的屠杀场面，苏丹的话就更显得宽宏大量了，那时弗朗索瓦的祖先们可是站在深及脚踝的穆斯林的鲜血中。

法国人对新联盟投资所带来的好处集中体现在海雷丁·巴巴罗萨身上。弗朗索瓦希望得到阿尔及尔国王——海雷丁在外

交事务中以此自居——的帮助，从安德烈·多利亚手中夺回热 182
那亚。作为回报，海雷丁想要获得资金，还想让他的战船使用
法国的港口。但在合作开启之前，海雷丁必须先释放在福门特
拉岛俘虏的法国贵族，包括王储的伙伴们。

1533 年夏天，海雷丁的廷臣赛里夫·雷斯（Serif Reis）
带着这些战俘踏上了法国的土地，随行的还有一些装在笼中、
长有鬃毛的四脚野兽，它们是送给法国国王的礼物。法国驻
扎在黎凡特地区的舰队司令护送他们翻山越岭来到卢瓦尔河
（Loire）发源地附近的勒皮昂韦莱（Le Puy-en-Velay）。笃信
王来到此地是为了朝拜"黑圣母"，即一种圣母的乌木雕像。

7 月 19 日，在弗朗索瓦和赛里夫的见证下，因犯们的脚
镣在庄严的气氛中被斩断。随后，赛里夫翻越群山返程复命，
手里拿着一份两国签署的友好宣言和一份贸易协定。

次月，海雷丁将阿尔及尔交给哈桑和禁卫军镇守，自己则
带着 17 名船长肆意蹂躏第勒尼安海地区。西西里岛东北端的
墨西拿（Messina）被洗劫一空。夜幕降临后，他又出其不意
地攻占了厄尔巴岛（Elba），几乎把所有 25 岁以下的当地居
民都赶上了他的船。犹太人锡南劫走了一艘巨大的威尼斯船，
光在这艘船上就俘虏了 400 人。

巴巴罗萨和他的部下在南欧沿海地区造成的恐慌是前所未
有的。医院骑士团的团长腓力·德·维耶·德·利勒 – 亚当已
经年老体衰，当他得知巴巴罗萨正在向骑士团的新基地马耳他
进发时，这位经历过罗德岛之战的老兵当场倒地身亡。[15] 而事
实证明，这个消息是讹传。教宗克雷芒也不敢走海路去参加他
的侄女和笃信王儿子的婚礼。当海雷丁的舰队满载着战利品，
平静地驶向希腊时，阵脚大乱的安德烈·多利亚也驶向了西西
里水域。

海雷丁在科罗内稍作停靠，为一些土耳其战俘赎身，随

183 后，他继续在爱琴海上航行，并在达达尼尔海峡的入口处抛锚。在接下来的几天里，船员们对船只进行了修补、擦洗和刷漆。苏丹指示他继续前进，当苏丹的使者向他呈递令状时，海雷丁端起状纸对着自己的眼睛和脸，然后像亲吻圣物一样地亲吻它。11月21日，在占星师挑选的良辰吉日，他的40艘大大小小的船只绕过波因特宫（Palace Point），驶入金角湾，它们的甲板锃亮，炮声隆隆，旗帜飘扬。

*

如果海雷丁是最让安德烈·多利亚感到恐惧的船长，那么奥斯曼帝国的海军就必须托付给海雷丁。这就是高门的逻辑。但奥斯曼帝国好似一只巨兽，它的四肢并不总是与大脑保持一致。

虽然苏莱曼在新宫里隆重地接待了海雷丁，但在这些礼节的背后，却隐藏着某种举棋不定，或者说是一种软弱。海雷丁一直以为他会获得属于自己的帕夏领地（Pashalik），还有收入丰厚的封地和巨额的预算资金，但这些目前还没有任何踪影。第二帕夏阿亚斯和第三帕夏卡西姆，以及舰队的统帅们，都对他满怀敌意。

问题在于他的教养。海雷丁既没有在伊斯坦布尔接受过教育，也没有接受过服从苏丹的训练。他的道德观令人怀疑，对伊斯兰教习俗的理解也非常模糊。此外，他的兴趣在地中海的另一端。他们不禁要问，法兰克人怎么会如此确信，一旦海雷丁掌控了舰队，并将重要的指挥职务交给了自己的手下，他就不会为了自己的利益而将其据为己有呢？

正是易卜拉欣向苏丹力荐了巴巴罗萨，而他本人现在远在

250 法尔萨赫①（farsakhs）之外，不方便来处理此事。巴格达人民请求他将他们从伊朗沙阿塔赫马斯普的暴政下解救出来，于是大维齐尔率领 5 万将士穿越安纳托利亚进入叙利亚，在进军巴格达之前，他正在阿勒颇过冬。他要在一年后才能返回伊斯坦布尔。也许时间还要更久。

＊

易卜拉欣的缺席使海雷丁的计划出现了一点小小纰漏，但这并非不可克服。与自鸣得意的帕夏们相比，主动出击更符合他的天性。因此，海雷丁在解除舰队武装并将基督徒俘虏关进城里的监狱后，就带着一支西帕希骑兵分队冒着大雪出发了。冬天还没有过去，他就来到了阿勒颇附近的卫城。

易卜拉欣帕夏在当地召开了议会，该机构由高级神职人员、商人、法官等组成。当海雷丁应邀参加他们的讨论时，这些傲慢的达官显贵把他带到了房间的后方，也就是离大维齐尔最远的地方。但会议结束后，易卜拉欣召见了海雷丁，并与他交谈，法兰克人对他所听到的一切都感到十分满意。他授予海雷丁"统帅帕夏"（即舰队司令）的职位，[16]并赐予他圆顶白头巾和华丽的马具，这些都是与他的职务相匹配的。下次召开会议时，统帅帕夏就坐到了易卜拉欣身边。[17]

1534 年开春后，从阿勒颇策马归来的海雷丁气宇轩昂，他不再是身份不明的外来者，而是富有魅力的小圈子成员，宫廷画师乐于描绘他的侧影，画中的他在若有所思地细嗅玫瑰。他向遇到的每一个宗教慈善机构挥洒金币，还在奥斯曼帝国

184

---

① "法尔萨赫"是一个古代波斯的长度单位，1 法尔萨赫大约等于 5.5 公里，主要在历史文献中使用。

最早的首都布尔萨（Bursa）停留，在"埃米尔苏丹"（Emir Sultan）布哈里（Buhari）——这位苦行僧娶了某位苏丹的女儿——的墓前行跪拜礼。他的住所里有一个叙利亚宦官，这是大维齐尔让他转交给自己和穆赫辛的儿子穆罕默德·沙赫的礼物。[18]

只有一件事破坏了海雷丁的心情。在叙利亚期间，他留在伊斯坦布尔监狱中的许多俘虏都死于严寒和疏于照料，还有一些逃到了城里的基督徒中间避难。当得知威尼斯总督的儿子阿尔韦塞·古利提帮助了这些逃犯，并对其中的威尼斯人特别照顾时，他感到十分沮丧。

海雷丁对威尼斯毫无好感。他无法理解的是，高门依然与这个正在衰落的势力保持着联系。这一势力一边向苏丹宣誓效忠，一边又签署了《博洛尼亚协议》，在向一方赠送独角兽角的同时，又向另一方支付赔款。作为海雷丁的门徒，穆拉特在著作中只要提到威尼斯人，都会加上"不敬神者"或"叛徒"这样的蔑称。

而海雷丁一看到偷鸡摸狗的勾当，就知道这是怎么一回事。他派人去佩拉追回他的奴隶，还逮捕了组织叛乱的人，其中就包括一些古利提的朋友。面对这种对自己领地的侵犯，"贝伊奥卢"根本就无力阻止。

*

在新宫里，易卜拉欣的表扬信给苏莱曼吃了一颗定心丸。他赐给海雷丁一根正义之杖，以表明他对帝国各港口的绝对权威。海雷丁则向苏丹解释，他一生是如何在海上作战的，他的兄弟奥鲁克是怎么一回事，还讲了他所知道的关于欧洲海岸线的一切，以及突尼斯这个西班牙附庸国是如何弱不禁风。他告诉他的君主，从突尼斯的卡本半岛（Cape Bon）到西西里的特拉帕尼港（Trapani）和马尔萨拉港（Marsala）不足 100 英里，我们的战舰可以穿过海峡，袭击并摧毁这些地方。巴勒莫（Palermo）方面还没反应过来是怎么回事，我们就能返回突尼斯。

海雷丁的随从中还有一个叫拉希德（Rashid）的，他的兄弟穆雷·哈桑（Muley Hassan）是突尼斯的现任统治者，也是查理的附庸。为了达到自己的目的，海雷丁继续说道，穆雷·哈桑手上沾满了鲜血，人民渴望的是拉希德。我们会入侵那里，并拥立拉希德为王，但实际上突尼斯将属于陛下，这样一来，意大利的海岸线将无险可守。此外，我们的法国朋友也正在加速建造战舰，以便进攻热那亚，而安德烈·多利亚会因此被束缚住手脚。

苏丹给海雷丁的预算是每年 60 万达克特。他在罗德岛、优卑亚岛以及他出生的莱斯博斯岛——相当巧妙的安排——都获得了新的封地，其每年的津贴中也包括来自这些封地的 14000 达克特。在金角湾的造船厂里，200 名高级工匠、50 名工头和无数工人不知疲倦地工作着，他们从未忘记，新上司正在他的小工作间里盯着他们的进度。

巴巴罗萨干劲十足，在他的领导下，奥斯曼海军获得了 200 艘新战船，每艘船上配有 250 名桨手、水手和战斗人员，并装备了最好的弹药。5 月，他从君士坦丁堡向西航行，整个夏天都在意大利西部的海岸肆虐横行，同时也在寻找某些特别的东西。

186

*

丰迪伯爵夫人（Countess of Fondi）、年轻的茱莉亚·贡扎加（Giulia Gonzaga）是曼图亚贡扎加家族的表亲，阿尔韦塞·古利提曾向她赠送过马匹。伯爵夫人聪慧活泼，一头金色的卷发，嘴唇之红润漂亮胜过了红宝石，脖颈洁白如雪。她十几岁时就丧夫，住在亡夫位于丰迪的城堡之中。这座城堡位于连接罗马和南方的阿庇亚大道（Via Appia）上，距离斯佩隆加（Sperlonga）港口8英里。她在这里的宫廷远近闻名，座上宾包括一些艺术家、诗人和神职人员，历史学家、现任诺切拉（Nocera）主教保罗·乔维奥也位列其中。这些人一直将她视为最完美的人。宗教改革家胡安·巴尔德斯（Juan Valdes）曾在丰迪与她共度了一天，他就此写道："她没能成为全世界的王后，那真是太遗憾了，尽管我相信上帝如此安排，是为了让我们这些可怜的人欣赏她绝妙的谈吐和仪态，这些并不比她的美貌逊色。"[19]

　　茱莉亚比船上的饼干或打湿的旗帜更能取悦苏丹，海雷丁的脑海里突然冒出了这个念头。几个星期以来，他攻打墨西拿、洗劫圣卢奇多（San Lucido），他的船只从那不勒斯人的眼皮底下大摇大摆地驶过，日子过得非常惬意。随后某天的晚上，他在斯佩隆加登陆。经过隐蔽的夜间行军，他和部下一路上没有遇到任何抵抗，顺利地抵达丰迪，并毫不费力地闯入了茱莉亚的城堡。就差几分钟，茱莉亚差一点就被地中海地区最可怕的人掳走，去装点他主人的后宫。她被仆人叫醒，只穿了睡裙就从窗户逃走，跨过一座秘密的吊桥后，她来到月光下的庭院，在夜色中飞奔，最终安全脱险。眼见到嘴的鸭子飞了，巴巴罗萨被激怒了，他让手下的人将怒气撒在了丰迪，将其洗劫一空。附近的修道院也遭了殃，修女们惨遭屠杀。有关这一暴行的消息传到了罗马，惊动了正在为奄奄一息的教宗克雷芒守夜的枢机主教，他们决定采取行动，不过为时已晚，海雷丁和他的部下已经在去往北非的路上了。

*

突尼斯的面积与罗马相仿。这里的海盗世世代代都会向哈夫斯王朝的统治者进献五分之一的战利品，他们和这里的商人一起为突尼斯的建设添砖加瓦。这里有一百多座清真寺，柱子由碧玉和斑岩制成，墙壁也打磨得如此光滑，你甚至可以在上面看到自己的脸。这里还有富丽堂皇的教堂和一座修道院，海雷丁因为不喜欢基督教的钟声，打算让它们噤声。

突尼斯盛产橄榄、柠檬、酸橙和橘子，还盛产亚麻布和基督徒奴隶，但它缺水。曾经为罗马治下的迦太基供水的大水渠就在附近，但最近几位统治者都不愿意屈尊去做修缮的工作，更不用说把它引到最有用的地方了。水渠的残垣断壁竖立在一片平原上，周围到处都是用井水灌溉的果园，而 3 英里外的城镇中心却只有一口水井，城里的居民只能靠蓄水池取水。海湾本身也算不上是真正的海湾，而更像是一片汇集了城市污物和径流的洼地，一年中大部分时间都可以涉水通过。[20]

海雷丁在戈莱塔（Goletta）登陆，该要塞坐落在将海湾与大海分隔开来的岬角上。海雷丁宣布穆雷·拉希德——他远比哥哥穆雷·哈桑受人爱戴——就在他的船上，从而赢得了守军的支持。他解释说，只是因为一场不幸的疾病，王国的合法统治者现在无法在臣民前露面。[21]拉希德确实被关在伊斯坦布尔的监狱里，等到人们意识到这一点时，他们已经极不明智地让巴巴罗萨和他的 5000 名士兵进入了突尼斯城堡，穆雷·哈桑不得不带着他的母亲和儿子逃到了沙漠里。[22]尽管哈桑不得人心，但人们普遍对这个狡诈的新来者感到愤怒。在制造了大量流血事件后，海雷丁好不容易才将和平强加给心有不甘的民众。

那年冬天，海雷丁一直在追击穆雷·哈桑。他开出 3 万金币悬赏这名逃犯的人头。他还找来 60 名有影响力的宗教人士，并从他们每家抓走一个儿子，威胁他们要乖乖听话。他派出以风帆驱动的火炮在沙漠中疾驰，吓唬那些牧民和他们的家人。但谢赫和先知们绝非等闲之辈，他们的手下会趁海雷丁的人在突尼斯大清真寺里做礼拜时，毫不手软地杀了他们。城里到处都是哈桑的特务，他们声称要对通敌者进行报复。不，殖民者的生活绝不轻松，尤其是当对手觊觎着他的这块殖民地的时候。

第十三章

提香给查理画了一幅非常有名的肖像画。这幅画将皇帝漂亮的大眼睛展现得淋漓尽致，他的眼神中流露出好奇或些许的惊讶，让人觉得他张开嘴巴是因为想说点什么，而不是因为他无法合上它。一抹胡须和阴影遮掩住了他那嚣张跋扈的下巴。但是，看到这幅画的人很快就会从皇帝的脸上以及他那昂贵的无袖外套和紧身裤上移开视线，而被他脚边的狗吸引注意力。这只健硕的狗正在嗅皇帝的遮阴布，显得有些过于亲昵，这块遮阴布就像塔坡巴纳岛（Taprobana）上熟透的菠萝蜜一样，挂在离它的嘴几英寸的地方。

伊莎贝拉皇后又怀孕了，新任教宗保罗三世正在考虑将查理的男子气概另作他用。土耳其人在波斯和美索不达米亚忙得不可开交，教宗认为，这种状况是"皇帝的大好机会，他不仅可以趁机处理非洲方面的事务，还可以进一步追逐更伟大、更光荣的事业"，他敦促皇帝"不要浪费这一天赐良机"。[1] 保罗所说的"非洲方面的事务"，指的是将巴巴罗萨驱逐出突尼斯。至于"更伟大、更光荣的事业"，则是重新征服君士坦丁堡。

西班牙国王痴迷于前人留给他的十字军遗产，清楚地知道他的哪位祖先曾在阿卡（Acre）、耶路撒冷等地战斗过。这真是当代政治中的一个怪现象：当这位异教徒国王登上北非的土地时，他竟然受到了穆雷·哈桑的欢迎，而作为伊斯兰教哈里发的亲信和代表，海雷丁却是穆雷的敌人。然而，正如海雷丁的战友穆拉特以其惯有的坦率所指出的那样，虽然穆雷·哈桑"被称为穆斯林，并以穆斯林的面目示人，但他却要为连异教徒都不会犯下的罪行负责"。[2]

由皇帝亲自统帅的十字军东征吸引了地位更高的人的加入。1535年4月，查理的妹夫、葡萄牙王子路易斯（Luis）率领一支舰队驶入巴塞罗那。与他会合的还有曼图亚公爵的兄弟费兰特·贡扎加（Ferrante Gonzaga）——他因家族女眷最近才从海雷丁的魔爪下脱险而火冒三丈——以及费尔南多·阿尔瓦雷斯·德·托莱多（Fernando Alvarez de Toledo），他的头衔包括第三代阿尔瓦公爵（Duke of Alba）、第四代科里亚侯爵（Marquess of Coria）、第三代萨尔瓦蒂埃拉·德·托尔梅斯伯爵（Count of Salvatierra de Tormes）等。诗人加尔西拉索·德·拉·维加（Garcilaso de la Vega）、编年史家让·德·旺德内斯（Jean de Vandenesse）和画家扬·科内利斯·韦尔梅恩（Jan Cornelisz Vermeyen）将负责宣传工作。[3]为奥斯曼帝国歌功颂德的凯末尔帕沙扎德在1526年的莫哈奇战役中足不出户，他们当然不会像他那样；他们正准备穿上盔甲，骑上战马驰骋疆场。5月21日，安德烈·多利亚率领22艘战舰抵达。他的"雷亚莱"（Reale）号战舰的尾部铺满了镶着金色锦缎的深红色天鹅绒，上面挂满了绘有圣徒画像的旗帜。上岸后，热那亚总督（Viceroy of Genoa）和皇帝坐在一起研究地图和作战方案。

在马德里，皇后一如既往地在没有丈夫的陪伴下准备分娩。据她的一位侍女所说，她"非常孤独，愿上帝怜悯她"。[4]

6月11日，舰队驶入了撒丁岛南部海岸的卡利亚里（Cagliari）。从意大利、德意志和西班牙征召了更多新兵后，他的总兵力超过了5万人，战舰则有400艘。这支舰队中有隶属于医院骑士团的著名的马耳他战舰，它由八层最坚固的橡木和坚不可摧的金属外壳打造而成，其速度和灵活性使之堪比一只猛兽。[5]
在卡利亚里，从突尼斯逃出来的基督徒奴隶告诉皇帝，巴巴罗萨
正在戈莱塔加固防御工事。查理在登陆后，应该可以绕过海湾，
从西面逼近这座城市；这一方案尽管可行，但并不可取，因为那
样的话，严阵以待的敌军堡垒就刚好卡在了皇帝的军队和他的逃
生通道之间。

191

*

海盗王知道皇帝在打什么主意。他的法国朋友已经告诉了
他。因此，他筑起了城墙，赶走了城中的老弱病残，并将成千
上万的基督徒奴隶锁在城堡里，[6]以防他们变成"第五纵队"①。
但他无法像尼古拉斯·冯·萨尔姆在维也纳所做的那样，将城
市外围夷为平地，以开辟出没有障碍的火力网。那样做会冒很
大的风险，有可能使憎恨他已久的人们爆发大规模叛乱。他也
不能指望从伊斯坦布尔得到增援。苏丹本人远在东方，而从加
利波利海军基地驶出的战舰只能用于保卫伊斯坦布尔，抵御教
宗所谓的"更伟大、更光荣的事业"。

6月16日，查理登陆。在接下来的几天里，他率领的联
军——君主们、长矛手、异常兴奋的教士、拖着重炮的人、卖
牲口饲料的女人和骑着单峰驼挥舞棕榈枝的男孩——向戈莱塔
进发。当他们穿过罗马故地迦太基的沙地和残垣断壁时，受到
了骑着快马的阿拉伯和柏柏尔长枪手以及精锐步兵的沿途扰
袭。皇帝需要时不时地亲率突击队迎战。[7]

戈莱塔是一座建在沙地上的现代砖砌城堡，防护森严，里

---

① "第五纵队"（Fifth Column），意指潜伏在内部进行破坏，与敌方里应外合破坏国
家团结的团体。这个概念最初源于西班牙内战。

面有一口面积适中的蓄水池。犹太人锡南负责城堡的防御，这样海雷丁就可以放开手脚在突尼斯坚守阵地——监视叛乱的迹象，为他的副官提供给养，并扰袭前进中的帝国军队。守军有效地阻碍了查理的前进，用穆拉特的话来说就是，帝国军队不得不"转入地下，像瞎了眼的鼹鼠一样修建地道，并沿着地道蜂拥向前"。

192　在长达 30 天的时间里，基督徒在地下埋头苦挖，而穆斯林则抓着他们的尾巴把他们揪出来。穆拉特如此记录道，"伊斯兰人民……把那些命途多舛的叛徒砍成碎片，当虔诚的信徒们兴高采烈地把剑插进那些死有余辜的异教徒身上时，后者……掉头鼠窜，穆斯林击退了三四千敌军，并把西班牙国王从马上扔了下来"。[8]

不可否认，这一路上困难重重。帝国士兵带上岸的饼干里滋生了蛆虫，食品市场通货膨胀严重，物价让人瞠目结舌。一只母鸡要价整整 1 达克特，一头小母牛要价 10 达克特，一只干瘦的绵羊要价 4 达克特。[9]水永远不够用，只有酒。当军纪遭到破坏时，可以预见捣鬼的一定是德意志人，因为他们向来表现最差，查理就曾经用长矛教训过一个不听话的德意志雇佣兵：这个德意志人竟然鲁莽到向皇帝陛下亮出武器，他因此付出了生命的代价。在得知皇后诞下了一个女儿后，士兵们才有气无力地欢呼起来。

尽管基督徒的士气摇摆不定，但他们有一个有力的优势，那就是源源不断的补给。锡南每发动一次进攻，摧毁一条战壕，或将基督徒的尸体——数量多到足以污染空气——扔到阳光下，就会有一艘补给船从西西里岛、比斯开湾（Biscay）或热那亚驶来，为帝国运来新的兵员、炮弹和用于防御工事的柴堆。战壕和地道离城墙也越来越近了。

7 月 14 日，查理听完弥撒后，下令从陆地和海上对戈莱塔进行猛烈的炮击。锡南的重炮也射出铁链，就像迦太基斗兽场上角斗士抛出的网一样，不同的是，这些铁链会以魔鬼般的力量击中目标，将人的身体一分为二，或将人的头颅从肩膀上绞断。经过 7 个小时的战斗，帝国的战舰在靠近海岸的城墙上撕开了一个缺口，查理的军队涌入城内，一名手持十字架的修士在一旁为他们呐喊助威。锡南的部下弹尽粮绝，士气溃散，向后撤退到海湾，并在基督徒的追击下跳进了齐腋深的海水里。当天下午，查理和他的新附庸穆雷·哈桑占领了戈莱塔，2000 名守军死在他们脚下。他们还获得了约 400 门大炮，许多大炮上都印有象征法国王室的鸢尾花（fleur-de-lys）图案。数十艘巴巴罗萨的船只被俘或被毁。

海雷丁召集了城中各区的首领，警告他们不要听信西班牙国王的承诺，就算是放下武器也会受到伤害。然后，他带领数千名土耳其人、阿拉伯人和柏柏尔人来到一片迦太基废墟中的果园。帝国军队本来就缺水，加上头顶骄阳似火，如果无法夺取那些水井，他们就会渴死。查理的嘴角已经满是盐粒和污垢，无法要求部下再付出更多的努力了。但经过一番激战后，当双方都快要被热浪消耗殆尽时，一支由阿尔瓦公爵率领的帝国军队取得了突破，海雷丁的部下只能落荒而逃，而帝国军队则跪倒在水井旁，拼命喝水。[10]

从失陷的防御阵地回到城中后，海雷丁发现许多居民都在逃命，那些基督徒囚犯也冲出了地牢。穆拉特写道，"看到无路可退"，海雷丁弃城而逃，"逃了很远之后，他遇到了 5 万多平民，他们都在逃难……看到他们每个人失魂落魄的样子，看到他们的软弱、苦难和艰辛，看到他们的悲惨遭遇，他的心在为他们滴血，他开始哭泣，哭得差一点一命呜呼"。[11]

但这 5 万人是幸运的。在攻下敌城后，查理并没有阻止他的部队按惯例进行为期三天的洗劫。他们干劲十足地投入这项工作中，这对于被军事行动的热血折腾得如此虚弱的人来说是非常难得的。不过，这也可能与酒精的作用有关。在搜寻宝藏的过程中，他们杀戮、奸淫、摧毁房屋和商店，在心满意足后，他们便将敌人降为奴隶。当他们完成这一切时，大约有18000名穆斯林被戴上了锁链，奴隶的市场单价也降到了每个奴隶10达克特，只相当于一头牛的价格。被解放的基督徒奴隶将被遣返，回到他们在巴利阿里群岛、意大利和其他地方的家园。

*

向西撤退的巴巴罗萨听说了城中穆斯林同胞遭受的苦难，他对这些叛徒毫无同情，因为他们竟然相信了异教徒的保证，还向他们提供了情报，为他们摇旗呐喊，甚至跑出城来通风报信，告诉异教徒"巴巴罗萨已经出城了！"而当入侵者犹豫不决时，他们又催促他们："快进城堡！"穆拉特一如既往地代主人发声。"荣耀归于全能的真主，祂再次将灾难迅速地降临到那些背叛伊斯兰教的人头上，因为他们毫无道理地仇恨并敌视穆斯林，我祈求万能的真主，愿荣耀归于祂，在今生和来世将灾难和惩罚降临到任何有此企图的人的身上。"[12]

海雷丁·巴巴罗萨为伊斯兰教感到悲哀，真主最完美的杰作却被那些声称信奉伊斯兰教的人如此残忍地背叛。但海雷丁绝不会让情绪影响自己的判断。失败的事业没有任何吸引人的地方，无能也毫无浪漫可言，他在努力做到最好的同时，也从未忘记做最坏的打算。

他有15艘大帆船，为了以防万一，他将这些船只凿沉在一条河流的入海口处，即位于海岸线以北200英里处的博纳（Bona）。经过5天5夜的高强度行军——其间他比许多年轻的战士都展现出了更强的体力和精神耐力——他终于到达了博纳，在夜幕的掩护下打捞并重新修补好了这些船只，然后冲破安德烈·多利亚孱弱的封锁线，驶入公海。一天后，他到达阿尔及尔，那里的人们听说了突尼斯遭遇的灾难，并合理地解释了他奇迹般获救的经过："很明显，万能的真主不是无缘无故地创造您的。"[13] 回到封地不到 15 天，这位六十出头的白胡子老头就又出海了，尽管他需要一段反思的时间，因为他刚刚在军事上经历了一场惨痛的失败。

　　当他率领着 32 艘战舰扬帆起航时，他在想，要怎么做才能让查理在突尼斯的胜利黯然失色呢？要做什么才能玷污他解放基督徒奴隶的成就呢？查理的宣传人员正在掀起一场舆论风暴——那些胜利的颂歌、称颂骑士精神和英雄气魄的赞美诗以及挂在宫殿墙壁上展现胜利场景的织锦。要怎么做才能让这一切戛然而止呢？就连他的部下也不知道他要把他们带到哪里去，直到他们来到米诺卡岛——该岛属于巴利阿里群岛——的马翁港（Port Mahon），毫不留情地将其洗劫一空，并把几天前才在突尼斯重获自由的数千名基督徒掳至阿尔及尔。[14]

　　刚刚完成生育的皇后从马德里写信给她的丈夫，告诉他在突尼斯大捷——此次胜利主要惠及意大利人——后不久，马翁港就惨遭洗劫，这一惨剧在此时发生，对西班牙人的伤害"远胜于其他时候。人们在这里只谈论这件事"。[15]

　　巴巴罗萨想传递的信息是，他可以巧妙地借助风力，这比拥有固定的领土更为重要。他的资产不能用税收、田地或城池来计算，因为能够肆无忌惮地驰骋于海上才是他最大的资产，谁又能否认这一点呢？他躲过死神，跨过白海，刺穿并凌辱了那些在迦太基的残垣断壁之下试图将他置于死地的西班牙人，这让他的地位凌驾于普通水手之上。他是一个会变形的妖怪，一个精灵，一个神话中的深海怪物。安德烈·多利亚这位优柔

195

寡断的海军统帅却在博纳放虎归山。不过俗话说得好，乌鸦不会把对方的眼睛挖出来。

皇帝声称改变了历史的进程，一位参与攻占突尼斯行动的意大利人对此表示怀疑。他写道："巴巴罗萨带着大量财宝和 4000 名土耳其人逃走了，据说，即便在戈莱塔损失了 40 艘大型战舰以及无数其他各型船只，他仍有 50 艘完好无损的战舰。他还救出了多达 3000 名奴隶，这是一个庞大的数字。而当我们计算他在突尼斯的损失时，我们发现这几乎不值一提，它更像是烧烤时升起的袅袅炊烟，而非大块的烤肉，因为巴巴罗萨拥有如此多的战船、奴隶和土耳其人，他很容易就能恢复元气。总之，突尼斯被攻陷只是一件微不足道的小事……陛下带着军队进攻突尼斯，使自己陷入到巨大的危险之中；当时，如果巴巴罗萨按兵不动，延迟两三天再与敌方的军队交战，陛下肯定会战败，所有人都会被难熬的干渴折磨死。[16] 在我们的队伍里，没有一个不生病的，我们的旗手阿尔皮诺的齐切罗（Cicero of Arpino），也因干渴而永远地倒下了。"

第十四章

1534 年春天：早于丰迪之劫，也早于突尼斯战役。

皇太后去世了。

悼词作者称她为另一个阿以莎（Aisha，先知的妻子），另一个法蒂玛（Fatima，先知的女儿）。漏尽钟鸣，天命难违，就连哈芙莎也不能例外。在这一点上，皇太后和乞丐并无二致。

在她还住在马尼萨时，苏丹特许她建一座有两座宣礼塔的清真寺，而不是通常的只有一座，她是第一位获此殊荣的皇室女性。苏丹之母，世界的庇护者，她的全部工作就是虔诚地侍奉真主，她的每一个想法都充满了善意。在胜利之时，她表现出怜悯之心，当遭弃的嫔妃陷入困境时，她又慷慨解囊。

距离上一次传出许蕾姆要生孩子的消息，距离上一次炮声宣告皇室添丁，已经过去了好些年。许蕾姆生下了三个身心健康的儿子。第四个儿子吉汉吉尔是个驼背，在皇位竞争中提前出局。

她仍处于生育年龄。我们可以想象，在苏丹和她行房事前，她会使用大量的阴道栓剂（薄荷草、莳萝叶、卷心菜花瓣油），这些都是细心的家庭主妇能够找到的。[1]

苏丹的长子穆斯塔法已经前往马尼萨就任总督，就像之前他的父亲所经历的那样。帕夏们在 3 月的狂风中目送他离开，阿亚斯扶着马镫，卡西姆拿着剑，易卜拉欣提着他长袍的下摆。穆斯塔法面色苍白，脖子修长（像他父亲一样），神情庄重，白色头巾上镶满了宝石。他的年俸高达4万达克特。随行的有一位秘书，负责监视他并随时向苏丹汇报他的动态；还有他的母亲玛希德弗朗，在他们建立微型宫廷的过程中，她将扮演哈芙莎的角色。

因此，算上穆斯塔法，苏丹之位的竞争者有四个。哈芙莎去世后，等杀害手足和刺瞎对手双眼的残酷行径一开始，就再也没有人能够阻止了，再也没有人能够在她的讲坛上恳求宽恕或进行劝诫。

在皇太后去世后的几周内——蒙上裹尸布后，她的遗体与塞利姆一起被埋在第六山的建筑群中，神职人员诵读《古兰经》将她送入天堂——苏莱曼为许蕾姆举办婚礼的消息不胫而走。圣乔治银行——多年前正是这家银行将安德烈·古利提从"七塔"中赎出——在佩拉的代理人颇为困惑地宣称："没人能说清楚这到底意味着什么。"

这意味着"俄罗斯人"正在采取行动。

奥斯曼帝国苏丹曾经迎娶的是外国的公主和封臣的女儿。但新娘一方的男性亲属有时会借这类联姻入侵，因此这种做法被废除了。苏丹需要一个安全的子宫，于是无牵无挂的外国奴隶取代了来自外国的尊贵的公主。而只要母亲还在世，苏莱曼就不可能与许蕾姆举行婚礼。他无法将她擢升到自己母亲曾享有的地位上。现在，哈芙莎的去世让他无须再有类似的顾虑。

这是一次地位的巨大飞升，许蕾姆既结了婚，又获得了解放。她的下一步就准备入主新宫。

新宫是在征服君士坦丁堡后修建的，自建成以来，还没有后宫女眷住进去。但几年前易卜拉欣对其进行翻修时，他很有远见地对其中暗淡无光的后宫进行了美化和扩建。因此，许蕾姆和她的宫女及宦官们现在所使用的房间，包括浴室、闺房、走廊、庭院和祈祷室，都被镀上了金，铺上了瓷砖，镶上了宝石，达到了和她丈夫一样的标准。

关于许蕾姆的新家，最重要的一点是它的位置。她与苏莱曼之间不再隔着一条长长的议会路，也不再隔着炼狱般的繁文缛节。她可以从自己的房间进入一座围着墙的小花园，那里有一道门直通苏丹的空中花园，还可以直达枢密院大门。要见她的丈夫，要和他商量，要影响或享用他，只需走几步路就可以实现。

搬进新宫后，许蕾姆得以将自己的政治权力和生育权力结合在一起。换句话说，她把自己嫁接到了皇权的树干上，嵌进了它的树皮之下。她占据了帕尔加的易卜拉欣曾经占据的位置，现在轮到她用木勺与苏丹一起进餐了。

土耳其人将驴或马的头骨挂在房门上，以抵御"邪眼"（Evil eye）。苏莱曼的随从中有一位占星专家。在苏丹做出任何重要的决定之前，占星家们都会给出意见。总之，苏丹完全有能力预见未来，并保护自己免受其负面影响的伤害。但事实证明，面对某个意志坚定的女性，所有保障措施都是无效的。她独占了苏丹，并在新宫站稳了脚跟，这只有一种解释：她蛊惑了他，她肯定是个女巫，是个齐亚迪（*ziadi*）①。因此，整个宫廷，尤其是禁卫军，都非常憎恨她，并憎恨她所有的孩子。[2]

*

自从去年夏天的高峰期——那时每周都有 1500 人死亡——以来，瘟疫的蔓延开始有所减缓。但它还会卷土重来，问题是人们并不知道是什么时候。大维齐尔虽然性格不大讨

---

① 在阿拉伯语中，通常指的是被认为具有超自然力量的女性。

喜，但至少还算称职。他已经很长时间不在城中，加上苏丹也即将出发去与他会合，这使人们更加忧心忡忡。

苏丹时而和蔼可亲，时而又好像被什么东西给激怒了，声音开始变得刺耳，他的怒气像烛台上的烟雾一样从脖子上升起，弄得他面红耳赤的。最近，有人无意中听到某个帕夏的仆人说，这个政权在世上的日子不多了。同时，还流传着这样一个预言：土耳其人的帝国就要灭亡了，其始作俑者是某个私生子，某位君主的儿子，他怂恿土耳其人追逐丰功伟绩，最终导致了他们的覆灭。

阿尔韦塞·古利提能活到现在，应部分归功于易卜拉欣的庇护。这位"贝伊奥卢"让基督徒相信，任何涉及土耳其苏丹的外交行动都必须得到他的支持，这为他披上了一层额外的盔甲。而在过去的几年里，情况的确如此。阿尔韦塞在他父亲与苏丹之间扮演了至关重要的角色，使二者的关系得以顺利展开。与费迪南的停战协议就是他的杰作。即使是现在，当他给查理五世写信时，皇帝也不得不耐着性子用他那双淡蓝色的漂亮眼睛去阅读阿尔韦塞写下的文字，无论这些句子读起来多么令人作呕。

但是，世界正在发生变化，支撑着阿尔韦塞优势地位的根基就像那些让威尼斯驰骋海上的桅木和松木一样，并不牢靠。易卜拉欣已是欧洲的巨人，他不再需要阿尔韦塞的帮助。威尼斯和伊斯坦布尔之间的双边关系也正在恶化。高门和共和国之间日益频繁的摩擦和误解表明，古利提总督希望同时成为土耳其和西班牙的朋友，但高门绝不会接受这种中立的态度。苏丹的态度是：你要么支持我们，要么与我们为敌。

前一年，威尼斯军舰袭击了一支土耳其海军分队，击沉敌船 2 艘，俘获 5 艘。事后威尼斯人疯狂地为自己开脱，他们的指挥官吉罗拉莫·达·卡纳尔（Girolamo da Canal）坚称，当时天色已晚,他将土耳其人误认为海盗了。但是当他返航并在莫罗靠岸时,人群却对着他狂欢喝彩。[3]这些能算作是朋友之间的举动吗?

威尼斯人与弗朗索瓦之间却没有这样的摩擦点。但阿尔韦塞在法国人心目中的威望远不及阿尔及尔国王。特别讽刺的一点是,当初正是阿尔韦塞提议重用巴巴罗萨。而现在,海雷丁打了他个措手不及,他从苏丹那里攫取了超乎想象的金钱和权力。令人震惊的事实是,苏丹还采用了他提出的极为昂贵的海军战略。

随之而来的蔑视和侮辱也越来越多。巴巴罗萨拒绝偿还多年前阿尔韦塞借给他的钱,当时阿尔韦塞向白海的每一位冒险家提供借款。在海雷丁看来,这笔钱是对他在阿勒颇损失奴隶的补偿。他和伊斯坎德尔·切莱比的结盟近乎公开,共同对付阿尔韦塞。直到不久前,伊斯坎德尔还允许阿尔韦塞以宝石、布匹或其他任何他刚好大量持有的物品的形式,支付他从色雷斯各大港口征收的税款。但现在,伊斯坎德尔命令他必须用现金缴税。这样一来,阿尔韦塞突然就遇到了资金周转的问题。没错,阿尔韦塞的流动资金出了问题。20万达克特的外债收不回,他不得不抵押自己家里的一些金银首饰。而伊斯坎德尔是在巴巴罗萨的敦促下发布这一指令的。

至少他还拥有匈牙利。他们还没有夺走他的匈牙利,但他们可能会这么干。他在那里建立了政权,自己做"外居地主",亚诺什则相当于地产经理,他从中的获利超过了亚诺什本人,更不用说苏丹了。据说苏莱曼正在考虑正式吞并该国,像对待开罗或阿勒颇那样,将其设立为行省,并任命一名受薪总督,军队开支由地方税收承担。而目前的状况是,苏莱曼自费在那里养了6000名土耳其士兵。[4]他已经厌倦了每年为这样一个内陆王国补贴20万达克特,而这个地方没有给他带来任何好处,只有麻烦。如果正式合并，匈牙利就能为奥斯曼帝国的财政作贡献，而不是阿尔韦塞的私人王国。

*

202　　科内利乌斯·德舍波尔出生于斯尼乌波尔特（Nieuwpoort），这座城镇位于佛兰德，在神圣罗马帝国北部。去年，他代表费迪南谈判并达成了停战协议。现在，他又回到了伊斯坦布尔，这次他是为查理而来，查理想要争取更广泛的和平，特意派他来打探一下对方的口风。德舍波尔来敲阿尔韦塞的大门，但他很快就发现，这位昔日的谈判伙伴的地位已经下降了。而当阿尔韦塞吹嘘自己与苏丹之间有秘密的情报往来并被授权为奥斯曼帝国和神圣罗马帝国之间达成共识进行谈判时，他的话就像钉子敲击铁皮一样铿锵有力。

为了验证自己的预感，德舍波尔告诉苏丹，他希望与阿尔韦塞就和平协议进行一场谈判。"阿尔韦塞？阿尔韦塞？"苏莱曼愤怒地回答道："他没有得到我的任何授权去就这些问题进行谈判！"但科内利乌斯继续坚持说，在他的印象中，阿尔韦塞的确拥有这样的特权。这更加激怒了苏丹。"不，不！这些事情必须在我的高门中讨论！"[5] 会面结束后，德舍波尔在一队禁卫军中穿过，士兵们像疯狗一样冲他咆哮，并朝他做出了抹脖子的手势。

任何政权的凝聚力都可以通过其官员对外人说话的方式来判断。如果他们淡化内部分歧，或对众所周知的他们厌恶的同事赞誉有加，这就意味着他们已经达成了共识，内斗只能在私底下进行，而不能让外人有机可乘。

每次出使威尼斯，苏丹的翻译兼特使尤努斯贝伊都会被阿尔韦塞的牧师弟弟洛伦佐安排住在修道院。[6] 尤努斯和阿尔韦塞之前的交情相当好，两人还曾经共同撰写过一本小册子，向外国人解释奥斯曼帝国的运作机制。但从那时起，阿尔韦塞的财富和影响力就超越了尤努斯，良好的工作关系也因嫉妒和不信任而毁于一旦。

当阿尔韦塞在伊斯坦布尔见到德舍波尔时，他建议这位佛兰芒人不要向尤努斯透露任何有关他出使的信息。于是，当尤努斯拜访德舍波尔，向他表示欢迎并询问他此行的目的时，德舍波尔没有向他提供任何信息。

尤努斯猜到了德舍波尔守口如瓶的原因，他非常生气，并暗示说阿尔韦塞的母亲以前是从事"私人服务业"的。"我们每一个人，"他继续说道，"都应该为阿尔韦塞·古利提哭丧，愿真主毁灭他，他是一切混乱的始作俑者和根源。因为他既不是一个好的土耳其人，也不是一个基督徒，他满口谎言，溜须拍马，啊，如果杀了这条狗，对真主和整个欧洲乃至亚洲来说是多么大的善举啊。"[7]

203

*

1534 年 6 月 11 日，在苏丹前往东方和自己前往匈牙利的间隙，阿尔韦塞召见了德舍波尔，告诉他接下来会发生什么。

他说，一旦击败了沙阿，易卜拉欣就会被派去占领罗马附近的一个意大利港口。苏丹将从希腊出发，入侵罗马。

接着，他警告德舍波尔：如果你不抢占先机，结局就会对你不利。

"贝伊奥卢"继续说道，令人欣慰的是，我们可以从另一个角度来看待局势。巴巴罗萨正在前往突尼斯的路上。奥斯曼人统治下的希腊现在正由非正规军负责防务，苏丹和他的总司令又都离开了君士坦丁堡。这样的天赐良机，你的主人查理和费迪南以后永远都不会再有了。

听着。

我会从这里前往特兰西瓦尼亚，然后再从那里去布达。我会从布达秘密派人去见你的主人——"罗马人的国王"，然后我自己也会紧随其后。德舍波尔，你一定要告诉费迪南，如果我采取的某些行动看起来与他的利益相悖，请他不要感到惊讶。我需要消除已经产生的猜疑，他们怀疑我暗中支持"罗马人的国王"。不那样的话，亚诺什国王就会向高门告发我，那将会非常危险。任何时候都要保持伪装！

在此期间，查理皇帝必须扩大自己的舰队规模，这样才足以对抗巴巴罗萨。如果巴巴罗萨取得了成功，苏丹就会对他更有信心，给他更多的船只、资金和士兵。有了这些资源，他就能直捣西班牙的心脏地带。

查理皇帝应该知道，进攻君士坦丁堡比抵御巴巴罗萨的成本低得多，因为现在没有一艘战舰留下来保卫这座城市。皇帝的舰队将会在这里得到数不尽的财富，而且不会遭遇任何抵抗。但他必须抓紧时间。如果把事情拖到土耳其人从东方返回，战斗就很难获胜了。人不能总是只想着防御，有时也要考虑进攻。

至于我自己，我要把那些傲慢的匈牙利地方首领打得落花流水，让这个国家重新恢复秩序。如果来软的不行，我就会采取更加强硬的措施。这就是我现在的态度。想要掌控统治权的人绝不能害怕血流成河。[8]

就这样，在 1534 年 6 月 11 日这天，在为奥斯曼帝国效力了 11 年之后，阿尔韦塞·古利提投入了敌方阵营。他还是会得到匈牙利，只不过这一次是通过费迪南。君士坦丁堡将会陷落，巴巴罗萨也会覆灭。而他将成为波兰国王的妹夫！

*

一周后，他离开了伊斯坦布尔。[9] 他的护卫队由土耳其人和希腊人组成：1000 名步兵和同等规模的骑兵，还有仆人和随从，以及抄录员、乐师和厨师。他 12 岁的儿子彼得罗（Pietro）已经拥有了自己的马车，车上有三名仆人和一名教师。这还不包括商人、朝圣者、苦行僧和妓女，他们追随着这支队伍，寻求保护并寻找做生意的机会。

阿尔韦塞的地毯、丝绸和锦缎先是捆在骡子上，然后又被装运到骆驼拉的车上。他的秘书特兰昆鲁斯·安德洛尼克斯和威尼斯管家弗朗切斯科·德拉·瓦莱的马车上装满了花瓶、书籍、挂饰和其他贵重物品。合计下来，阿尔韦塞和他的随从们带来的动产价值约为 125 万达克特，其中还包括他自己金库中 1 万弗罗林的金子和银子，以及珠宝店里最上等的宝石。

佩拉葡萄园中的宫殿里弥漫着被遗弃的气息，国宴厅里的珍品被搬空，马厩、寝房和花园则是一片荒废的景象。参观者可能会怀疑它的主人是否还打算回来。

阴郁的 6 月，阿尔韦塞从伊斯坦布尔出发，一路向西。他的车队沿着色雷斯金色的白杨林荫道缓缓前行。沿途的一切都证明了奥斯曼帝国的治理有方：医院、清真寺、商队驿站。每到一站，即便此地的领主正在东方征战，古利提也可以住上当地最好的房间。

在索非亚，商队掉头向北，前往巴尔干东部各省。苏丹已指示阿尔韦塞向瓦拉几亚省省长弗拉德·文提拉（Vlad Vintila）征收贡金。然后，他将穿越喀尔巴阡山脉（Carpathians）南部，帮亚诺什完成平定特兰西瓦尼亚公国的任务。最后，他必须继续向北前往维也纳，为费迪南和亚诺什的领土划定边界。他还要就归还玛丽王后的嫁妆进行谈判，玛

205

丽王后是路易的遗孀，也是哈布斯堡兄弟的妹妹，在莫哈奇之战后逃离匈牙利期间被迫放弃了自己的嫁妆。这个问题的解决将极大地推动奥斯曼人与罗马国王之间的和平事业。

但是，阿尔韦塞与奥斯曼帝国之间的纽带已经变得十分薄弱了。高门已经注意到他离开的方式。他和德舍波尔谈话的内容可能也已泄露出去，或者即将泄露。这无可避免。

巴尔干当地的首领们很善于嗅出谁将成为昨日之人。在阿尔韦塞接近瓦拉几亚——即使在关系最好的时候，这也是一个不好惹的附庸国——时，他的私人军队似乎没有在色雷斯时那么强大，与其说是一支军队过境，倒不如说是一种挑衅。将帝国最丰厚的宝藏带到帝国叛乱最严重的地区，此举是否明智，也值得商榷。

206

但阿尔韦塞真正的弱点，却并不在于他的军队数量或财产的规模。如果你背靠世界上最强大的帝国，你可以用驴来当护卫，甚至在头发上挂满珍珠：没有人敢碰你。但阿尔韦塞·古利提的后背却暴露在外。至于暴露到什么程度，也许他自己也还没有意识到。

在瓦拉几亚南部边境的多瑙河畔，他将当地一位领主的尸体挂在绞刑架上示众，以惩罚此人未能提供驳船运送他的人马过河。从现在起，一切都取决于他制造恐怖的能力。

但是，他的威信正在遭到高门的削弱。弗拉德·文提拉收到了伊斯坎德尔·切莱比的来信，让他拒绝阿尔韦塞提出的任何有关征兵的要求。他在特兰西瓦尼亚肯定需要军队。在几个月之前，人们甚至无法想象财务大臣会下达这样的命令，这实际上是在暗中阻挠古利提的行动，将他置于致命的危险之中。

古利提渡过多瑙河进入瓦拉几亚后不久，就有约180名瓦拉几亚贵族携9000名骑兵前来，要求阿尔韦塞协助他们推翻弗拉德的统治。两天后，阿尔韦塞和叛军被当地沃伊沃德

（Voivode）② 率领一支庞大的骑兵部队包围。阿尔韦塞别无选择，只能将叛军交给他们的主人处置。然后，他被弗拉德护送到都城，并应邀观看叛军头领的耳朵和鼻子被割下、眼珠被挖出的场景。弗拉德通过酷刑展示了自己的忍耐极限，随后他支付了贡金，并派 800 名部下护送阿尔韦塞穿过喀尔巴阡山脉以示告别。至少在官方意义上，阿尔韦塞仍然是苏丹的代表，弗拉德希望他离开自己的地盘。

*

特兰西瓦尼亚一片混乱。横征暴敛加上饥荒，引发了当地人民对古利提的强烈不满。而"国王的督导"在此地早已声名狼藉。上一次他来这里是 1533 年 3 月，当时他正急匆匆地赶回伊斯坦布尔，要进行紧急"磋商"，他的手下却抽空停下来，强奸了沿途城镇和村庄里的女人，用亚诺什国王的牧师的话来说，这种行为一定会受到"上帝的惩罚"。

现在，这同一拨人又回来了，某个小镇的居民向费迪南大公致信，请求将他们从这些贪婪的豺狼——即"古利提帮"——的爪牙下解救出来。奥拉迪亚主教伊姆雷·齐巴克回忆起 1532 年向阿尔韦塞卑躬屈膝时的情景，这令他痛不欲生，现在他正在煽动当地民众反抗。他告诉他的会众，阿尔韦塞对领主们巧取豪夺，绑架议会成员，滥杀无辜；他篡夺权力，攫取荣誉，让国王一贫如洗。现在，这个未受割礼的土耳其人又要北上，打算为他窃取的众多头衔再添一顶匈牙利王冠。

无政府状态就像杂音，很容易被编排或引导。在阿尔韦塞北上的途中，齐巴克主教所在的教区奥拉迪亚正在发放枪支。

207

---

② 源自中世纪时期的古斯拉夫语，意为军队总督、军阀。

马车在路上缓慢行驶，为没有武器的人送去长矛。暴风雨一触即发，一位农夫的妻子同情阿尔韦塞的同伴，劝他抛下主人，否则难逃一死。

布拉索夫（Brasov）是特兰西瓦尼亚南部的一个小镇，四面环山。阿尔韦塞在8月初抵达那里，在城外搭起了250顶帐篷，但城门却紧闭着。他的大儿子安东尼奥从布达赶来与他会合。安东尼奥刚从帕多瓦赶来，一同会合的还有两位"古利提帮"的坚定追随者——奥尔班·巴提亚尼和一位名叫亚诺什·多奇的前地区财务官——以及4000名匈牙利骑兵。"好吧，孩子，"阿尔韦塞告诉安东尼奥，"你看到的是我和你的兄弟，我们与匈牙利人之间有许多纠纷。但是，在上帝的帮助下，我想先惩罚那些反对我的叛乱者。"

在增援人马的支持下，阿尔韦塞宣布将于8月26日在梅迪亚什（Medias）召开议会。在梅迪亚什，他要让桀骜不驯的特兰西瓦尼亚人俯首屈膝。在梅迪亚什，他要掌控一切。

*

208　　伊什特万·巴托里（Istvan Bathory）将代表国王亚诺什出席议会。作为特兰西瓦尼亚省长，这是他的特权。但巴托里突然去世了，可能是被毒死的，国王只能让伊姆雷·齐巴克代表他出席会议。巴托里适时的暴毙甚至可能为齐巴克打开一条通往省长之位的道路，而这正是这位主教一直以来的野心所在。

当齐巴克带着他的骑兵队前往梅迪亚什时，他随身携带了一只镶满宝石的金杯，这是他专门为这位"贝伊奥卢"订购的。齐巴克的目的可能是想要调和他与阿尔韦塞之间的利益冲突，赢得总督对他升任省长的支持；也有可能是想要削弱阿尔韦塞在议会中的权威，或者是希望在摸清阿尔韦塞的实力之前，先搁置反叛一事。

但是，主教如果认为他仅凭一只漂亮的杯子就足以分散阿尔韦塞的注意力，那么他还没有考虑到"古利提帮"的成员。他们中的奥尔班·巴提亚尼曾在亚诺什国王登基时被排挤出高位，但在阿尔韦塞初到匈牙利时——那时他急需当地的支持者，于是将奥尔班从被边缘化的处境中拯救了出来。现在，在布拉索夫，他让巴提亚尼指挥自己的私人军队。亚诺什·多奇也是如此，他遭亚诺什国王弃用，却被阿尔韦塞任命为代理总督。

"古利提帮"成员的一切都源自阿尔韦塞·古利提，他们的生存也有赖于他。因此，对他们所有人来说，齐巴克都是一个威胁。曾经有谣传说阿尔韦塞已经被吊死了，尸体里塞满了稻草。巴提亚尼怀疑，这位以下犯上的主教应对这一卑鄙的谣言负责。多奇也曾被他说过坏话。现在，他们憎恨的对象就在离布拉索夫不到一天路程的地方扎营。而且，他的帐篷里有整整5万弗罗林金币。

阿尔韦塞对待对手的态度以傲慢为主。齐巴克带着一队骑兵保镖，他们全副武装的样子就像是要奔赴战场，这是对总督军事垄断地位的挑战。当听说齐巴克已经来到附近时，阿尔韦塞从桌子旁站起身来，摘下他的貂皮贝雷帽，并向他的同伴展示这顶帽子。"这顶帽子不能同时戴在两个人头上，"他说道，他的声音因愤怒而颤抖，"只有一个人可以戴它。"说完，他又把帽子稳稳地戴在自己头上。随后，齐巴克的金杯被呈递到他面前，里面装满了金币。相对于送礼的人，阿尔韦塞更喜欢这份礼物。"我一定会惩罚他的！"多奇劝说齐巴克的信使不要向主教透露阿尔韦塞的不满。就这样，当听信使转述了阿尔韦塞帐篷里所发生的一切时，齐巴克完全被蒙蔽了，他以为阿尔韦塞对自己很满意。

齐巴克骑兵队的指挥官是当地一个名叫戈塔德·库恩（Gotthard Kun）的首领。他的人马被部署在一个没有设防的村庄周围，库恩感觉自己暴露无遗。但当他敦促主人将营地转移到附近的一座堡垒时，齐巴克拒绝了他的建议。

阿尔韦塞可能再也不会有更好的机会来对付齐巴克了。多奇和巴提亚尼就是这么跟他说的。"真的，"巴提亚尼说，"如果今天您不能以坚定刚毅的决心去捍卫您和苏莱曼的荣誉，您永远都无法自由地享有您的权威和王国。您不了解伊姆雷，那个傲慢而残忍的畜生，如果您愿意，我可以立即击碎他的傲慢和无礼。"

8 月 11 日夜间，巴提亚尼率领 100 名骑兵离开布拉索夫。他们要去为安东尼奥·古利提掌管的埃格尔主教区解围，它正在遭受亲哈布斯堡军队的围攻。他们当时是这么说的。然而，事实上他们却悄悄渡过奥尔特河（River Olt），在黎明时分袭击了齐巴克的营地，库恩的人马在人数上处于劣势，他们被打了一个措手不及。齐巴克英勇抵抗，在帐篷门口杀死了几名袭击者，然后巴提尼亚的一名手下突然灵机一动，砍断了支撑着帐篷的绳索，接着对裹在毯子里的"野猪"一顿乱刺。

当巴提亚尼将齐巴克的人头带回布拉索夫时，多奇对着这颗脑袋说道："我告诉过你，你那条恶毒的舌头迟早会要了你的命！"他将一根削尖的木棍插进了齐巴克的嘴里，刺穿了那条令人憎恶的舌头，然后又将它拔了出来，喃喃道："哦，诽谤我的邪恶舌头！现在你唯一能指望的就是上帝的仁慈了！"

210 阿尔韦塞本人则表现得更为高尚，就像接过庞培头颅的尤利乌斯·恺撒一样。他对这位伟人的死表现出懊悔之情，因为他从未想过要他死，他只想活捉他。布拉索夫的方济各会接收了这颗头颅，阿尔韦塞命令他们将其体面地葬在他们的大教堂里，并从自己的库存里捐出一条崭新的亚麻布，用于包裹头颅。第二天，阿尔韦塞来到杀戮现场，命人将那具有 16 处刺伤和一处巨大伤口的尸体安置在附近的一个小教堂里，然后将其运回布拉索夫与头颅"团聚"。阿尔韦塞仍在擦着他的眼泪。然而，齐巴克的 5 万弗罗林金币却依然不知所踪。

*

伊姆雷·齐巴克去世后，特兰西瓦尼亚炸开了锅。马扎尔人、撒克逊人、瓦拉几人和塞克勒人之间的不和，路德派和天主教之间的分歧，都暂时被一种对外来者的仇恨封印了。无论是属于费迪南阵营还是亚诺什阵营，人们都争先恐后地加入伊什特万·梅拉德（Istvan Maylad）和戈塔德·库恩组建的军队。梅拉德是弗格拉什（Fagaras）堡垒的头领，而在齐巴克遇难当天，库恩选择了袖手旁观。诺切拉主教保罗·乔维奥一如既往地密切关注意大利事态的发展，用他的话说，"没有谁比他们更乐于投入战斗"。

"听我说，兄弟们，"库恩在发给公国各地的一份公告中宣布，"我们的对手十分强大，阿尔韦塞·古利提总督就像一条钻进了鸟巢的毒蛇，在许多地方肆意地破坏和吞噬，他是一个土耳其裔的意大利人。我们在不知情的情况下选了他。他就这样钻进了我们内部，现在又杀死并吞噬了我们的一位兄弟伊姆雷·齐巴克。"带血的剑被分发给民众，这是起义的信号。

奥斯曼帝国的首富带着巨额的财富出现在特兰西尼亚高原，此消息一出，立马吸引了人们的注意力。人们意识到，如果阿尔韦塞遭遇不测，他本人以及随从的财宝就需要有人接管。此外，阿尔韦塞的 8000 名士兵平均每人拥有 15 弗罗林金币，这意味着还有 12 万弗罗林金币可供争夺。据说，阿尔韦塞还对自己的长筒袜异常珍爱，这表明袜子所包裹的不仅仅是他的腿。主教的侄子米克洛什·帕托奇（Miklos Patocsy）正在煽动民众为他死去的叔叔讨回公道。特兰西瓦尼亚的市民们处境艰难，很难想象对他们来说有一天原则和利益会如此完美地结合在一起。

现在，阿尔韦塞在敌人的数量优势面前不堪一击。他传令到布达，让杰罗姆·拉斯基将驻扎在那里的土耳其军队调来。多瑙河舰队也必须前来增援。奥斯曼帝国尼科波利斯（Nicopolis）的总督也收到了类似的信息。还有斯梅代雷沃的穆罕默德贝伊，他曾在1530年布达遭遇围攻时将奥地利人击退。

但在那次围攻中，阿尔韦塞是无与伦比的勇士和国王的拥立者。四年过去了，堕落和腐败在他身上留下了无法磨灭的印记。就连杰罗姆·拉斯基也因伊姆雷·齐巴克被杀而大病一场，而他本来是一个体格健壮的人。

阿尔韦塞对此可能并不在意。从他决定成为大人物的那一刻起，他就不再渴望被爱。但杀害国王的盟友表明有人对王位有所图谋，这是一个需要被审判的问题，而不是一个道德问题。阿尔韦塞意图的过早暴露已无法掩饰。杀害齐巴克不像是政治天才的高招，更像是外行的失误。

在布达，直到不久之前，国王还生活在对这位总督的恐惧中，他承认自己无力阻止威尼斯人的暴行，甚至在见到总督时泪流满面。现在这座城市洋溢着谨慎的乐观精神，人们相信可以除掉阿尔韦塞。亚诺什敦促伊斯坦布尔召回这个对他的王位和生命都构成威胁的人。他鼓足勇气，试图捣毁阿尔韦塞的关系网络。拉斯基被捕了，多奇的妻子和孩子也未能幸免。

当他收到来自阿尔韦塞的求救信时，亚诺什欣慰地叹了口气。"没有士兵，我又该怎么帮他呢？我的那些士兵都被他带走了！"亚诺什会见了一个特兰西瓦尼亚代表团，被明确地告知不要干涉这场危机——无论情况如何，他都打算袖手旁观。随后，国王离开了首都，像送葬队伍一样缓缓向东，最终在奥拉迪亚——伊姆雷·齐巴克的旧"城堡"闭门不出，静待事态的发展。而此时，多瑙河上的平底货船还平静地停靠在它们的泊位上。

*

梅迪亚什是一个坐落在果树林中的小镇，有一条河流穿城而过。镇上的居民听说有 8000 名武装人员正在向他们逼近，并打算利用他们的城墙和家园来抵抗一场大规模的叛乱。这让他们忧心忡忡，因为无论接下来会发生什么，"议会"都不可能为这座小城保驾护航。

当阿尔韦塞和他的部下于 8 月 23 日抵达时，他们发现城门紧闭。他们威胁要杀死所有的居民，并将总督的儿子扣为人质，但这些都无济于事。于是，他们用重型推车强行攻入城中，一路穷追猛打。浑身是血的居民们躲进了城内土丘上的一座建有防御工事的教堂里，阿尔韦塞向他们保证，只要他们不协助敌人，就不会受到骚扰。然后，在奥尔班·巴提亚尼的指挥下，入侵者占领了所有的民居，并开始加固城墙。

几天后，伊什特万·梅拉德的军队开始从四面八方赶来。这群人一副农民的打扮，手持铁钩、镰刀、锤子和棍棒，还有从齐巴克那里得到的枪支和长矛。他们在布拉索夫公路旁搭起帐篷，点燃篝火。他们的人马还在不断涌来。

在北上途中抵达瓦拉几亚时，阿尔韦塞接见了摩尔达维亚——该地是苏丹在特兰西瓦尼亚东部边境的附庸——的沃尔沃德彼得鲁·拉雷什（Petru Rares）的使团。使节们向他许诺了军队、资金以及其他任何他在战斗中可能需要的东西，而他也一如既往地慷慨大方，向他们的主人回赠了马匹和华服，以示感谢。现在，梅迪亚什已经被敌军包围了，阿尔韦塞知道彼得鲁是一个一诺千金的人，而且一支12000人的支援部队正在赶来的路上，这让他松了一口气。

　　一开始，攻城战进展缓慢，使人感觉就像是一场毫无章法的露天弥撒，双方几乎没有正式开战。每当攻城者逼得太近，阿尔韦塞就会率军出击并击退他们，在火绳枪兵的帮助下，像赶猪一样将敌人赶下城墙。

*

　　随着9月一天天过去，梅迪亚什像一颗多汁的樱桃——该城因此而得名——一样成熟了，很快它就要落入采摘者的篮子里了。

　　阿尔韦塞俯卧在他抢来的房子里的一张床上，接待一位老朋友。他的身体像一袋胆汁，额头像一只烤盘，双腿则像两条炉管。

　　城垛上，他的部下在竭力击退敌人的同时，还要考虑节省弹药。在敌人进攻间隙，他们吃腌制的马肉，或者蜷缩着喘息，休息一两个小时。

　　一天早上，城墙上响起了号角声。人质进了城，而多奇则走了出去。多奇前往敌营，代表阿尔韦塞与梅拉德谈判。然而，很难想象有哪个谈判代表能比多奇更令对方无法接受。整个特兰西瓦尼亚都把齐巴克的死归咎于他。所有人都听说了他对主教舌头的暴行。多年来，多奇与土耳其人的合作已经超出了国家利益的范畴。

　　梅拉德告诉他，如果要放阿尔韦塞走，那么他，多奇，将在这笔交易中发挥核心作用。多奇必须向特兰西瓦尼亚的司法部门自首，为主教的死接受惩罚。这是讨论其他问题的先决条件。

回到被围困的城中，多奇汇报谈判失败，但没有提及梅拉德的提议。而且，公平地说，很难确定，到底该不该相信一个在人数上拥有五比一优势的对手，他们知道你的弹药只剩最后一公担了，而且他们还盯着你身上的金子。

214

*

阿尔韦塞的秘书特兰昆鲁斯·安德洛尼克斯受其前任雇主亚诺什国王之托，负责监视阿尔韦塞。现在，这位忠诚度可疑的抄录员想出了一个计划。他力劝阿尔韦塞：先将您的财宝装好，打对方一个措手不及，然后逃之夭夭。8 天后，您就能抵达君士坦丁堡或贝尔格莱德了。

多奇和巴提尼亚听完后直摇头：这么做，您毫无胜算，最好还是等摩尔达维亚人的援兵。

我就知道他们会这样说，特兰昆鲁斯在阿尔韦塞耳边低语道。您可以认为，任何让他们远离您的金子的计划，他们都会拒绝。特兰昆鲁斯接着说，多奇那臭名昭著的贪婪让人无法信任他，而巴提亚尼作为军事指挥官的价值，也是他作为一个男人的价值。他们在打种族牌，想要让您的匈牙利士兵反对您。

弗拉德·文提拉提供给阿尔韦塞的 800 名瓦拉几亚骑兵突然不知去向。他们已经溜出了城门。接着，一位名叫胡鲁尔（Hurul）的队长也率领着数千名摩尔达维亚士兵赶来，忧心忡忡的守军顿时如释重负。不过，当胡鲁尔的人马加入到围攻者的行列时，守军又陷入了一阵狂怒。摩尔达维亚的彼得鲁以这种方式宣告，他真正感兴趣的是阿尔韦塞的财宝。另一支规模稍小的队伍也赶了过来，他们是亚诺什国王的人马。他们也倒向了特兰西瓦尼亚人。

与此同时，尼科波利斯总督、塞尔维亚的穆罕默德贝伊，事实上，整个奥斯曼帝国——这个男人曾装饰过帝国的宫殿，喂养过帝国的士兵，甘愿为帝国的车轴涂抹润滑油——没有一个人向他伸出援手，而他曾自豪地宣称："我是土耳其苏丹的仆人。"

"贝伊奥卢"已经陷入了孤立无援的绝境。

*

既然已经确定没有援兵，那么只有守军将士的气魄可以让阿尔韦塞免遭灭顶之灾，就像尼古拉斯·尤里西奇的追随者们殊死一搏，将土耳其人挡在了冈什城外一样。

对梅迪亚什的守军而言，这样的类比显然是高看他们了。冈什的男女老少曾团结一心，捍卫他们的领地和上帝，最终成了坚不可摧的巨人。在阳光普照的时候，多元和差异是相当可取的，但现在这个节骨眼上，"古利提帮"的成员们又该为了什么而战？不是为了眼前的这个男人，因为他已经惨遭两位恩主的抛弃，从伊斯坦布尔到维也纳，沿途的人们都在咒骂他。也不是为了他的财宝，因为无论如何，它们都会被夺走。"古利提帮"已经处于崩溃的边缘。他们又重新做回了土耳其人、匈牙利人和希腊人，每个人都在寻找自己的出路。

9 月 28 日，一名禁卫军点燃了他仅存的弹药，最后一颗铅弹从该城射出，划过一道弧线。在战争间歇期，胡鲁尔麾下的摩尔达维亚士兵肆无忌惮地走到城墙边，一边检查防御工事，一边若有所思地抓挠自己的睾丸。

当天晚上，他们朝防御工事最薄弱的地方发射了 8 枚炮弹，炮击一直持续到黎明时分，城墙被炸出了一道宽达 40 英尺的缺口。不屈不挠的阿尔韦塞发着高烧，监督手下紧急修复防御工事：他需要大量的泥土和木材。他再次成了布达围城战中的那个古利提，新的城墙比之前的更加坚固。当他跟跟跄跄地回到儿子们的住处，瘫倒在床上时，太阳已经高挂在空中。

正午时分，他被疯狂的钟声吵醒。彼得罗的家庭教师急忙跑到窗前，看到梅迪亚什的居民正在从他们藏身的教堂里挥舞着白旗，并高呼着"进城！快进城！现在是时候了！"随后，他们拿出藏匿的枪支，开始向守军射击，而守军背对着他们，弹尽粮绝，根本无力还击。

彼得罗呆立在床边，眼神里充满了恐惧。阿尔韦塞本打算把马拉穆列什伯爵的头衔传给他，还有王家匈牙利的矿山。彼得罗的家庭教师是他的祖父威尼斯总督派来的，因为他非常担心孙子所接受的宗教教导的质量。这孩子的下巴是不是有些像安德烈·古利提？

在他旁边的是一个身材瘦弱、行动敏捷的年轻人。他就是埃格尔主教安东尼奥，满脑子都是学院派的人文主义思想。

阿尔韦塞作为一名父亲与旁人并没有什么不同。

如果孩子们落入到特兰西瓦尼亚人手中，那就不是帮他们洗脚或者给他们糖果吃了。不知道他们身体的哪个部位先会被烤肉扦子串起来。

他得把他们交给摩尔达维亚人，两害相权取其轻。

阿尔韦塞身边有一个土耳其人，他在阿尔韦塞这里尝到过甜头。他叫阿亚特（Ayat）。阿亚特宣称："在过去的四年里，我有幸一直为您效力，如果在逆境中要弃您而去，我做不到。尊敬的大人，您的命运也将是我的命运。"

阿亚特穿上了摩尔达维亚人的衣服，穿过尚未被完全解放的梅迪亚什，前往远处的村庄。回来时，他带着胡鲁尔的一封信。

216

"阿尔韦塞·古利提先生，带着您的儿子、衣服、仆人以及其他任何东西，安全地出来吧！因为我们以上帝、圣母玛利亚、四大元素、面包、酒和我们的弯刀的名义向您承诺，您的安全会得到保障，无论您想去哪里，我们都会护送您。为了表明诚意，我向您奉上此信，上面有摩尔达维亚人彼得鲁的印章。"

在阿亚特的带领下，孩子们开始撤离。

第一个离开的是彼得罗，他很勇敢，但并不清楚发生了什么。

阿亚特回来后，阿尔韦塞看着安东尼奥说："快走。"

安东尼奥声音颤抖地说："父亲，既然我们终有一死，我要战至弹尽粮绝。"

阿尔韦塞回答说："我已经饱尝悲哀，不要再让我徒增伤心之事。照我说的去做。"

*

现在是这样的平静，风儿摆弄着无精打采的船帆，然后再朝某个方向吹去。在一片寂静中，"古利提帮"望着门的方向，揣测是死亡还是救赎先到。他们现在只剩下6个人：阿尔韦塞的堂兄乔瓦尼·古利提（Giovanni Gritti）、4名忠实的士兵以及他的管家弗朗切斯科·德拉·瓦莱。这位管家的叔叔是总督的私人医生，安德烈·古利提担心自己的儿子，于是把他派了过来。

一名士兵骑马来到门前，进门后一脸沉重地告诉阿尔韦塞，他的住所被洗劫一空了。阿尔韦塞摇了摇头，不相信敌人这么快就攻入了城市。不，不，士兵纠正他说，是您的那些背信弃义的匈牙利士兵干的。

正是巴提亚尼。阿尔韦塞·古利提的总司令已经倒戈了。他和部下疯狂地抢夺战利品，将阿尔韦塞的住所翻了个底朝天，随后他们又打开了城堡的大门，让围攻者进入。接着，他们和这些新"朋友"一起，开始屠杀土耳其士兵，而在一个小时之前，他们还是情同手足的战友。

阿尔韦塞·古利提的权势曾经覆盖了半个世界，如今却缩小到只剩一个房间。在这个房间里，"古利提帮"的人只能坐以待毙，而信使拖着精疲力竭的身体，快马加鞭赶往威尼斯和维也纳，告诉那里的人一位大人物就要大限临头了。这位即将遭敌人猎杀的人的胃口和欲望也逐渐枯萎凋零。谦卑慢慢地涌上他那早已腐坏的灵魂。

在这样一个恍若梦醒的时刻，阿尔韦塞充满爱意地对那些睁大眼睛看着他的人讲话，感谢他们所做的一切，并遗憾地表示，他把他们带到这里的初衷是奖励他们，不过却没有成功。他平静地继续说道，没有其他的选择了，只能顺从上帝的旨意，坦然地接受这一切。他鼓励他们不要灰心丧气，因为无论如何，他们的生命安全都可以得到保障。

在这番毫无根据的断言后，"贝伊奥卢"露出了他最迷人的微笑。"我没有什么可以给你们的了，因为我已经失去了一切。"

*

出城后，路的左侧是一片沼泽，另一侧是一堵墙，两侧之间的距离接近火绳枪的射程。阿尔韦塞·古利提、德拉·瓦莱、阿亚特和其他 4 名士兵正沿着这条路往前走。走到墙的尽头，他们看到了敌军的营地，营地分为特兰西瓦尼亚和摩尔达维亚两个部分，中间隔着一条小溪。

218

然后，他们转过身，惊慌失措地望向一名正向他们飞驰而来的骑士。阿尔韦塞问阿亚特："你认识这个人吗？他是我们的人吗？"阿亚特不认识这个人。阿尔韦塞说："让我们看看他是谁，他想干什么。"

这个陌生人冲向阿尔韦塞，一拳狠狠地打在他的肩膀上，扯下他头上的白色貂皮贝雷帽，扬长而去。自始至终，阿尔韦塞都毫无还手之力，只是呆呆地坐在马鞍上，低头不语，他精疲力竭。

德拉·瓦莱在围攻布达时曾与阿尔韦塞并肩作战，看到主人受到如此羞辱，他暴跳如雷。他冲着土耳其士兵大喊：我们必须要这条狗好看！他策马追上那名袭击者，用长剑砍向他，并将他猛摔到地上。"不要伤害他！"（*Incitme*！*Incitme*！）情急之下，阿尔韦塞用土耳其语大喊道。但阿亚特和土耳其士兵已举起了弯刀，站在趴在地上的人身边。几秒钟之内，他就被砍成了碎片。

随着更多摩尔达维亚人的迫近，德拉·瓦莱恳求阿尔韦塞和他一起返回梅迪亚什，那里至少还有地方可以藏身。"你回去！"阿尔韦塞命令他。"敌人要抓的是我，不是别人。"德拉·瓦莱调转马头，向沦陷的城市奔去，远处传来了阿尔韦塞的声音："如果你能回到威尼斯，我要你把你看到的一切都告诉那个可怜的老人。"

*

被人推搡着，被人吐着口水，但他的大脑还在运转，阿尔韦塞摸索着找出胡鲁尔的安全通行证。这难道毫无用处吗？用一笔巨款换我的自由，你觉得如何？此时此地，10万达克特怎么样？最后，他从上衣口袋里掏出了苏丹的任命书。看看这

御印，他们总该害怕了吧。但无论是贿赂还是威胁，都不起任
何作用。怎么会这样呢？因为阿尔韦塞·古利提不是摩尔达维
亚人可以随意处置的。

在被移交给特兰西瓦尼亚人后，他被迫将双手放在脑后，
被人押送到梅拉德的帐中。他发誓自己是无辜的，并没有杀害
齐巴克。他只是想问主教，为什么要武装特兰西瓦尼亚人来与
他为敌。但阿尔韦塞几乎都听不清自己说的话，因为外面聚集
的人发出了震耳欲聋的怒吼声。

"杀了土耳其人！杀了土耳其人！"

"小心点儿，"他警告这位弗格拉什领主。"你很清楚，我
代表的是苏丹，被亚诺什国王陛下任命为总督兼军团长，是由
本国的王公贵族推选出来的。如果苏丹遭到羞辱，那么他一定
会寻求报复，这将会给匈牙利王国带来巨大的灾难。"

就在不久前，苏丹的名字还能让那些不配合的匈牙利人
俯低做小。但如今形势已经发生了巨变。梅拉德耸耸肩，说，
"但这些先生们想要你死。"事情也不是他完全能掌控得了的。

阿尔韦塞既恼怒又悲伤。"愿我的鲜血洒在你和你的孩子身
上！"不过，这位威尼斯总督之子很快就控制住了自己的情绪。
他是古利提家族的一员，绝没有任何可能让他停止思考。"如果
你心中还有一点对上帝的爱的话，"他说，"那就抓紧时间。为
我履行神圣教会的圣礼，这样我就能以基督徒的身份死去。"

这些人希望他死，但又害怕承担后果，他们盯着地板。这
时，一个车夫站了出来，他是个狡猾的家伙，对人的卑劣本能
了如指掌，他提议说："如果您能把他穿的长筒袜给我，我就
帮您做这件事。"

于是，车夫用剑砍下了阿尔韦塞的脑袋。然后，他脱下
阿尔韦塞的紫色长裤，在袜子的口袋里发现了两袋价值连城的
宝石。

*

220　　弗朗切斯科·德拉·瓦莱伪装成匈牙利士兵，逃离了梅迪亚什。他在城墙外看到了一具被砍掉头颅、全身赤裸的男性尸体。一个骑在马上的匈牙利士兵正忙着用长矛对尸体乱刺，嘴里嚷着："让我刺烂你这个土耳其人！"阿尔韦塞·古利提的尸体被刺了足够多的次数后，被送往梅迪亚什的圣方济各教堂安葬。头颅则归摩尔达维亚人彼得鲁所有。

孩子们也许是和他们的父亲一起被斩首的，也许被带到了摩尔达维亚人彼得鲁那里，由他处死：彼得罗被淹死，安东尼奥被砍头。他们也可能是以其他方式被处死的，报告中关于此事的说法不一。

忠于阿尔韦塞的土耳其士兵被摩尔达维亚人拖至山顶，他们被剥光衣服，并最终被刺穿身体、斩首示众。

当梅拉德的手下将多奇抓获时，他们像打狗一样将他活活打死。

特兰昆鲁斯·安德洛尼克斯被特兰西瓦尼亚人抓获。他之前的一名仆人认出了他，并为他求情，使他免于一死。

杰罗姆·拉斯基逃出布达，投奔了费迪南。

车夫判断，留着阿尔韦塞的袜子弊大于利，于是把它们卖给了伊姆雷·齐巴克的侄子米克洛什·帕托奇，换来了一匹马和38弗罗林金币。

苏丹此时正在东线征战，得知了这些事情后，他并没有因为阿尔韦塞·古利提财宝的失窃或北部边境再次出现不稳定因素而欣喜若狂。尤努斯贝伊被派去寻找丢失的财宝，但苏丹对此并不抱期望。现在还不是对匈牙利战场采取决定性措施的时候，这一行动当然要等到与波斯的战事获得令人满意的结果之后。

在写给附庸亚诺什国王的信中，苏丹解释说阿尔韦塞被杀是罪有应得。这个邪恶的人，即便是在西班牙国王的宫廷里，在那个罪恶的兽穴里，也没有人能望其项背。他作恶多端。苏丹最后说，如果阿尔韦塞胆敢回到伊斯坦布尔，他也会落得同样的下场。

匈牙利国王再也不用忍受他的总督比他本人拥有更多的金银财宝了。戈塔德·库恩从梅迪亚什的废墟中找到了一个装饰精美、镶满宝石的极品象牙盒子，他非常明智地将其献给了国王。亚诺什派仆人前往多奇的乡间宅邸，在那里发现了一处宝藏，其中的金银财宝多到需要 12 头牛和 3 辆马车才能将它们全部运回布达。同样流入市场的还有那些犹太、希腊和意大利商人的财产，他们曾经都是威尼斯人的扈从。

一个名叫费伦茨·杜比（Ferenc Doby）的人曾经为阿尔韦塞监管特兰西瓦尼亚的盐矿，他也参加了梅迪亚什保卫战。他从敌人的围困中逃脱，带走了 116000 弗罗林金币。这是一个连阿尔韦塞本人也会感到自豪的壮举。科尔莫班亚（Kormocbanya）城外的森林自古以来就是金矿石的开采地，他将这些来自梅迪亚什的弗罗林金币重新埋在地下，一直等到风波平息才将其挖出。因为任何手持铁锹在乡间游荡的人都会引起旁人的特别关注。

在米克洛什·帕托奇家中做客几周后，弗朗切斯科·德拉·瓦莱获准返回家乡。他身着黑色丧服回到威尼斯，立马前往总督府。

多年前，当他唯一的合法子女弗朗切斯科去世时，安德烈·古利提看起来十分平静甚至可以说是开朗。现在，几十年未见的私生子过世了，他竟然悲痛欲绝，这太令人费解了。他的朋友们轻声提醒他，在早先的艰难困苦面前，他表现出了顽强和坚韧。从前确实如此，但他请求朋友们不要对他如今已经失去生存的欲望感到惊讶，因为他从未怀疑过，"贝伊奥卢"是他的儿子，完完全全地是他的儿子，就像其他孩子一样。[10]

第五幕

苏莱曼的崛起

第十五章

尼扎姆·穆勒克在他的《政治书简》中讲述了这样一个故事：一位国王在荒野中游荡时，遇到了一群羊和一只吊死在树上的狗。[1]

牧羊人告诉国王："这是我的狗，它把我的羊群看护得如此之好，以至于没有狼敢靠近。我去了镇上，回来时发现狗把羊群带到了牧场，一只羊也没有丢。"

"后来有一天，我觉得不对劲，就数了数羊，发现少了几只。从那以后，每次我数羊，都会发现有更多的羊不见了。我也不知道为什么。"

"有一天，我去捡柴火，回来时看到一头狼正在逼近羊群。我趴在草丛里看着。这时，狗骑到了狼身上。在它们完成了交配之后，狗就躺在树荫下睡觉。"

"就在狗睡觉的时候，狼抓住了一只羊，把它撕成碎片吃掉了。当时我就明白了，我的看门狗背叛了我。于是我就把它吊死了。"

*

伊斯坎德尔·切莱比是一位少见的有能力又有手段的人，他已经走得很远了。作为财务大臣，他知道苏丹拥有什么，能花多少钱，这些知识也转化成了权力。伊斯坎德尔曾享受过他

226 人的庇护，现在他也开始扶植自己的势力。他的府邸和花园是培养人才的学园。最有前途的学徒很快就会被提拔到初级总管的位置，在未来的某个时候，他们就会成为维齐尔和帕夏。他的侍童丝毫不逊色于第三庭院的那些，世上几乎所有的诗人都将他视为朋友和保护人。

就像马一样，奴隶也应该穿上贵重的服饰，身上长一些肉。当维齐尔和其他达官显贵前往帝国议会时，民众们都想看看他们的随从队伍。易卜拉欣帕夏通常由 400 名头戴缨帽的奴隶护送，而护送阿亚斯的随从就只有 60 名。伊斯坎德尔·切莱比的阵仗几乎和易卜拉欣的一样大，他的奴隶的衣服上都配有流苏、金线和其他饰品。单单是为了自己的随从，财务大臣每一年都会订购一整船用优质高加索亚麻织成的亚麻布。

他是最不可或缺的那类官僚，既有心，又会写。他对一位依附于苏丹的伊朗人妙语连珠，问他为什么不像爱什叶派英雄那样爱逊尼派英雄，嘲笑他像波斯人那样喜欢夸大其词，令朝臣忍俊不禁。[2]

阿亚斯不赞成财务大臣赞助诗人及其他门客。他抱怨道："这种人能给苏丹带来什么益处呢，我们甚至要用国家的钱养着他们？"[3]对此，财政大臣用诗句回应了他：

> 如果世界上没有诗人，
> 谁又来记述国王的行迹呢？

伊斯坎德尔曾是易卜拉欣的导师。也许是因为对之前这段亲密关系记忆犹新，每当易卜拉欣的冲动和傲慢损害了国家利益，他就认为自己没有理由保持沉默。正是苏莱曼的父亲塞利姆苏丹抨击了那些奴隶的权力，他们皈依了伊斯兰教，却"一
227 无是处"，并且他断言："对自由人视而不见是绝对不行的。"[4]

伊斯坎德尔就是这样一个生来自由的土耳其人。当易卜拉欣还在帕尔加扳着手指数兽皮的时候，他就已经是国家财政方面的专家了。

那时，伊斯坎德尔对易卜拉欣为第二次征战奥地利订购的头盔表达了自己的疑虑。从那时起，苏莱曼本人似乎也对这种鲁莽——有人敢说吗——且不符合伊斯兰教精神的奢侈行为产生了疑虑。这顶头盔最终只出现过几次，现在被存放在仓库里等待被拆卸。

最近，财务大臣指示瓦拉几亚省省长不要再支持"贝伊奥卢"，最终使大维齐尔的一个老盟友倒台。易卜拉欣当初为什么要提拔并重用这样一个恶人呢？阿尔韦塞·古利提对奥斯曼帝国的唯一贡献，就是揭露了易卜拉欣在用人方面的失误。

此外，财务大臣还对他的朋友菲加尼所遭遇的厄运感到愤慨，他相信菲加尼是因一首并非出自其手的诗而遇害的。

*

按照惯例，奥斯曼帝国的财务大臣要为每场战役提供30名精锐士兵。但在1533年秋季军队集结时，易卜拉欣要求伊斯坎德尔提供140名士兵。易卜拉欣可能是在评估了他的财力后确定了这个数字，也可能是在测试对方的服从度。无论如何，伊斯坎德尔都感觉自己被冒犯了。问题不在于所被征用士兵的人数，而是对方有些放肆了。这位军需官不想拒绝总司令的要求，但他也不想迁就他。他最终提供了110名士兵，双方都大为光火。

信使们已经前往东部，去寻找适合安营扎寨的地点，并开始征用物资了。谷底的仓库里储存着大麦、小麦、稻草和油。信使告诉当地长官和封地领主需要提供多少人手。伊朗沙阿塔

228　赫马斯普一直在侵犯奥斯曼帝国在东部的领土和利益，是时候让他见识一下塞利姆当年的厉害了，是时候再发动一次查尔迪兰战役了。随着匈牙利战场陷入僵局，奥斯曼帝国可以将其海军兵力转移到白海，同时在东方开辟一条新的战线。只要大家各司其职，战线拉得过长并不会成为问题。

　　易卜拉欣在春分之后出发。每到一站，当地的大人物都会争先恐后地讨好这位"苏丹的代言人""崇高的统帅"和"万国与世界的勇士"[5]。落叶纷飞，在宴会结束后，士兵们随着巴拉马琴的旋律翩翩起舞，并在马背上争抢牲畜，磨炼他们的武艺。

　　易卜拉欣对写家书并不感兴趣。他的妻子穆赫辛在竞技场的府邸里抱怨道："我究竟犯了什么罪过，让你将我们抛之脑后，这么久不给我们写信？"[6]他回信说："我亲爱的，真主知道我爱你胜过爱我自己的生命。我才是罪人，你怎么可能有罪呢？"他为自己的沉默找了一个并不完全令人信服的借口。"我没有写信回去，是为了不给你增添负担，怕你担心我的身体，不管它是好是坏。"在亲吻了小穆罕默德·沙赫——他将其称为"我青春的结晶"——的眼睛和儿子母亲的眼睛后，他告诉她他已经抵达了阿勒颇。

　　在阿勒颇，士兵们分散到各自的冬季营地。军官们骑马外出，去威胁和贿赂那些库尔德头领。他们回来时，手里拿着阿迪尔杰瓦兹（Adilcevaz）、埃尔吉斯（Ercis）、阿赫拉特（Ahlat）和雷万（Revan）等地城堡的钥匙。[7]防御森严的东方前哨凡城（Van）不过是在虚张声势，很快也投降了。在阿勒颇卫城的宫殿里，易卜拉欣主持了正义并解决争端。大约就在这个时候，海雷丁·巴巴罗萨从大雪中现身，易卜拉欣当即任命他为"统帅帕夏"。易卜拉欣在每项政令、每项任命上都盖上了皇家花押字，就好像他已经将这枚印章收入囊中。

一名波兰外交官也来到了该城。克拉科夫（Krakow）省省长安德烈·特钦斯基（Andrzej Teczynski）正在前往耶路撒冷朝圣的途中。在现任苏丹统治时去耶路撒冷朝圣要比十字军占领该城时更为安全。易卜拉欣用他惯有的方式滔滔不绝地赞美那些波兰小猎鹰，它们飞得很高并能从高处向其他鸟类俯冲。他还宣称，他希望给年轻的西吉斯蒙德国王——他现在正与他的父亲、老国王西吉斯蒙德二世共治波兰——送去几匹广受赞誉的阿拉伯战马。他观察到，年轻的君主们尤其喜欢马、狗和其他擅长追逐的动物，这也许并不是什么新鲜事。

"我率领着这支小队来到这里，"他告诉特钦斯基，"希望能激怒波斯国王，让他出来应战。如果他知道我有很多部队，或者苏丹陛下会亲自参战，他就绝不敢来迎战了，所以我在做必要的事情，逼他出战。如果他不敢向我进攻，而只是一味地避战，那么在万能的真主的帮助下，我就要攻下他的城池和堡垒。我可以轻而易举地拿下它们。他身边大大小小的贵族和部下都已经逃到我们这边来了，他们获得了苏丹陛下的保护，并认苏丹为他们的主人。他们这样做，一方面是因为害怕和恐惧我的力量，想要保住自己的性命和财产，另一方面则是因为伊朗沙阿的残暴不仁。"

易卜拉欣告诉了特钦斯基"红头军"的事情，让听者觉得他们和路德派一样邪恶。"他们吃人肉，在生活中也不遵守法规……他们的掌权者为所欲为，在宴会上玷污处女和男童，在光天化日之下与别人的妻子交媾。"[8]

易卜拉欣在阿勒颇时，他在高门的线人告诉他，苏丹看中了一个名叫鲁斯泰姆（Rustem）的马夫。他年轻有为，苏丹给予了他某些特权，并称赞他的才能，就像当初称赞易卜拉欣那样。而易卜拉欣直接将鲁斯泰姆发配到一个边远行省担任总督。[9]当鲁斯泰姆向苏莱曼抱怨这次调任时，世界之王只能回答说，等他下次见到大维齐尔时——无论下次见面是什么时候——他会尽力协调撤销这次调任的。

1534年的融冰时节传来了好消息。塔赫马斯普沙阿并没有保卫巴格达，而是横穿伊朗，去了他东北边境的省份呼罗珊，抵御乌兹别克人的进攻。可怜的伊朗，成了一个两翼均暴露在敌人攻击之下的国家。沙阿不仅没有保卫巴格达，还让位于该国最西北部的首都大不里士处于危险之中。

伊斯坎德尔·切莱比为易卜拉欣描绘了一幅图景。他敦促到：要利用沙阿不在的机会，占领大不里士，征服伊朗。征服伊朗高原是历史上所有最伟大的将军们都梦寐以求的成就，甚至连塞利姆苏丹都未能达成。

易卜拉欣很喜欢这个建议。像他这样自视甚高的人肯定会喜欢。但他讨厌这个顾问。在这个轻松掌握权力的冬天，易卜拉欣始终没有忘记财务大臣的无礼，他竟然拒绝了自己的征兵要求。重要的不是数量，而是开了这样一个先河。成就今日之奥斯曼帝国的大维齐尔被人如此肆无忌惮地羞辱，传出去的话，别人会怎么看呢？不难想象，这会使鲁斯泰姆这样野心勃勃的年轻人产生怎样的想法。

*

诗人告诉我们，在春天的阿勒颇，干旱的山丘呈现出玫瑰园般郁郁葱葱的喜人景象。奥斯曼人拔营了，伊斯坎德尔的手下看护着国库拨来的骆驼正准备出发。这时，"抓小偷"的喊声突然响起。易卜拉欣的手下迅速——这表明他们事先已经约定好了行动信号——行动起来，逮捕了数十名来自国库的仆人。在严刑拷打下，他们承认自己准备偷窃苏丹的黄金，并依法受到了惩罚。

对伊斯坎德尔来说，以莫须有的罪名处决他的手下不仅仅是一种侮辱。这也让他看到了自己的末路。

5月，军队抵达底格里斯河源头的城市迪亚巴克尔（因其城墙和建筑多用玄武岩建造而闻名），有更多人被征召进了军队。虽然迄今为止易卜拉欣东进的步伐未受到阻挡，而且还有更多的库尔德堡垒交出了他们的钥匙，但众所周知，这些地区的封建统治者就像白杨树一样，随风弯倒，风过之后又会重新直立起来。

军队在总司令和军需官的率领下开赴战场，而这二人如今却是不共戴天的仇人。苏丹是他们二人的护身符和保护人，但他刚从伊斯坦布尔出发，正在与他们会合的路上，安纳托利亚狭长的土地隔在他们中间。虽然苏莱曼可能从未输过一场战争，但据说伊朗沙阿——无论他是否属于异端——拥有神力的庇佑。因此，不安在队伍中蔓延。[10]

易卜拉欣的部队大部分由地方征兵组成。叶海亚（Yahya）贝伊指挥着其中一支。他是参加过当年查尔迪兰之战的老兵，也是一位诗人，曾为被谋杀的诗人菲加尼写过一首挽歌，还得到了伊斯坎德尔·切莱比的资助。现在，处死菲加尼的刽子手正驱使着叶海亚和他的部下深入波斯高原，而波斯高原素有吞没来者的名声。在查尔迪兰击败伊斯玛仪沙阿后，塞利姆反而撤回到伊斯坦布尔，而不是冒险占领该地。而那还是在他率领10万大军的情况下。法兰克人目前只拥有当年一半数量的军队，他能有什么机会呢？

事实上，由于一些伊朗人选择了叛变以及某个错误的判断，军队很快就连曾经的一半都不到了。在库尔德斯坦山区，这些叛变者劝说易卜拉欣对那些臭名昭著的土匪采取行动，但这次行动最终导致数千名土耳其士兵死在峡谷和隘口——他们遭遇了伏击——或死于饥饿。[11]

尽管如此，大维齐尔仍然兴致勃勃。他深入伊朗，在霍伊（Khoy）村给穆赫辛写信，告诉她自己有多聪明。"没有人知道我们走了这条路！就连苏丹也不知道，他还以为我们在迪亚巴克尔。但在真主的帮助和眷顾下……我们从可恶的'红头军'手中夺取了大量城堡。但我们并不满足于此，为了苏丹，我们冒着生命的危险，以先知的名义，现在已经逼近了大不里士。"¹²

*

苏莱曼远远地跟在大维齐尔的队伍后面，从容不迫地向东行进，他来到故乡安纳托利亚，经过了一些他过去只闻其名的地方。他从未到过这些地方，这是他追求金苹果的代价。

在科尼亚（Konya），他在用绿松石烧成的圆顶下安顿下来，这里也是我们的大师、游吟诗人巴尔赫（Balkh）的安息之地。在这里，随着鼓声和我们大师所描述的芦笛声——"芦苇被从它神圣的眠床上扯下，渴望回归"——逐渐加快中，在苦行僧的旋转和诗中所蕴含的真理的神奇作用下，圆顶被抬起，脱离了支柱，悬浮在半空。

> 获得世间万物的谋划毫无价值，
> 摒弃世界的谋划值得称颂。
> 此世乃一监狱，我们都是囚徒，
> 在监狱里挖个洞，放自己出去。
> 除了对真主的无知，这个世界还能是什么呢？
> 它不是商品、银器、天平或女人！
> 至于你们为了信仰而带来的财富，
> 正如先知所言："正义之人的财富是多么美好啊。"

> 船中的水会毁灭船，
>
> 船下的水却能支撑船。
>
> 因为他摒弃了对财物的一切欲望，
>
> 除了"贫穷"之外，所罗门不会以任何名字称呼自己。[13]

世间没有什么是永恒的。艾哈迈德、费尔哈特和古利提以一种残酷的方式领悟到了这一点。而从出生的那天起，他的母亲哈芙莎就明白了这一点，所以她带着微笑回到了造物主那里。

＊

　　苏丹在抵达安纳托利亚东部的埃尔祖鲁姆（Erzurum）后，收到了易卜拉欣的来信。来信的口吻和内容都不同寻常。惊慌失措并不是大维齐尔的作风。

　　易卜拉欣告诉苏丹，沙阿的表现出乎所有人的意料。到达呼罗珊后，他立即调转方向，急匆匆地赶回来迎战入侵者。是的，大不里士是我们的了。但也许不会太久。他恳求他的主人快马加鞭。他觉得自己还不够坚不可摧，还无法同一名驯狮人相提并论，他在信中写道："仆人是无法抵挡全力以赴的国王的。"

＊

　　只用了 21 天时间，塔赫马斯普沙阿就穿越了 1000 英里，来到奥斯曼帝国军队附近。在整个过程中，因为强制行军，他损失了太多的马匹；因为远离家乡，他损失了太多的士兵。沙阿只剩下 7000 名装备齐全的骑兵对付苏丹与易卜拉欣会师后超过 15 万人的军队。大维齐尔备感振奋。

233

实力如此悬殊，苏丹如果不继续进逼以粉碎毒蛇的头目，在履行宗教义务方面就会有渎职之嫌。法学博士们已经颁布了一道"法特瓦"，要求对异端采取最严厉的惩罚措施。但神职人员不知道的是，伊斯玛仪沙阿的儿子已经吸取了父亲的教训——当初选择在查尔迪兰开战，无异于自取灭亡。塔赫马斯普不会让他的轻骑兵去对抗奥斯曼帝国的大炮和火绳枪。他不会让自己以及自己的教派走向灭亡。他要把敌人引诱到高原的隐秘角落里，那里既没有食物也没有藏身之地，剩下的就交给寒冬吧。[14]

土耳其士兵正在追击的敌人令人难以捉摸。他们穿过半毁的城市，踏过烧焦的土地，而神秘的骑兵仍在远处，窥探着他们的一举一动。他们来到蒙古人所建的苏丹尼叶（Soltaniyeh）城，在伊利汗国大汗的巨型陵墓附近安营扎寨。[15] 这座城市因建在了错误的地方而惨遭遗弃，巨型陵墓便是这座城市的纪念碑，显得愚蠢而傲慢。

雪下得又细又干，覆盖了陵墓高高的弧形轮廓、八角形底座每个角上的瓦片及尖塔。雪一直下个不停，越下越大，越下越厚，几乎淹没了士兵们的帐篷，他们除拥抱着战友，以相互耳语的姿势死去之外，没有别的选择。

很久以后，一位诗人——所有的伊朗人都是诗人——从这里经过。

> 当我来到苏丹尼叶，那片美丽的牧场，
> 我看到两千具尸体躺在那里，没有坟墓，
> 也没有裹尸布。
> 我问道："是谁杀死了这些奥斯曼人？"
> 晨风回答说："是我。"[16]

*

灾难发生后，军队一路奔向南方，就像鱼群游往温暖的水域。但伊朗人的行动才刚刚开始。当苏莱曼的军队穿过寒冷的平原，进入扎格罗斯（Zagros）山脉的山麓地区时，他们饱受部落游击队的折磨，这些人专门袭击辎重车队，抢劫落单的士兵。苏丹的贴身保镖必须时刻保持警惕，以防刺客骑着敏捷的矮马冲向御帐。

在埃尔祖鲁姆战役之前，苏莱曼的战事日志记录的是圣人受勋和堡垒被攻克的欢快场面。现在，日志中弥漫着死亡的气息。有一天，军队里爆发了恐慌："红头军"潜入了军队，正在屠杀队伍里的穆斯林平民。在一片混乱中，有人被砍倒，直到谣言被打破，哭喊声才逐渐减弱，人们满怀悔恨地将死者葬在冰下。

卡西姆帕夏手下有 11 人做了逃兵。他们被抓了回来，其中 3 人被刺穿，其余的被锯成了两半。

暴涨的河水把负责驮运的牲畜像软木塞一样掀翻，抛向下游。[17] 只有那些负重最大的驮兽才能站稳脚跟，存活下来。漫漫长夜，士兵们都在马背上度过，寒风刺骨。奥斯曼帝国的首席官僚、宰相西迪（Sidi）贝伊倒下了。[18] 而在埃尔祖鲁姆一役之后，苏丹就再也没有见过一棵树。

习惯了平坦的大路和夏日里的征战，补给车队如今步履蹒跚。大麦、面粉和柴火都在哪里呢？接下来他们将沿着一道狭窄的山口长途行军。对骆驼、重炮和御轿来说，山口太狭窄了，因此队伍不得不抛下它们。在扎格罗斯的山脊上，这支疲惫不堪的军队匍匐前进。叶海亚贝伊写诗描绘士兵们的痛苦，借此来保持自己的手指血液畅通。

灾难会无缘无故地发生吗？除非是真主的旨意，也就是所谓的命运的变迁？个人所犯下的罪孽呢？易卜拉欣向他的主人提出了这个问题。他谈到了伊斯坎德尔·切莱比监守自盗，企图从国库中偷盗财物，还提及了丢失的大炮和短缺的口粮。去山中剿匪，原本就是伊斯坎德尔出的馊主意。进军大不里士也是伊斯坎德尔的主意。

是否应当查一查伊斯坎德尔的财富是从哪里来的？他说维持自家府邸和花园运转的开支都来自个人的薪俸，这种可能性有多大？财务大臣的职责就是收钱，而伊斯坎德尔太擅长了。他手下的税务员都是些狂热分子，他们收走了富人的最后一块地毯，对死树和活树征一样的税。[19] 毕竟，他每年订购的那些亚麻布，总得有人为它们买单。

易卜拉欣必须将苏丹的注意力从自己的失败上转移开。他夺取的城堡在战略上无足轻重；大不里士也已被沙阿收复；奥斯曼帝国的雄师、莫哈奇战役的胜利者、君士坦丁堡战役的胜利者以及几个世纪以来其他数十场战役的胜利者，现在已经精疲力竭、衣不蔽体，苏丹的数万子民已经命赴黄泉……

一切都是财务大臣的错。

伊斯坎德尔可能需要召集一些忠实的守卫，也许是叶海亚贝伊的手下，以确保没人在他睡觉时进入他的营帐。也有可能苏丹会允许他为自己辩护，反驳易卜拉欣的指控。

究竟是哪种情况，这并不重要。

236 苏莱曼在1534年10月24日的记录中写道："财务大臣伊斯坎德尔·切莱比被免职。"[20] 他的财产——包括奴隶、府邸甚至珠宝首饰——都收归苏丹所有。然而，易卜拉欣还需用他的三寸不烂之舌，为这件事画上句号。苏莱曼不是塞利姆，他的顾虑太多；伊斯坎德尔也不是古利提，他可有不少盟友。

再过四个月零二十天，直到苏莱曼占领巴格达，分封总督、下令改革地籍、到底格里斯河畔瞻仰尼扎姆·穆勒克学院的遗迹；直到苏莱曼打扫完满地狼藉的战场，让那些魂不守舍、全身污泥的士兵重新组成一支整齐的军队——准确地说，直到吉祥的斋月十六日，伊斯坎德尔才在城里的马市里被绞死。

那天晚上，他来到苏莱曼身边。他走到苏丹的床边，责备苏丹尸位素餐，竟然屈从于他的宠臣，此人将苏丹玩弄于股掌之中，可以让他下令处死一个清白无辜之人。他俯下身去，用头巾缠住苏丹那和天鹅一样修长的脖子，然后越勒越紧，最后苏丹被自己的尖叫声惊醒。[21]

苏莱曼从随从手中接过水杯，待呼吸恢复正常，他在心中暗暗立下了誓言。

*

许蕾姆很高兴，在这么远的地方，苏丹都能满足她的要求，为她提供了更好的沐浴设施。她在信中提到这个，并补充说："只有真主知道，当听说这个消息时我有多高兴。愿您的每一天都似一千天，愿真主助您一臂之力。苏丹，请不要误会，我只想要最好的。真主知道，哪怕您离您的预期只差一丝一毫，我都不会心满意足。真主作证，我光在食物上就花了5万！并不是说我在自己的需求上花了多少钱。而现在，您传给我消息，我的灵魂，我眼中的光，我心中的喜悦，我的苏丹。愿真主在此世和来世赐予您喜乐。"

这些司空见惯的表达爱意的昵称，他听了该有多感激，他是多么的爱许蕾姆，因为她让他不去想财务大臣的事，不去理会来自突尼斯的消息。苏丹答应为她和女眷们修建一座新的浴室，她对此非常满意。显然，她囊中羞涩，打算继续争取苏丹的同情。毫无疑问，接下来她该要求增加津贴了。

"至于孩子们，"许蕾姆继续说，"他们把脸贴在门槛上，渴望看到您那张带来吉祥的脸。我们给吉汉吉尔的肩膀进行了

237

烧灼治疗，并在真主的保佑下，切除了已经成形的囊肿。现在他已经康复了。祈祷时记得不要忘了他。说到孩子们的老师，他如行尸走肉一般，一副要死不活的样子。上一秒还能呼吸，下一秒就不行了。只有真主才知道他怎么回事。"

"至于城中的状况，瘟疫还没有退去，只是没有之前那么严重了。等我的苏丹回来，在真主的保佑下，瘟疫就会结束。秋叶已落。我的国王，我恳请您记得时常给我写信。真主作证，我不是在胡言乱语，如果一两周过去了，信使还没有来，人们就会议论纷纷。他们什么样的话都会说。"

"至于您的这个奴婢，她被分离的烈焰灼烧，她的肝脏已被烧焦，她的内心备受煎熬，她的双眼噙满了泪，她分不清白天和黑夜，她绝望地淹没在一片思念的海洋中。对您的爱把她折磨得比法尔哈德（Farhad）和马杰农还要痛苦；不要问她的事！因为每次与苏丹分离，我都会像夜莺一样哭泣、叹息，我的处境如此凄惨，以至于我甚至都不愿将其施加于您任何一个异教徒奴隶的身上。"[22]

她的信带来了美酒般的欢愉，就像寒冷日子里火炉一般温暖。

*

巴格达是大伊玛目艾布·哈尼法（Imam Abu Hanifa）的安息之地。他是哈乃斐教法学派的创始人，该学派是奥斯曼帝国律法的基础。伊玛目的陵墓在遭到"红头军"的亵渎后，目前不对朝圣者开放。他们挖出了他的尸体，并将其焚毁。据说是这样的。

真实的情况是，在"红头军"占领巴格达前不久，伊玛目出现在了守墓人面前，让他把自己的墓碑移到某个异教徒的坟墓上。[23]"红头军"误以为那个异教徒的尸体就是伊玛目的尸体，于是将那具尸体烧毁。

得知这些事情后，易卜拉欣帕夏下令寻找伊玛目的所在之处。不久后，工人们发现了一个地窖，里面散发出一股强烈的麝香味。气味如此浓烈，致使一名工人当场倒地身亡。大维齐尔匆忙赶来，亲手将墓碑安放在地窖上方。就像发现伊玛目的遗骸是真主的指引，这种荣耀仿佛只为他所独享。

*

在巴格达，人们被那个曾经呼风唤雨的家族的"遗产"所包围。贾法尔市场（Jafar Market）、法德尔运河（Fadl Canal）、叶海亚市场（Yahya Market）、哈立德市场（Khalid Market），所有这些都是以巴尔马克（Barmakid）家族成员的名字命名的。他们曾先后在阿拔斯王朝四任哈里发手下担任过最高职务。巴尔马克家族来自呼罗珊的巴尔赫。在来到巴格达之后，他们变得非常富有，其府邸令君主本人都羡慕不已。巴尔马克家族中最杰出的是贾法尔。在他的任期，帝国的国力达到了巅峰，实现了十七年的和平与繁荣。他也许是太有钱了，也许是太自以为是了，又或许是哈伦·拉希德（Harun al-Rashid）哈里发对他让自己的妹妹怀孕这件事感到不满——尽管他鼓励公主和大臣通婚。一天，对着一群光鲜亮丽的奴隶和仆人，哈伦陶醉其中。他转头问一位大臣："你见过如此奢华的队伍吗？"得到的回答是："没有什么可以与贾法尔的相提并论。"[24] 803 年冬天的一天，巴格达的人们在醒来后发现，那个阿拔斯帝国第二有权势的人被砍成了三截，吊在底格里斯河桥上的绞刑架上。

*

239　　没有邪恶的印刷术，路德派的"异端邪说"就不可能传播得那么迅速，而在伊斯兰教的土地上，印刷术的"罪恶"却已被成功化解。除法学博士以宗教为由下达的禁令外，要将阿拉伯文字系统中900多个字符形式逐一装入单独的字块中，以便在古腾堡印刷机上使用，所面临的实际障碍几乎是不可逾越的。印一页纸就要花非常长的时间。于是，每本《古兰经》都是抄写者书写技巧的展示，也是书籍装饰者手艺的展示——他们用涡卷、扇形或其他几何图形填补页边。

　　多年来，易卜拉欣收到了太多的《古兰经》，他对这本圣书的感情已经变质，变成了切实的厌恶。当城里最好的书法家向他展示自己的作品时，他看都懒得看一眼。他不再喃喃地念着"以真主之名"，指尖游走在柔软的皮革、乳白色的纸张以及遒劲有力的库法体字母（Kufic letters）上，而是大发雷霆，咆哮着把大吃一惊的捐赠者赶出房间，[25] 大喊着他再也不想要《古兰经》了，这玩意儿他已经有太多了。

*

　　巴格达回到了它本该在的位置，被奥斯曼帝国收入囊中。苏莱曼继承了阿拔斯王朝的遗产，可以在闲暇时认真考虑向南推进到巴士拉（Basra）和海湾地区。然而，除占领巴格达令人感到喜悦之外，东征的实际情况其实令人失望，给人的观感也近乎灾难。甚至在罗马，人们一想到苏丹被困在冰面上，而沙阿的手下则骑着矮马在他身边欢呼雀跃，就会暗自嘲笑他。对易卜拉欣来说，幸运的是苏莱曼对军事胜利的定义比他的父亲更为灵活。在巴格达期间，苏丹奖励了他的总司令，包括2

万达克特的加薪、一次性赠予的 2 万达克特的赏金、一件长袍以及一把镶满宝石的宝剑。

帕夏现在也许可以沾沾自喜了。伊斯坎德尔已经被消灭。财务大臣的岳父也参加了这次东征，他可能怀有复仇的念头，但最终也被处死了。此外，厚颜无耻的鲁斯泰姆也远离了首都。

那年冬天，易卜拉欣的对外通信又恢复了。在写给费迪南的信中，他没有提及任何关于仆人和王权的废话。他吹嘘道："我的这支军队，天和地都无力阻止……我征服了凡城、瓦斯坦（Vastan）、阿斯特瓦（Astwar），还有其他十三座要塞。之后，我率领大军向另一侧挺进，攻入波斯国王古老的都城大不里士，在万能的真主的眷顾下，我征服了大不里士及其全境。"而信中提到的那位国王，"只是看到了我方的旗帜，就被吓得心惊胆颤，不敢上前与这个世界的征服者对抗……他掉头就跑，丢下他所有的财宝、他用于作战的武器以及他所有的财物，灰溜溜地逃跑了"。

大维齐尔得知，"那些杀死威尼斯总督儿子的叛徒来到您这里，是为了挑拨离间，他们进入匈牙利王国是为了掠夺"。易卜拉欣接着说，大公最好不要帮助那些杀害了可怜的阿尔韦塞的凶手。"要当心那些挑拨离间的窃贼，否则我们很容易陷入不利的境地。"[26]

他从战争期间投诚的伊朗叛逃者那里得知，沙阿的一些重要臣僚的名字中都包含"苏丹"一词。从伊斯玛仪手中接过王位时，塔赫马斯普还是个孩子，国家由几位摄政王管理，其中包括迪夫苏丹（Div Sultan）、朱哈苏丹（Chuha Sultan）和科佩克苏丹（Kopek Sultan）。"苏丹"在他们各自的部落中意味着"领袖"，对易卜拉欣而言，这一点并不重要。如果在头衔的使用方面，奥斯曼人无法为他破例，那么还能为谁呢？

240

易卜拉欣的本能是在他上方的岩石上不断开凿立足点。返回伊斯坦布尔的旅途相当漫长，令人沮丧，他在途中提到了自己的头衔问题。在此期间，他们还改道去平定前一年才被征服的许多地方，包括大不里士，毫无疑问，这些地方明年还会再次失守。行军途中，苏丹开始称呼他的总司令为"总司令苏丹"，以示尊重。[27] 总司令苏丹召开会议。总司令苏丹在这样那样的地方扎营。然后，总司令苏丹也开始用他的新头衔签署信件。

他向他的主人保证，他不会像叛徒艾哈迈德在开罗自封苏丹时那样僭越。他的目标不是要取代他深爱的主人（真主不容这样的事发生！），而是要为自己的职务"借用"一点"苏丹"称号才有的超凡魅力——或者"法尔"。但是，"苏丹"一词来自阿拉伯语的"S-L-T"，许多与权力和主宰相关的词都是由这个词派生的。这个发着齿擦音的小词根有许多特性，然而"含混不清"却不在其中。

*

可能是因为苏丹重视臣僚的建议，也有可能是因为他担心自己长期在外征战可能会助长另一个艾哈迈德式的叛徒，苏丹把他的整个政府都带到了东部。帝国最高级别的帕夏和官员会到巴格达参加内阁会议，而数百英里之外的首都却陷入了混乱。

苏丹出征后，大约有 2000 名禁卫军留守伊斯坦布尔，他们会在城里维持秩序。这就引出了朱文纳尔最初就罗马禁卫军（Praetorian Guard）所提出的问题："谁又来防范禁卫军自身呢？"苏丹不在，他们的军饷又一直被拖欠，禁卫军暴动了。他们想渡过金角湾，进入佩拉，但当局特许基督徒拿起武器自卫，于是禁卫军只能四处寻找更弱的目标。他们从几艘舰船上抢夺了武器后上岸，又洗劫了一些犹太人的房子，还抢劫了军械库。他们将自己队伍中的一名军官逼到墙角，但这名军官用剑杀死了两名禁卫军，然后骑马逃走。但他们紧追不舍，最终把他从马上拖下来，砍下了他的脑袋。四天后，禁卫军领到了拖欠的军饷，禁卫军中的一些军官也被革职了。[28]

在政府缺位的情况下，奥斯曼帝国的外交工作落入了外行人的手中。1535 年夏天，奥弗涅（Auvergne）的绅士、笃信王的特使热昂·德·拉·福雷（Jehan de la Forest）抵达伊斯坦布尔，他只在那里会见了一些次一级的政要，这些人都提到了一个预言，说帝国会被身着黄衣的人摧毁，而法国国王的盾徽上不正是黄色的鸢尾花吗？拉·福雷不得不解释说，预言中的"黄衣"指的是德意志雇佣兵穿的斜纹马裤，其实是病态的芥末色。[29] 而德意志雇佣兵既是笃信王的敌人，也是苏丹的敌人。政要们这才安心下来。但如果能和大维齐尔谈谈，这时间才算花得值当。于是，这位法国特使又赶去东部找他。

*

突尼斯的陷落在首都引起了恐慌。海雷丁在哪里？死了吗？苏丹和他的军队又在哪里？远在千里之外吗？敌人的下一个目标肯定是伊斯坦布尔。加利波利的造船厂正在以最快的速度制造战舰，但没有统帅的战舰又有什么用呢？当西班牙国王驶向西西里岛，教宗保罗准备接见他的消息传来时，人们才松了一口气。

终于，在 1536 年 1 月 8 日，也就是苏丹离开他的子民一年半之后，他在易卜拉欣、阿亚斯、卡西姆和海雷丁四位帕夏的陪同下回到了首都。是的，海盗王漂洋过海来与他的主人商议，并解释他在突尼斯陷落后的所作所为。在军队返程经过西

242

里西亚时，他截住了苏丹，两人坐到了一起，但其间谈了些什么，人们却只能猜测。

回到首都后，拉·福雷和易卜拉欣为法国和高门之间的结盟做了最后的润色。该协议允许在奥斯曼帝国经营的法国商人支付与奥斯曼商人相同的税金。涉嫌在苏丹领土上犯罪的法国国民将在翻译在场的情况下由特别法官进行审判。不得将对方的臣民降为奴隶。驶入对方海域的船只需升起旗帜并鸣炮致意便可通行。[30] 虽然许多条款看起来是对等适用的，但在实践中，该条约对法国的好处多于土耳其。

如果协议在某种程度上能够帮他实现夙愿，将查理从意大利驱逐出去，并将意大利的大片土地据为己有，苏丹就愿意大方让利。而这些安排正是要实现这些目标。资金、武器、装配场、情报，这些才是军事盟友之间的基本要素，相比之下，基督教世界就像个笑话。这才是真正的盟友之间正儿八经的合作，而不是那像威尼斯一样首鼠两端。

安德烈·古利提这位头号骑墙者，便是上述结盟的输家。他的船只被排除在法国和土耳其的共同市场之外，这标志着威尼斯在地中海地区商业优势的终结。就像一代人之前，欧洲的主要贸易路线被转移到了大西洋一样，这是一个沉重的打击，也足以让这位可怜的老总督再次为他的儿子发出叹息，他的儿子虽然有种种过错，但在奥斯曼帝国的权力中心，他从未停止过帮威尼斯说话。

*

她已经有了浴室。苏丹的母亲哈芙莎的丧期已过，现在她要举行婚礼了。城里的房屋都挂满了彩饰，竞技场上还搭起了秋千，这样人们就可以在荡到高处时看到那些达官显贵们在自家大理石阳台上看到的东西。她和女眷们则拥有最好的位置，她们坐在看台上一边享用茶点，一边观看下面的技术比武和滑稽表演，一道镀金的花格子遮挡住人们看向她们的视线。[31] 竞技场上，长颈鹿的脖子是那么长，仿佛能够触及天空。

如果苏莱曼现在去世——在他43岁的时候——一定会被视为英年早逝，但若真的如此，也没有什么好奇怪的。他每一次外出征战，都有回不来的可能。他的父亲就是在壮年时被瘟疫夺去了生命。真主是伟大的。

然后呢？

在绝对君主制下，天然会形成各种派系。但目前来看，派系的划分还不是十分清晰。长子穆斯塔法和他的母亲玛希德弗朗。许蕾姆和……谁呢？她还没有决定该支持三个健壮的儿子中的哪一位。任何一位母亲都希望能无限期地拖延这个决定。还有多年前在奴隶市场上挑中她的大维齐尔。易卜拉欣在这些组合之间坐立不安。

穆斯塔法向大维齐尔汇报马尼萨的情况。易卜拉欣在回信中自称是穆斯塔法的"挚友"，并表示希望能尽快见到他，"从（他的）高贵和恩典中获益并收获喜悦"。[32] 他的妻子穆赫辛和玛希德弗朗之间也有着不可否认的惺惺相惜之情。在一封信中，玛希德弗朗不无感激地写到，穆赫辛和她的丈夫向她展示了"姐妹和兄弟般的情谊"，并感谢他们"诚挚善良的友谊和同情"。[33]

但是，在与玛希德弗朗和穆斯塔法保持友好的同时，又要与许蕾姆维持热情的关系，这并不容易。这在家庭内部可行不通。

*

无论他变得多么富可敌国，无论他的头衔有多么五花八门，无论他的兄弟中有多少人做了大公，自从多年前他问穆斯塔法"你不知道他的奴隶也是你的吗"，他的法律地位就再也没有发生过变化。

如果易卜拉欣想谋求比他现在更高的位置，那就太可笑了。他是个不受欢迎的"半基督徒"（demi-Christian）。然而，人们很容易忘记，大人物看待世界的方式与其他人不同。海平面上看似巨大的悬崖，对已经身处云端的人来说，只是最低的阶梯。叛徒艾哈迈德以为自己可以成为苏丹。而易卜拉欣比艾哈迈德更为可怕。

245　　有传言说，海雷丁·巴巴罗萨在驶往安纳托利亚的途中劫持了一艘威尼斯船只，船上有易卜拉欣写给基督教列强的信件，他在西里西亚与苏丹的谈话中就提到了这些罪证。又有传言说，伊斯坎德尔·切莱比在巴格达马市与刽子手见面前曾叫人拿来纸和笔，控诉易卜拉欣暗中与波斯人勾结。[34]

还有其他传言：他想让玛希德弗朗的儿子当苏丹；他想自己当苏丹；许蕾姆打算提拔马夫鲁斯泰姆，并指使他对付大维齐尔。

不可否认的是，在突尼斯和波斯失利后，人们担心伊斯坦布尔可能遭到入侵，再加上瘟疫反复肆虐，高门正处于一种动荡不安的状态。

＊

这一年，即 1536 年，伊斯兰历的斋月从 2 月 23 日开始，与春分前的公历月份几乎完全重合。标志斋戒结束的开斋节将与立春的第一天重合。

但是，开斋节必须是"挣来"的。没有前面的斋戒，开斋就毫无意义。没有斋戒前的铺垫，斋戒也就毫无意义。

街头公告员骑马外出，提醒人们斋月将至，并高声赞美谦卑、节俭和虔诚的美德。厨房里炊烟袅袅，仿佛在忙着备战。人们要对付的是糖分摄取的骤降、身体的疲乏以及糟糕的脾气。使用的武器包括果酱、腌菜、蘸上橙汁并撒上肉桂的哈尔瓦酥糖、坚果、果子露、水煮过的水果、甜糊、米布丁、千层酥皮、用玫瑰水调味的淀粉薄饼、用藏红花调色的甜米饭以及葡萄汁。

当吉祥的斋月终于开始时，虔诚的信徒白天睡觉或诵经，晚上吃饭或逛商店，商店会享有长达一个月的宵禁豁免权。随着时间的推移，饥饿的感觉会慢慢地在他们的身上蔓延，使他们的一切反应、思虑和行动变缓。大约一周后，人们就会习惯这种饥饿感。他们开始享受某种极强的专注力，这种专注力常常与他们放弃斋戒的冲动相伴。他们享受斋戒所带来的四面被围墙包围的感觉。

穷人一无所求。在每天的开斋饭快要到来的时候，他们只需选择去哪个集市、清真寺或救济所。斋月是真主擢升穷人的时节，但只是在有限的程度上。在我们这个必然不平等、由真主钦定谁高谁低的世界里，这样的做法还是非常有吸引力的。

到了第四周，虔诚的信徒就开始计算天数了，随后新月出现，法学博士宣布开斋节正式开始。对那些偷偷摸摸吃喝的人，尤其是那些纵情酒色的人，他们表现得铁面无私。当信徒们发现某个醉醺醺的犹太人时，他们会让他骑上马，头上顶着牛肚，手里拿着一根牛尾巴，在城里游街示众。[35]

*

斋月的第 21 天，也就是 3 月 14 日，纪尧姆·波斯特尔（Guillaume Postel）——他随热昂·德·拉·福雷一起抵达君士坦丁堡——前往竞技场的府邸赴约。这是一位超凡脱俗的年轻人，他目光坚定，使人略感不安。他学过希伯来语和阿拉伯语，天知道他还学过些什么。

从波斯特尔的话中可以明确感受到，他对旅行怀有强烈的热情和好奇心。他一直在利用弗朗索瓦的资助为巴黎的王家图书馆购买手稿，他也一直在观察身边的一切。他说，与法国的同行相比，土耳其的法官更为正直，这一点他深有感触。他惊叹于苏丹——这位"人类和正义的典范"——竟会透过一个格子窗来监督庭审。"愿上帝保佑，"他风趣地总结道，"守护天使可以让同样的事情发生在笃信王的宫廷里。"

下面谈正事。波斯特尔带来了弗朗索瓦的指示，要他取回某个叫克罗兹隆（Crozillon）的人的财产。[36] 这位克罗兹隆是图尔（Tours）的一位企业家，他向葡萄牙人出售印度宝石，事业做得风生水起。在恒河沿岸做了八年买卖后，他带着30万达克特返回家乡，不料中途死于安卡拉（Ankara）。按照克罗兹隆的说法，这笔财产被他托付给了他的朋友易卜拉欣帕夏保管。他向帕夏请求到，请妥善保管好这笔钱，直到某个受委托的信使前来，把它带回家并交给克罗兹隆家族的遗属，您会因此得到4000达克特的报酬。

波斯特尔解释说，那个信使就是我。

帕夏认为，就他所做的事而言，4000达克特的报酬未免有些微不足道了，这样想不过分吧？而且，大维齐尔显然不愿放弃那30万达克特，他流露出了这一想法。不过，法国与土耳其之间新签订的协约规定，在奥斯曼帝国境内的任何地方，法国臣民都有权通过遗嘱来处置自己的财产；如果他们去世时没有留下遗嘱，其财产将归他们的继承人所有，或交由法国特使或领事管理。波斯特尔清楚自己的权利，他表示自己将向苏丹提出申诉。而此时，易卜拉欣突然收到了苏丹的传唤，这让他长舒一口气。苏丹让他到新宫去见他，然后他们将一起开斋并共度良宵。

*

易卜拉欣在行礼门将马交给马夫，然后步行穿过第二庭院前往内殿，他将在那里用餐和就寝。此时此刻，有必要回忆一下穆斯塔法帕夏。不要与苏丹的儿子穆斯塔法搞混了，他们只不过同名罢了。

穆斯塔法帕夏一年中有八个月因痛风而卧床不起。加上一些其他因素，这意味着他应该自行离开了。苏丹给了他一个选择，要么接受降职，但可以保留特权，要么就是被遗忘。穆斯塔法盘算了一下他不愿失去的东西，包括 700 个奴隶、7 万达克特的薪俸、一堆金银珠宝，还有俯瞰大海的宅邸，最终接受了降职。[37]

这个故事有何启示呢？权力之于穆斯塔法只不过是一种手段，他从未让这一手段变成目的。他也从未自欺欺人地认为苏丹离不开他。这就是他和帕尔加的易卜拉欣之间的区别。易卜拉欣是他的上级，但作为一名政治家，他有两个穆斯塔法没有的致命缺点：他沉迷于权力，并且自认为不可或缺。

而苏丹也从未忘记那个晚上在巴格达发下的复仇誓言。

*

第二天早上，人们在苏丹隔壁的卧室里发现了易卜拉欣的尸体，尸体上有伤痕。被撕碎的衣服和墙上的血迹表明，在经过了一番激烈的搏斗之后，那些哑巴侍从才得以用弓弦勒死了他。在皇宫花园深处的码头，他的尸体被装进一条小船，运过金角湾，埋在一处没有标记的墓穴中。他的地产、府邸、奴隶、马匹以及华服，还有克罗兹隆的黄金，都收归苏丹所有。

对宫廷里的谄媚者来说，只需替换掉易卜拉欣绰号"马克布尔"（Makbul）——意为"宠臣"或"受宠之人"——中的一个字母，就能展现出他的命运所经历的翻天覆地的变化。现在可以称他为"马克图尔"（Maktul），意为"被杀之人"。再也不会有人在公开场合提及他了。只有在私底下，人们才会饶有兴致地一遍又一遍地研究1536年3月15日（the Ides of March）的谋杀案，并探究这件事背后的意义。

问问那位知情者吧，当时他在一墙之隔的地方听着，听到了自己获得解放的声音，听到了自己的那位"饲养员"命丧黄泉，听到了他青春逝去的声音。

除了真主，谁能说清接下来会发生什么呢？苏丹不能，许蕾姆不能，那几位竞争者更不能，鲁斯泰姆不能，海雷丁不能，其他任何尚未显形的野心家——他们会在苏丹失去挚友的情况下找到崛起的机会——也都做不到。这位新苏丹会让他们飞黄腾达，但他绝不会将统治权拱手相让。他不会让他们侮辱或欺压自己。他的父亲曾经也会有这样的想法吗？

也许随着时间的流逝，解脱所带来的震撼将逐渐让位于内疚和怀念，他想到了父亲塞利姆，他曾杀人如麻，最后却死在了自己的床上。最伟大的国王所能拥有的最强烈的愿望，不就是死在自己的床上吗？

那一年，人们同时庆祝开斋节和新年。第一朵郁金香盛开了，梧桐树也长出了新叶，黑海的寒风被来自南方的暖流驱散。整个城市弥漫着羊脂的香气，人们敲锣打鼓，饮酒狂欢。[38] 从清真寺回来后，苏丹视察了他的国库。国库里堆满了王朝建立以来通过礼赠和征服所获得的各类奢华物品，苏丹感谢真主让他获得了这些财富。[39]

致 谢

特别感谢以下诸位：塞西莉亚·里瓦（Cecilia Riva）、希拉·德·贝莱格（Sheila de Bellaigue）、詹皮耶罗·贝林格里（Gianpiero Bellingeri）、菲奥娜·布朗（Fiona Brown）、查尔斯·卡明（Charles Cumming）、菲利波·德·维沃（Filippo de Vivo）、埃里克·德·贝莱格（Eric de Bellaigue）、已故的约翰·弗拉德（John Flood）、罗杰·朱佩（Roger Jupe）、苏珊娜·普雷斯（Suzanne Press）、伊尔伯·奥泰利（Ilber Ortayli）、埃尔文·奥特曼（Elvin Otman）、约翰·格尼（John Gurney）、帕特里夏·达恩特（Patricia Daunt）、纳吉汗·古尔（Nagihan Gür）；伦敦图书馆和大英图书馆的工作人员泽伊内普·阿特巴斯（Zeynep Atbas）、伊尼戈·托马斯（Inigo Thomas）、阿兰·塞尔万提（Alain Servantie）、已故的玛丽亚·皮亚·佩达尼（Maria Pia Pedani）、弗朗西斯·拉塞尔（Francis Russell）、卡亚·根茨（Kaya Genc）、鲁珀特·史密斯（Rupert Smith）、乔纳森·邦德（Jonathon Bond）、斯蒂芬·帕克（Stephen Parker）、亨利·霍华德（Henry Howard），还有我在博德利·海德出版社（Bodley Head）的出色编辑威尔·哈蒙德（Will Hammond）和斯图尔特·威廉姆斯（Stuart Williams），以及代理人中的佼佼者彼得·斯特劳斯（Peter Straus）和他在罗杰斯（Rogers）出版社、柯勒里奇（Coleridge）出版社和怀特（White）出版社的同事们。

参考书目

Achard, Paul, *La Vie extraordinaire des frères Barberousse, corsaires et rois d'Alger*, Editions de France, 1939

Afyoncu, Erhan, *Venedık Elçilerinin Raporlarına Göre Kanuni ve Pargalı İbrahim Paşa*, Yeditepe, 2018

Alberi, Eugenio, *Le relazioni degli ambasciatori veneti al Senato durante il secolo decimosesto*, Società editrice fiorentina, 1839–1863

And, Metin, "Eski Osmanlı Şenlikleri Üzerine Üç İtalyan Kaynağı", *Forum* XIV, No. 184, December 1961

Anonymous, *Copia de una lettera de la partita del Turcho de Constantinopoli*, Florence, c.1533

Appold, Kenneth G., *The Reformation: A Brief History*, Wiley-Blackwell, 2011

Atasoy, Nurhan, *İbrahim Paşa Sarayı*, T.C. Kültür ve Turızm Bakanlığı Yayınları, 2017

Atıl, Esin, *Süleymanname: The Illustrated History of Süleyman the Magnificent*, National Gallery of Art, Washington, 1986

Atıl, Esin, *The Age of Sultan Süleyman the Magnificent*, National Gallery of Art, Washington, 1986

Babinger, Franz, *Mehmed the Conqueror and his Time*, ed. William C. Hickman, trans. Ralph Manheim, Princeton University Press, 1978

Bacqué-Grammont, Jean-Louis, *Les Ottomans, les Safavides et leurs voisins*, Nederlands Historisch-Archeologisch Instituut te Istanbul, 1987

Barbarigo, Niccolò, "Vita di Andrea Gritti, doge de Venezia", in Girolamo Ascanio Molin, *Orazioni, elogie e vite, scritte da letterati Veneti patrizj*, Venice, 1795

Barbaro, Josafa, and Contarini, Ambrogio, *Travels to Tana and Persia*, ed. [Henry,] Lord Stanley of Alderley, trans. William Thomas and S.A. Roy, Hakluyt Society, 1873

Barta, Gábor, *La Route qui mène à Istanbul (1526–1528)*, Studia Historica Academiae Scientarum Hungaricae, no. 195, Akadémiai Kiadó, 1994

Bassano, Luigi, *Costumi et i modi particolari della vita de'Turchi*, Institut für Gesichte und Kultur des Nahen Orients an der Universität des Nahen Orients, Casa Editrice Max Hueber, 1963

Bel, Matthias, *Adparatus ad historiam Hungariae, sive collectio miscella*, Bratislava, 1735

Bouwsma, William J., *Concordia Mundi: The Career and Thought of Guillaume Postel (1510–1581)*, Harvard University Press, 1957

Bradford, Ernle, *The Sultan's Admiral: The Life of Barbarossa*, Hodder and Stoughton, 1969

Busbecq, Ogier Ghiselin de, *Les Lettres turques*, Champion Classiques, 2010

Busbecq, Ogier Ghiselin de, *Life and Letters*, C. Kegan Paul and Co., 1881

Carboni, Stefano, et al., *Venise et l'Orient*, Gallimard, 2006

Cardini, Franco, *Europe and Islam*, trans. Caroline Beamish, Blackwell, 2001

Celâl-zâde Mustafa, *Selim-nâme*, ed. Ahmet Uğur and Mustafa Çuhadar, Kültür Bakanlığı, Ankara, 1990; repr. Milli Eğitim Bakanlığı, 1997

Çelebi Celalzade, Mustafa, *Kanuni'nin Tarihçisinden Muhteşem Çağ*, Kariyer Yayınları, 2011

Charrière, E., *Négociations de la France dans le Levant*, Imprimerie nationale, 1848

Chesneau, Jean, *Voyage de Paris en Constantinople*, Cahiers d'Humanisme et Renaissance, no. 159, Librarie Droz, 2019

Clot, André, *Soliman le magnifique*, Fayard, 1983

Curipeschitz, Benedict, "Wegrayss Keyserlicher Maiestät Legation im 32. Jar zu dem Türcken Geschickt", Augsburg, 1533, in vol. 1, part 5 of Anton von Gévay, *Urkunden und Aktenstücke zur Geschichte der Verhältnisse zwischen Oesterreich, Ungarn und der Pforte*, Vienna, 1840

Davis, James Cushman, "Shipping and Spying in the Early Career of a Venetian Doge, 1496–1502", *Studi Veneziani* XVI, 1974, pp. 97–108

Decei, Aurel, *Aloisio Gritti au service de Soliman le magnifique d'après les documents turcs inédits (1533–1534)*, Anatolia Moderna/Yeni Anadolu III, Bibliothèque de l'Institut français d'études anatoliennes d'Istanbul, 1992

Demir, Necati, and Erdem, Mehmet Dursun (eds.), *Saltık-nâme*, Destan Yayınları, 2007

Falsafi, Nasrullah, *Chand Maghale-ye Tarikhi va Adabi*, Vahid, 1970

Feneşan, Cristina, and Bacqué-Grammont, Jean-Louis, *Notes sur Aloisio Gritti*, Anatolia Moderna, no. 3, Bibliotheque de L'Institut français d'études anatoliennes d'Istanbul, 1992

Finkel, Caroline, *Osman's Dream: The Story of the Ottoman Empire (1300–1923)*, John Murray, 2005

Finlay, Robert, *Politics in Renaissance Venice*, Ernest Benn, 1980

Finlay, Robert, *Venice Besieged: Politics and Diplomacy in the Italian Wars, 1494–1534*, Ashgate Variorum, 2008

Franzio, Umberto, *The Doge's Palace in Venice*, Edizioni Storti, 1979

Garnier, Édith, *L'alliance impie; Francois Ier et Soliman le Magnifique contre Charles Quint*, Éditions du Felin, 2008

Gibb, E.J.W., *A History of Ottoman Poetry*, Luzac and Co., 1904

Giovio, Paolo, *Gli elogi vite brevemente scritte d'huomini illustri di guerra, antichi et moderni*, Florence, 1554

Giovio, Paolo, *Commentario de le Cose de Turchi*, ed. Lara Michelacci, Cooperativa Libraria Universitaria Editrice Bologna, 2005

Giovio, Paolo, *Elogi Degli Uomini Illustri*, trans. Andrea Guasparri and Franco Minonzio, G. Einaudi, c.2006

Godkin, Edwin Lawrence, *The History of Hungary and the Magyars*, W. Kent and Co., 1856

Gökbilgin, M. Tayyib, 'Ibrahim Pasha', in *Encylopaedia of Islam*, ed. P. Bearman, Th. Bianquis, C.E. Bosworth, E. Van Donzel and W.P. Heinrichs, Brill, 1960

Graviere, Jurien de la, *Doria et Barberousse*, Plon, Nourrit et Compagnie, 1886

Grey, Charles (ed.), *A Narrative of Italian Travels in Persia*, Hakluyt Society, 1873

Güngör Şahin, Hüseyin, *İspanyol ve Osmanlı Kaynaklarına Göre Barbaros Hayreddin Paşa*, Panama Yayıncılık, 2019

Gürkan, Emrah Safa, "The Centre and the Frontier: Ottoman Cooperation with the North African Corsairs in the Sixteenth Century", *Turkish Historical Review*, vol. 1 (2010), pp. 125–163

Gürkan, Emrah Safa, *Sultanın Korsanları; Osmanlı Akdenizi'nde Gaza, Yağma ve Esaret, 1500–1700*, Kronik, 2018

Hammer-Purgstall, J. de [von], *Histoire de l'Empire Ottoman*, trans. J.J. Hellert, Bellizard, Barthès, Dufour et Lowell, 1836

Hare, Christopher, *A Princess of the Italian Reformation*, Harper and Bros, 1912

Ḥasan-i Rumlu, *A Chronicle of the Early Safawīs Being the Ahsanu't-Tawārīkh of Hasan-i Rūmlū*. vol. 2, trans. C.N. Seddon. Gaekwad's Oriental Series, no. LXIX , Oriental Institute, Baroda, 1934

Hasluck, F.W., *Christianity and Islam under the Sultans*, Oxford University Press, 1929

Howard, Deborah, *Jacopo Sansovino; Architecture and Patronage in Renaissance Venice*, Yale University Press, 1975

Hughes, Bettany, *Istanbul: A Tale of Three Cities*, Weidenfeld and Nicolson, 2017

İnalcık, Halil, *The Ottoman Empire: The Classical Age 1300–1600*, Phoenix, 1994

Jackson, Peter, and Lockhart, Laurence (eds.), *Cambridge History of Iran*, vol. 6: *The Timurid and Safavid Periods*, Cambridge University Press, 1986

Jenkins, Hester Donaldson, "Ibrahim Pasha, Grand Vizir of Suleiman the Magnificent", *Studies in History, Economics and Public Law*, vol. 46, no. 2, 1891

Kangal, Selmin (ed.), *The Sultan's Portrait: Picturing the House of Osman*, Türkiye İş Bankası, 2000

Kaya, İ. Güven, "Figânî'nin Ölümü ve Taşlıcalı Yahya Bey'in Bir Şiiri", *Atatürk Üniversitesi Türkiyat Araştırmaları Enstitüsü Dergisi*, no. 34 (2007), pp. 47–61

Kellenbenz, Hermann, "Jacob Rehlinger, ein Augsburger Kaufmann in Venedig", in Hermann Aubin (ed.), *Beiträge zur Wirtschafts- und Stadtgeschichte. Festschrift für Hektor Ammann*, Franz Steiner Verlag, 1965

Kellenbenz, Hermann, *Handelsverbindungen zwischen Mitteleuropa und Istanbul über Venedig in der ersten Halfte des 16. Jahrhunderts*, Studi Veneziani, Fondazione Giorgio Cini, 1968

Knolles, Richard, *The Generall Historie of the Turkes*, London, 1610

Kretschmayr, Heinrich, *Ludovico Gritti: Eine Monographie*, Archiv für österreichische Geschichte, Wien, 1895

Krstić, Tijana, *Contested Conversions to Islam: Narratives of Religious Change in the Early Modern Otttoman Empire*, Stanford University Press, 2011

Kumrular, Özlem, "'Mir-i Venedik oğlu' Alvise Gritti", in *Tarih ve Toplum: Yeni Yaklaşımlar*, no. 6, 2007/8

Kuntz, Marion, *Guillaume Postel, Prophet of the Restitution of All Things: His Life and Thought*, Nijhoff, 1981

Labalme, Patricia H., and Sanguineti White, Laura, *Venice, Città Excelentissima: Selections from the Renaissance Diaries of Marin Sanudo*, trans. Linda L. Carroll, Johns Hopkins University Press, 2008

Lamansky, *Secrets d'état de Venise*, Académie imperiale des sciences, St Petersburg, 1884

Lane, Frederic C., *Andrea Barbarigo, Merchant of Venice (1418–1449)*, Johns Hopkins Press, 1944

Lanz, Karl (ed.), *Correspondenz des Kaisers Karl V aus dem königlichen Archiv und der Bibliothèque de Bourgogne zu Brüssel (1513–1532)*, F.A. Brockhaus, 1844

Lellouch, Benjamin, *Les Ottomans en Égypte; historiens et conquérants au XVI e siècle*, Collection Turcica, vol. 11, Peeters, 2006

Lellouch, Benjamin, and Yerasimos, Stephane (eds.), *Les traditions apocalyptiques au tournant de la chute de Constantinople*, Institut francais d'études anatoliennes Georges Dumézil d'Istanbul, 1999

Lewis, Bernard, *The Middle East: A Brief History of the Last 2000 Years*, Scribner, 1995

Lucchetta, Francesca,"L' 'affare Zen' in Levante nel primo Cinquecento", in *Studi Veneziani*, vol. 10 (1968), Leo S. Olschki, 1969

MacCulloch, Diarmaid, *Reformation: Europe's House Divided (1490–1700)*, Penguin, 2004

Machiavelli, Niccolò, *The Prince*, trans. Tim Parks, Penguin, 2011

Malcolm, Noel, *Useful Enemies: Islam and the Ottoman Empire in Western Political Thought, 1450–1750*, Oxford University Press, 2019

Mansel, Philip, *Constantinople: City of the World's Desire, 1453–1924*, John Murray, 1995

Mantran, Robert, *La vie quotidienne a Istanbul au siècle de Soliman le Magnifique*, Hachette, 1990

Marozzi, Justin, *Baghdad: City of Peace, City of Blood*, Allen Lane, 2014

Melikoff, Irène,"Le Problème kızılbaş", in *Turcica, revue d'Etudes Turques*, vol. 6, Association pour le développement des études turques, 1975

Merriman, Roger B., *Suleiman the Magnificent (1520–1566)*, Harvard University Press, 1944

Mikhail, Alan, *God's Shadow: Sultan Selim, his Ottoman Empire, and the Making of the Ottoman World*, Liveright, 2020

Monshi, Eskandar Beg, *History of Shah 'Abbas the Great*, trans. Roger M. Savory, Westview, 2 vols, 1978

Mosto, Andrea da, *I dogi di Venezia, nella vita publica e privata*, Aldo Martello, 1960

Murad, Seyyid, *Gazavat-i Hayreddin Paşa*, eds. Abdullah Gündoğdu, Hüseyin Güngör Şahin and Dilek Altun, Panama, 2019

Murphey, Rhoads, *Ottoman Warfare, 1500–1700*, Rutgers University Press, 1999

Navagero, Bernardo,"Orazione nell' esquie del Doge Andrea Gritti", in Girolamo Ascanio Molin, *Orazioni, elogi e vite, scritte da letterati Veneti patrizj*, Venice, 1793

Necipoğlu, Gülru,"Suleyman the Magnificent and the Representation of Power in the Context of Ottoman–Hapsburg–Papal Rivalry", *The Art Bulletin*, vol. 71, no. 3 (Sept. 1989), pp. 401–27

Necipoğlu, Gülru, *Architecture, Ceremonial and Power: The Topkapı Palace in the Fifteenth and Sixteenth Centuries,* Architectural History Foundation, 1991

Nicolay, Nicolas de, *Dans l'empire de Soliman le Magnifique*, ed. Marie-Christine Gomez-Géraud and Stéphane Yérasimos, Presses du CNRS, 1989

Nogarola, Leonhard von, and Lamberg, Joseph von, "Bericht Leonhards Gräfen von Nogarola und Joseph von Lamberg an König Ferdinand I, übberreicht in Linz, 11–21 September, 1532", in vol. 1, part 5 of Anton von Gévay, *Urkunden und Aktenstücke zur Geschichte der Verhältnisse zwischen Oesterreich, Ungarn und der Pforte*, Vienna, 1840

Norwich, John Julius, *Venice: The Greatness and the Fall*, Allen Lane, 1981

Norwich, John Julius, *A Short History of Byzantium*, Knopf, 1997

Papo, Gizella Nemeth, and Papo, Adriano, *Ludovico Gritti: un principe-mercante del Rinascimento tra Venezia, i Turchi e la corona d'Ungheria*, Edizioni della Laguna, 2002

Parker, Geoffrey, *Emperor: A New Life of Charles V*, Yale University Press, 2019

Peçevi, Ibrahim Efendi Tarihi, ed. Bekir Sıtkı Baykal, Kültür Bakanlığı, Yayınları, 1982

Pedani, Maria Pia, *In nome del gran signore; Inviati ottomani a Venezia dalla caduta di Constantinopoli alla guerra di Candia*, Deputazione editrice, 1994

Peirce, Leslie P., *The Imperial Harem: Women and Sovereignty in the Ottoman Empire*, Oxford University Press, 1993

Peirce, Leslie P., *Empress of the East: How a European Slave Girl became Queen of the Ottoman Empire*, Basic Books, 2017

Perjés, Géza, *The Fall of the Medieval Kingdom of Hungary: Mohács 1526–Buda 1541*, trans. Márió D. Fenyő, Social Science Monographs / Atlantic Research and Publications, 1989

Preto, Paolo, *Venezia e i turchi*, G.C. Sansoni, 1975

Preto, Paolo, *I servizi segreti di Venezia*, il Saggiatore, 1994

Postel, Guillaume, *De la République des turcs, et là ou l'occasion s'offrera, des moeurs et loy de tous Muhamedistes*, Poitiers, 1560

Ramberti, B., *Libre tre delli cose de Turchi*, Venice, 1541

Reston, James, *Defenders of the Faith: Charles V, Suleyman the Magnificent, and the Battle for Europe, 1520–1536*, Penguin, 2009

Rogers, J.M., and Ward, R.M., *Süleyman the Magnificent*, British Museum Publications, 1988

Rumi, Jalaluddin, *Mathnawi*, ed. Reynold A. Nicholson, So'ad, 2002

Şahin, Kaya, *Empire and Power in the Reign of Süleyman*, Cambridge University Press, 2013

Saint-Genois, Baron de, and Yssel de Schepper, G.-A., *Les Missions diplomatiques de Corneille Duplicius de Schepper*, M. Hayez, 1856

Sandoval, Prudencio de, *The History of Charles the Vth, Emperor and King of Spain*, trans. John Stevens, London, 1703

Sanuto, Marino, *Diarii*, Deputazione di Storia Patria per le Venezie, 1879–1902

Savaş, Saim, *XVI. Asirda Anadolu'da Alevilik*, Vadi Yayınları, 2002

Savory, Roger, *Iran under the Safavids*, Cambridge University Press, 1980

Schulz, Juergen, "Jacopo de" Barbari's View of Venice: Map Making, City Views, and Moralised Geography Before the Year 1500', *The Art Bulletin*, September 1978

Secret, F. (ed.), *Le Thrésor des propheties de l'Univers, de G. Postel*, Nijhoff, 1969

Servantie, Alain, *Raisons à faire paix plutôt que guerre; Charles-quint et Soliman*, Editions Isis, Istanbul, 2020

Servantie, Alain, "Gritti et ses conseils", unpublished, n. d.

Servantie, Alain, and Sicking, Louis, "L'origine de la diplomatie impériale a la cour ottomane, les missions de Corneille de Schepper, ambassadeur Hapsbourgeois, à Constantinople, 1533–1534", in *Publication du centre Europeen d'etudes Bourguignonnes (XIVe– XVIe s.)*, no. 56, 2016

Setton, Kenneth M., *The Papacy and the Levant (1204–1571)*, The American Philosophical Society, 1984

Sho'ar, Jafar, and Ravanpur, Nargess, *Gozide'i az Siyasatnama va Ghabusname*, Dāneshgāh Payām-e Nūr, n.d.

Sumner-Boyd, Hilary, and Freely, John, *Strolling through Istanbul*, Sev Matbaacilik, 1997

Szakály, Ferenc, *Lodovico Gritti in Hungary, 1529–1534: A Historical Insight into the Beginnings of Turco-Hapsburgian Rivalry*, Akadémiai Kiadó, 1995

Tafuri, Manfredo, *Renovatio Urbis; Venezia nell età di Andrea Gritti (1523–1538)*, Rome, Officina edizioni, 1984

Tolan, John, Veinstein, Gilles, and Laurens, Henry, *Europe and the Islamic World*, Princeton University Press, 2013

Turan, Ebru, *The Sultan's Favorite: Ibrahim Pasha and the Making of the Ottoman Universal Sovereignty in the Reign of Sultan Suleyman (1516–1526)*, unpublished doctoral dissertation, University of Chicago, 2007

Uğur, Ahmet, *Yavuz Sultan Selim*, Erciyes Üniversitesi Sosyal Bilimler Enstitüsü Müdürlüğü, 1992

Uluçay, Çağatay, "Yavuz Sultan Selim Nasıl Padişah Oldu?", in *Tarih Dergisi*, vols 6, 7, 8 (1954–56)

Uluçay, M. Çağatay, *Padişahların Kadınları ve Kızları*, Ötüken, 1980

Uluçay, M. Çağatay, *Osmanlı Sultanlarına Aşk Mektupları*, Ufuk Kitapları, 2001

Uzunçarşılı, Ismail Hakkı, *Osmanlı Tarihi*, Türk Tarih Kurumu, 1988

Valensi, Lucette, *The Birth of the Despot: Venice and the Sublime Porte*, trans. Arthur Denner, Cornell University Press, 1993

Valle, Francesco Della, *Una breve narracione della grandezza, virtù, valore, et della infelice morte dell'Illustrissimo Signor Conte Alouise Gritti ...* , ed. Iván Nagy, in *Magyar Történelmi Tár*, vol. 3, Magyar Tudományos Akadémia, 1857, pp. 9–60

Vivo, Filippo de, "Walking in Sixteenth-Century Venice: Mobilizing the Early Modern City", in Roisin Cossar, Filippo de Vivo and Christina

Neilson (eds.), *Shared Spaces and Knowledge Transactions in the Italian Renaissance*, University of Chicago Press, 2016

Weill, Georges, *Vie et caractère de Guillaume Postel*, trans. François Secret, Les Belles Lettres, Milan, 1987

Yıldırım, Ali,"16. Yüzyılda Büyük bir Devlet Adamı ve Edebiyat Hamisi Defterdar İskender Çelebi", *Fırat University Journal of Social Science*, vol. 10, issue 1 (2000), pp. 217–232

Zadeh, Kemal Pacha, *Histoire de la Campagne de Mohacs*, trans. [Abel] Pavet de Courteille, Imprimerie imperiale, 1859

注　释

第一章

1. Norwich (1981), 124.

2. Sanuto (XXVIII), 25.

3. For Minio's briefing see Alberi (III – 3), 71– 91.

4. For the details of Grimani's career, see "Grimani, Antonio", in the *Dizionario biografico degli Italiani,* Istituto dell' Enciclopedia Italiana, 1925–2020.

5. Giovio (1554), 290.

6. For the careers of Battista and Triadano, see the relevant entries in the *Dizionario biographico degli Italiani.*

7. Alberi (III – 3), 18.

8. 古利提生平和职业生涯中的许多细节，均出自 *Vita di Andrea Gritti,* by Niccolo Barbarigo, and the *Orazione di Bernardo Navagero, patrizio Veneto, nell'esequie del Doge Andrea Gritti, both reproduced in Girolamo Ascanio Molin's Orazioni, elogie vite, scritte da letterati Veneti patrizj,* 1793.

9. Labalme et al., 232.

10. Preto (1994), 269.

11. Barbarigo, 200.

12. Norwich (1981), 182.

13. Davis, 106.

14. 这是马基雅维利等人的观点。See *The Prince* in its excellent translation by Tim Parks, Penguin Classics, 2011.

15. Finlay (2008), 1002.

16. Finlay (2008), IX, 1002–3.

17. 关于总督选举后发生的事情的记述，主要基于 Robert Finlay's article, "Politics and the Family in Renaissance Italy: The election of Doge Andrea Gritti", reproduced in Finlay (1980), and from Sanuto vol. XXXIV.

18. Labalme et al., 65.

第二章

1. 苏丹塞利姆一世是一个富有远见的人，也是一个精神病患者，但后世对他的祖父和儿子青睐有加，却忽视了他本人，我们可以通过以下文献来了解他的生平和苏丹生涯：the hagiographic *Selim-nâme,* written by the head of Suleyman's chancellery, Celalzade Mustafa; the relevant chapters in the Austrian scholar Joseph von Hammer-Purgstall's compendious history of the empire, *Geschichte des osmanischen Reiches,* 该著作还有一个非常优秀的法文译本；the modern Turkish historian Ahmet Uğur's biography *Yavuz Sultan Selim,* and Alan Mikhail's *God's Shadow: Sultan Selim, his Ottoman Empire, and the Making of the Modern World.*

2. 关于萨里·萨尔提克的传说，参见 Demir et al.。

3. 关于金苹果传说的起源，参见 Lellouche and Yerasimos, 153–192.

4. 关于凯考乌斯《智慧箴言书》和尼扎姆·穆勒克《政治书简》中的故事选编，参见 Sho'ar et al.。

5. Bacqué-Grammont, 18.

6. 参见 Finkel, 99. Caroline Finkel's *Osman's Dream: The Story of the Ottoman Empire (1300– 1923)*，这是一部令人钦佩的关于该帝国的简明历史。

7. Hammer-Purgstall（Ⅳ），144.

8. Falsafi, 71. 关于查尔迪兰战役，有用的伊朗文献包括 Hasan-i-Rumlu's *Ahsanu't Tawarikh* (pp. 68–71 in the translation of C.N. Seddon), and Nasrullah Falsafi's article, "Jang-e Chaldiran", in *Chand Maghale-ye Tarikhi va Adabi,* by the same author.

9. Savory, 41.

10. For the ambassador's report, see Setton, 172.

11. Celal-zade Mustafa (1990), 441.

12. 关于苏莱曼登基仪式的记录被保存在《苏莱曼传》(*Süleymanname*)一书中，这是一部关于苏丹生涯的图文并茂的著作，现保存在伊斯坦布尔托普卡帕宫博物馆。此处提及的插图由一位身份不明的微型画师绘制，被认为是同类作品中的杰作。

13. Hammer-Purgstall（Ⅳ），138.

14. Peirce (2017), 35.

15. Peirce (2017), 34.

16. Sumner-Boyd and Freely, 161.

17. 有关苏莱曼统治早期许多关于伊斯坦布尔的有趣细节，参见 the memoir the Hapsburg diplomat Cornelius de Schepper, in de Saint–Genois and de Schepper.

18. 关于该建筑作为基督教宗教场所最后时刻的记述，参见 Norwich (1997), 379–81.

19. 关于新宫（现称托普卡帕宫）最全面的历史和描述，参见 Gülru Necipoğlu's superb book on the subject (Necipoğlu 1991)。

20. Alberi（Ⅲ－1),7.

21. de Saint-Genois and de Schepper, 168.

22. de Saint-Genois and de Schepper, 180.

23. 关于这一传统的起源，参见 Alberi (Ⅲ - 1), 11.

24. Turan, 64.

25. 这段描述出自 Necipoğlu (1991), 150.

26. Alberi (Ⅲ - 3), 103.

第三章

1. Parker, 189.

2. Norwich (1981), 182.

3. Peçevi, 16.

4. Peirce (2017), 156.

5. 易卜拉欣往返于皇宫和自己的府邸之间，带插图的作品《塔利克扎德诗篇》(Talikzade Sehnamesi) 中就有一幅画以此为主题，参见 Topkapı Sarayı Müzesi Ⅲ A. 1592, s. 41b–41a, cit. Atasoy, 22–3。

6. Jenkins, 37.

7. This paragraph is taken from Tim Parks' translation of Machiavelli's *The Prince*, 91–2.

8. For these incidents, see Alberi (Ⅲ - 3), 102.

9. Turan, 191–2.

10. Turan, 198.

11. Alberi (Ⅲ - 3), 107–108.

12. Malcolm, 63–4.

13. Lellouch (2006), 63.

14. Yıldırım, 218–9.

15. Alberi (Ⅲ - 3), 104–5.

16. Necipoğlu (1989), 406.

17. Alberi (Ⅲ － 3), 109.

18. Turan, 219.

19. 下文关于易卜拉欣婚礼庆典的记述，主要出自 Hammer-Purgstall
    (Ⅴ － 25), 52–5, and And, cited by Atasoy, 52–3.

第四章

1. Sanuto (XLI), 292.

2. Hammer-Purgstall (Ⅴ), 434–6.

3. Lamansky, 776.

4. Sanuto (XLⅡ), 191–2.

5. Hammer-Purgstall (Ⅴ), 437.

6. Reston, 192.

7. Rogers and Ward, 31.

8. Sanuto (XLⅢ), 117.

9. Sanuto (XLⅣ), 65.

10. Turan, 249–50.

11. Kemal Pacha Zade, 7.

12. Labalme et al., 325.

13. Calendar of State Papers (Spain– 3), 793.

第五章

1. 关于该盛宴的亲眼见证，参见 Sanuto (XXXⅥ), 117–21。

2. Giovio (1554), 344.

3. de Saint-Genois and de Schepper, 159.

4. Servantie, "Gritti et ses conseils" , 1.

5. 关于阿尔韦塞·古利提的生平和性格，不可或缺的资料来源
    是 Gizella and Adriano Papo's scholarly biography of 2002, which
    supersedes Heinrich Kretschmayr's monograph of a century earlier
    and unites the Venetian, Hungarian and Hapsburg sources in one
    volume. The contemporaneous writings of Francesco Della Valle,
    Benedetto Ramberti and Paolo Giovio are also useful, along,
    inevitably enough, with the diaries of Marino Sanuto。关于古利提
    和他父亲之间关系的文章，参见 Robert Finlay's article，" 'I am a
    Servant of the Turkish Sultan' : Venice, the Ottoman Empire, and
    Christendom, 1523–1534", in Finlay (2008)。

6. Della Valle, 20.

7. Ramberti, 38.

8. Necipoğlu (1989), 405.

9. de Saint-Genois and de Schepper, 127.

10. de Saint-Genois and de Schepper, 154.

11. Giovio (1554), 345.

12. Kellenbenz (1968), 198.

13. Lucchetta, 113.

14. Rogers and Ward, 38–40.

15. Alberi (Ⅲ – 3), 117.

16. Papo, 68.

17. For Laski's mission, see "Actio Hieronymi Laszky apud Turcam,
    nomine Regis Iohannis", in Matthias Bel, *Adparatus ad historiam
    Hungariae,* published in Bratislava in 1735. 特别感谢鲁珀特·史密
    斯（Rupert Smith）帮我翻译这些珍贵的文件，它们是我在下文中
    记述这些外交策略的基础。

18. Szakály, 44.

19. Hammer-Purgstall (Ⅴ), 106.

20.　　Papo, 82.

第六章

1.　　Tafuri, 217.

2.　　Barbarigo, 235.

3.　　Barbarigo, 233.

4.　　Finlay (2008), Ⅹ , 10.

5.　　Hammer-Purgstall, 444.

6.　　Papo, 120.

7.　　Tafuri, 134.

8.　　Reston, 282–4.

9.　　Hammer-Purgstall (Ⅴ), 131.

10.　　Calendar of State Papers (Spain– 4), 469.

11.　　Papo, 117.

第七章

1.　　Parker, 182.

2.　　Parker, 186.

3.　　Parker, 190–93.

4.　　Norwich (1981), 188.

5.　　Sanuto (LⅡ), 610–612.

6.　　Sanuto (LⅢ), 173.

7.　　Calendar of State Papers (Spain– 4), 502.

8.　　Calendar of State Papers (Spain– 4), 268.

9.　　Finlay (2008), Ⅹ, 19.

第八章

1. Hammer-Purgstall（Ⅴ），412.

2. Peirce (2017), 23.

3. Bassano, 44. 路易吉·巴萨诺（Luigi Bassano）是一位达尔马提亚出身的威尼斯公民，在苏莱曼统治初期，他在奥斯曼帝国待过一年多的时间，在此期间，他收集了大量关于奥斯曼帝国社会和风俗方面的信息，并将这些信息整理成一篇关于该主题的论文《土耳其人生活的风俗与习惯》（*Costumi e modi particolari della vita de' Turchi*），并献给了自己的赞助人枢机主教尼科洛·里多尔菲（Niccolo Ridolfi）。

4. Leslie Peirce's biography of Hurrem, *Empress of the East,* is indispensable to the student of this remarkable woman, while the same author's *The Imperial Harem* provides much useful information about the evolution of one of the least understood and most misrepresented of Ottoman institutions.

5. Alberi（Ⅲ－1），75.

6. Sanuto（XLI），534–5.

7. Rogers and Ward, 175.

8. Uluçay (2001), 57

9. Uluçay (2001), 26. 特别感谢纳吉汉·居尔（Nagihan Gür）帮我翻译这首诗。

10. Peirce (2017), 74.

11. Peirce (2017), 143–4.

12. 下文的记述出自 Sanuto（LⅢ），443–59, and Hammer-Purgstall（Ⅴ），138–45, 461.

13. de Saint-Genois and de Schepper, 169.

14. This description of the princes' circumcisions is extrapolated from Bassano, 38.

15.　Hammer-Purgstall（Ⅴ），145.

第九章

1.　萨努托的日记是早期现代新闻领域被埋没的成就之一。特别感谢切奇莉娅·里瓦（Cecilia Riva）在解读作者的威尼斯方言时提供的宝贵帮助。

2.　关于马里诺·萨努托的生平及习惯，参见 Labalme et al. and Finlay (2008)。

3.　关于萨努托对皇冠及其运输方式的描述，参见 Sanuto（LV），634–5 and Sanuto（LⅥ），10–11.

4.　Finlay (2008)，Ⅹ，16.

5.　İnalcıkI (1994)，147–8.

6.　Szakály, 57.

7.　R. Nino to Charles Ⅴ, Venice, 30 November 1530, in Calendar of State Papers (England and Spain–4/1), 829–31, n. 519.

8.　Hammer-Purgstall, 154.

9.　Papo, 140.

10.　Lanz, 411–12.

11.　Alberi（Ⅲ－1），30.

12.　Papo, 149.

13.　Finlay (2008)，Ⅹ，18.

14.　Sanuto（LⅥ），204.

15.　Papo, 57

第十章

1.　关于苏丹进入阿亚索菲亚的盛况，Bassano provides a full description, 32–4。

2. Malcolm, 140–41.

3. Anonymous (c.1533).

4. Sanuto (LVI), 363.

5. Hammer-Purgstall, 476.

6. Anonymous (c.1533).

7. Celalzade (2011), 173.

8. 关于苏莱曼在此次征战期间的游行，一封匿名信件对此进行了描述，*Particolare de giornata in giornata insino a Belgrado,* and also in a letter from Ragusa reproduced in Sanuto (LVI), 828–30. The iconography is discussed by Gülru Necipoğlu in her article (1989).

9. Sanuto (LVI), 828–30.

10. Necipoğlu (1989), 416.

11. 哈布斯堡领事馆提供了两份外交官在此问题上的陈述，均转载于安东·冯·盖维（Anton von Gévay）编撰的关于匈牙利、哈布斯堡王朝和高门之间关系的历史文件选集。特别感谢谢拉·德·贝莱格（Sheila de Bellaigue）和约翰·弗拉德（John Flood）在解读这些文件时提供的帮助，在下文中我将广泛引用这些文件。

12. Sanuto (LVI), 830–31.

13. Hammer-Purgstall, 192.

14. Celalzade (2011), 176.

15. Sanuto (LVI), 825.

16. Setton, 365.

17. Reston, 330–32.

18. Hammer-Purgstall, 162.

19. 关于该报告的内容，参见 Charrière, vol. 1, 215–20.

20. Curipeschitz, 14.

第十一章

1. Machiavelli (in Tim Parks' translation), 92.

2. Machiavelli, 69.

3. de Saint-Genois and de Schepper, 137–8.

4. Celalzade (20011), 139.

5. Hammer-Purgstall（V－26), 98.

6. Servantie (2020), 407.

7. de Saint-Genois and de Schepper, 180.

8. Necipoğlu (1991), 85.

9. Hammer-Purgstall, 99.

10. Celalzade (2011), 141.

11. Kaya, 49–50.

12. Yıldırım, 223.

13. Sanuto（LV), 178–9.

14. de Saint-Genois and de Schepper, 185.

15. de Saint-Genois and de Schepper, 120.

16. Hammer-Purgstall, 172.

17. de Saint-Genois and de Schepper, 122.

18. de Saint-Genois and de Schepper, 177.

19. 卢多维西在 1534 年 6 月 3 日向元老院汇报该备忘录上的内容，关于该备忘录的文本，参见 Alberi（Ⅲ－1), 3–32。作为外交报告的范本，该备忘录精明老练，是同类作品中的最优秀之作。

20. Alberi（Ⅰ), 8–15.

第十二章

1. Gürkan (2010), 133.

2. Garnier, 58.

3. Alberi（Ⅲ － 1), 19–20.

4. Alberi（Ⅰ）, 22–3.

5. Gürkan (2018), 306.

6. Murad, 266.

7. I am indebted to the modern Turkish historian of the sea, Emrah Safa Gürkan, and particularly his Sultanın Korsanları (2018), for helping me to understand the uniquely hybrid culture of the White Sea.

8. Achard, 138.

9. Bradford, 108.

10. Sanuto（LⅧ）, 574.

11. Gürkan (2018), 236.

12. Murad, 260.

13. Murad, 272–5.

14. Hammer-Purgstall, 150–53.

15. Garnier, 75–6.

16. Peçevi, 130.

17. Murad, 283.

18. Uluçay (2001), 103.

19. Hare, 100.

20. Sandoval, 296.

21. Alberi（Ⅲ － 1), 21.

22. Servantie, "Gritti et ses conseils", 15.

第十三章

1. Parker, 237.

2. Murad, 288.

3. Parker, 240.

4. Parker, 238.

5. Bradford, 141.

6. Sandoval, 294.

7. Parker, 245.

8. Murad, 298–9.

9. Sandoval, 299.

10. Sandoval, 312.

11. Murad, 306.

12. Murad, 306.

13. Murad, 310.

14. Charrière, 277.

15. Parker, 244.

16. Charrière, 274–5.

第十四章

1. Peirce (2017), 112.

2. Bassano, 121.

3. Norwich (1981), 191.

4. Servantie, "Gritti et ses conseils", 10.

5. Servantie, "Gritti et ses conseils", 3.

6. Papo, 39.

7. Gévay (Ⅱ/2) (1534), 115–6, cit. Papo, 213.

8. Servantie, "Gritti et ses conseils", 11–12.

9. 关于古利提进入特兰西瓦尼亚后的旅程以及在该地发生的事情的记述，主要有两个资料来源，参见 Papo, 237–91, and the eye-witness account left by his chamberlain Francesco Della Valle,

36–53。

10. Barbarigo, 234.

第十五章

1. Sho'ar and Ravanpur, 12–13.

2. Yıldırım, 225.

3. Yıldırım, 222.

4. Mikhail, 199.

5. Uluçay (2001), 82.

6. Uluçay (2001), 103.

7. Peçevi, 130.

8. 特别感谢阿兰·塞尔旺蒂（Alain Servantie）提醒我注意特钦斯基关于这次会面的报告，参见 *Acta Tomiciana,* vol. 16, I, 296–8. n. 147.

9. Alberi（Ⅲ – 1), 12.

10. Peçevi, 131.

11. Peçevi, 132.

12. Uluçay (2001), 110–11.

13. Rumi（Ⅰ）, 201.

14. Peçevi, 132.

15. Eskandar Beg Monshi, 112.

16. Eskandar Beg Monshi, 112.

17. Peçevi, 135.

18. Clot, 91.

19. Postel（Ⅲ）, 51.

20. Hammer-Purgstall, 501.

21. Hammer-Purgstall, 252.

22. Uluçay (2001), 54–8.

23. Peçevi, 137.

24. Marozzi, 59.

25. Hammer-Purgstall, 513.

26. Gévay, II /3 (1536), 10–11. n. 7, cit. Papo, 285.

27. Hammer-Purgstall, 510.

28. Charrière (I), 263–4.

29. Secret, 102–3.

30. Charrière (I), 291.

31. Peirce (2017), 146.

32. Peirce (1993), 78.

33. Peirce (2017), 166.

34. Jenkins, 92.

35. Bassano, 47.

36. Weill, 34–5.

37. Alberi (III – 3), 104.

38. Bassano, 47–8.

39. Necipoğlu (1991), 140.

索 引

（页码为原书页码，即本书页边码）

图书在版编目（CIP）数据

苏莱曼大帝的崛起：奥斯曼宫廷与 16 世纪的地中海世界 /（英）克里斯托弗·德·贝莱格（Christopher de Bellaigue）著；陈维译 . -- 北京：社会科学文献出版社，2025. 3. -- ISBN 978-7-5228-3879-3

Ⅰ. K374.3

中国国家版本馆 CIP 数据核字第 2024M289Z8 号

苏莱曼大帝的崛起：奥斯曼宫廷与16世纪的地中海世界

著　　者 /〔英〕克里斯托弗·德·贝莱格（Christopher de Bellaigue）
译　　者 / 陈　维

出 版 人 / 冀祥德
责任编辑 / 周方茹　樊霖涵
责任印制 / 王京美

出　　版 / 社会科学文献出版社·教育分社（010）59367151
　　　　　地址：北京市北三环中路甲29号院华龙大厦　邮编：100029
　　　　　网址：www. ssap. com. cn
发　　行 / 社会科学文献出版社（010）59367028
印　　装 / 北京盛通印刷股份有限公司

规　　格 / 开本：889mm×1194mm　1/32
　　　　　印张：9.625　字数：233千字
版　　次 / 2025年3月第1版　2025年3月第1次印刷
书　　号 / ISBN 978-7-5228-3879-3
著作权合同
登 记 号 / 图字01-2023-2166号
定　　价 / 79. 00元

读者服务电话：4008918866